ଫରିସ୍ତାନ

UA Kathachitra Pvt. Ltd.

ଫରିସ୍ତାନ

ଉମାକାନ୍ତ ମହାପାତ୍ର

UA Kathachitra Pvt. Ltd.

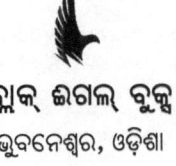

ବ୍ଲାକ୍ ଈଗଲ୍ ବୁକ୍ସ
ଭୁବନେଶ୍ୱର, ଓଡ଼ିଶା

BLACK EAGLE BOOKS
Dublin, USA

ଫରିଷ୍ତାନ / ଉମାକାନ୍ତ ମହାପାତ୍ର

ବ୍ଲାକ୍ ଇଗଲ୍ ବୁକ୍ : ଭୁବନେଶ୍ୱର, ଓଡ଼ିଶା ● ଡବ୍ଲିନ୍, ଯୁକ୍ତରାଷ୍ଟ୍ର ଆମେରିକା

 BLACK EAGLE BOOKS

USA address:
7464 Wisdom Lane
Dublin, OH 43016

India address:
E/312, Trident Galaxy, Kalinga Nagar,
Bhubaneswar-751003, Odisha, India

E-mail: info@blackeaglebooks.org
Website: www.blackeaglebooks.org

International Edition Published by
BLACK EAGLE BOOKS, 2025

PHARISTAN
by **Umakanta Mahapatra**

Copyright ©
UA Kathachitra Pvt. Ltd.

Cover & Interior Design: Ezy's Publication

ISBN- 978-1-64560-732-8 (Paperback)

Printed in the United States of America

ସୂଚୀ

ଫରିସ୍ତାନ

କଟକ ବଦଳିଛି ଓ ବଦଳୁଛି। ସବୁ ତ ବଦଳୁଛି, କଟକ କାହିଁକି ବାଦ୍ ଯିବ? ତେବେ ବେଶୀ ଦିନର ନୁହଁ; ତିରିଶ ଚାଳିଶ ବର୍ଷ ତଳର କଟକର ଏକ ରୂପ ଥିଲା, ଏକ ବ୍ୟକ୍ତିତ୍ୱ ଥିଲା, ଯାହା ଆଜି ଆଉ ନାହିଁ। ନୂଆ ବ୍ୟକ୍ତିତ୍ୱର ବିକାଶ ହୋଇଛି କି ନାହିଁ; କାରଣ ମୁଁ ଆଉ କଟକର ବାସିନ୍ଦା ନୁହେଁ। ତେବେ ମୋର ଧାରଣା ଯେ କଟକରେ ଏ ପର୍ଯ୍ୟନ୍ତ ତା'ର ପୂର୍ବ ବ୍ୟକ୍ତତ୍ୱର କିଛି ଅବଶେଷ ଅଛି ଓ ଭୁବନେଶ୍ୱର ପରି ନୂଆ ସହରମାନଙ୍କରେ କୌଣସି ବ୍ୟକ୍ତିତ୍ୱ ଅଦ୍ୟାବଧି ବିକଶିତ ହୋଇନାହିଁ। ଛାଡନ୍ତୁ ସେ କଥା। ଏଠି ମୋର ଉଦ୍ଦେଶ୍ୟ, ସେହି ପୁରୁଣା କଟକର ପୁରୁଣା ବାସିନ୍ଦାଙ୍କ ସହିତ ଆପଣଙ୍କର ପରିଚୟ କରାଇଦେବା।

ଆମ ଗଳି ମୁଣ୍ଡରେ ରଫିକ୍ ମିଆଁର ସାଇକେଲ ଦୋକାନ। ମୋର ଓ ମୋର ପ୍ରିୟ ସବୁ ସାଙ୍ଗସାଥୀଙ୍କର ଖଣ୍ଡେ ଲେଖାଏଁ ସାଇକେଲ୍ ଥିଲା, ଯାହାକୁ ରଫିକ୍ ମିଆଁ ଓ ତାଙ୍କର ଅନୁଚରବର୍ଗ ବହୁ ଯତ୍ନ କରି ବଞ୍ଚାଇ ରଖିଥିଲେ। ସେଥିପାଇଁ ରଫିକ୍ ଦୋକାନକୁ ଆମେ ବହୁତ ଥର ଯାଉ - କେତେବେଳେ ସାଇକେଲ ସଜାଡିବାକୁ, କେତେବେଳେ ସାଙ୍ଗମାନଙ୍କୁ ଦେଖା କରିବାକୁ, କେତେବେଳେ ବିନା କାରଣରେ। ରଫିକ୍ ମିଆଁ ସ୍ୱଳ୍ପଭାଷୀ ଭଦ୍ରଲୋକ। କଲେଜ ଟୋକାଙ୍କ ବେକାର ବକ୍‌ବକ୍ ସମ୍ବନ୍ଧରେ ତାଙ୍କର କୌଣସି ଉତ୍ସୁକତା ନ ଥିଲା। ଦୋକାନ ସାମ୍ନାରେ ଦୁଇଖଣ୍ଡ ବେଞ୍ଚ ପଡିଥାଏ। ସେଥିରେ ସାହିର ଦୁଇ ଚାରିଜଣ ବସି ଗପ ମାରୁଥାନ୍ତି। ଆମକୁ ବସିବାକୁ ବାରଣ ନ ଥିଲା, ବରଂ ଉତ୍ସାହିତ କରାଯାଉଥିଲା।

ଏହି ବୈଠକୀ ବା ପାର୍ଲିଆମେଣ୍ଟ୍‌ର ଅଧ୍ୟକ୍ଷ ହେଲେ ମୋତି ମିଆଁ, ରଫିକ୍‌ର କକେଇ ବା ଚାଚା। ବୟସ ନିର୍ବିଶେଷରେ ସମସ୍ତଙ୍କ ସହିତ ସଦ୍‌ଭାବ। ଆଜିକାଲି ଯାହାକୁ ଜେନେରେସନ୍ ଗ୍ୟାପ୍ କହନ୍ତି, ସେ ରୋଗ ମୋତି ମିଆଁଙ୍କର ଛାଇ ସୁଦ୍ଧା

ଛୁଇଁ ପାରି ନ ଥିଲା। ଛୋଟିଆ ମଣିଷଟିଏ। ଉଚ୍ଚତା ପାଞ୍ଚ ଫୁଟ ହେବ କି ନ ହେବ। ମୁଣ୍ଡରେ କଳା ମଖମଲର ଟୋପି, ଯାହାର ଉଚ୍ଚତା ଫୁଟକରୁ କମ୍ ନୁହେଁ। ପରିଧାନ ଚେକ୍ ଲୁଙ୍ଗି, ଆଦି ପଞ୍ଜାବୀ ଓ ପାଲିସ୍ କରା କଳା ହାଫ୍ ସୁ। ବର୍ଣ୍ଣ ଶ୍ୟାମଳ, ମୁହଁରେ ଛୋଟ ଧଳା ଲେନିନ୍ ଦାଢ଼ି, ଖଣ୍ଡାଧାର ଭଳି ନାକ। ଦାଢ଼ି, ନାକ ଓ ଟୋପି ଯେପରି ପରସ୍ପରର ଭାରସାମ୍ୟ ରକ୍ଷା କରୁଛନ୍ତି। ବଡ ବଡ ଓ ଈଷତ୍ ଲାଲ୍ ଆଖି। ମୋତି ମିଆଁ ସିଂହାସନରେ ଆସୀନ। ଦରବାରରେ କେତେ ଆସୁଛନ୍ତି, କେତେ ଯାଉଛନ୍ତି; କିନ୍ତୁ କେହି ତାଙ୍କର ବ୍ୟକ୍ତିତ୍ୱର ପରାକାଷ୍ଠା ଅବଜ୍ଞା କରିପାରନ୍ତି ନାହିଁ। ବ୍ୟକ୍ତିତ୍ୱ ବୋଧହୁଏ ଉପଯୁକ୍ତ ଶବ୍ଦ ନୁହେଁ, ତାଙ୍କର ଏକ ଉପସ୍ଥିତି ଥିଲା। 'ହଜୁର୍' ଶବ୍ଦର ବ୍ୟୁତ୍ପତ୍ତି ଜାଣନ୍ତି କି? ଏହା ହାଜିର୍‌ରୁ ବାହାରିଛି। ମୋତି ମିଆଁଙ୍କର ଏକ ହଜୁରି ଥିଲା; ଅର୍ଥାତ୍ ସେ ନ ଥିଲେ ଲାଗୁଥିଲା ଆଉ ହାଜିର୍ ନାହିଁ। ଏଣୁ ସେ ପ୍ରକୃତରେ ହଜୁର୍।

ଅଧମର ଅନେକ ପ୍ରସିଦ୍ଧ ବକ୍ତାମାନଙ୍କୁ ଶୁଣିବାର ଦୁର୍ଭାଗ୍ୟ ହୋଇଛି। ଅଧିକାଂଶ ଅତିରିକ୍ତ କ୍ଳାନ୍ତିଦାୟକ। କିନ୍ତୁ ଏକଥା ମୁକ୍ତ କଣ୍ଠରେ ସ୍ୱୀକାର କରିବି ଯେ ମୋତି ମିଆଁଙ୍କ ଭଳି ବକ୍ତା କ୍ୱଚିତ୍ ଦେଖିଚି। କେବେ ବଡପାଟିରେ କଥା କହନ୍ତି ନାହିଁ। କିନ୍ତୁ କି ବୈଚିତ୍ର୍ୟପୂର୍ଣ୍ଣ ତାଙ୍କର ସ୍ୱର! ସେଭଳି ନାଟକୀୟ ପରିବେଷଣ ମୋ ଜାଣିବାରେ କଥକ ଗୁରୁ ଶମ୍ଭୁ ମହାରାଜ ଭାବ ଦେଖାଇଲା ବେଳେ କରୁଥିଲେ ଓ ବର୍ତ୍ତମାନ ବିରଜୁ ମହାରାଜ କରୁଛନ୍ତି। ତାଙ୍କର କଥା କହିବାର ଏକ ବିଶିଷ୍ଟ ଭଙ୍ଗୀ ଥିଲା। ଦାନ୍ତ ଚିପି ଓଡ଼ିଆ କଥା ଉଚ୍ଚାରଣ କରୁଥିଲେ ଏବଂ ଅକାରାନ୍ତ ଶବ୍ଦ ଓକାରାନ୍ତ ହୋଇଯାଉଥିଲା। ଯଥା 'ଯିବ' ହୋଇଯାଉଥିଲା 'ଯିବୋ', 'ହେବ' 'ହେବୋ' ଓ 'କଅଣ' 'କୋଣ୍'। ଖାସ୍ କଟକିଆ କଥାରେ ପ୍ରଚୁର ଉର୍ଦ୍ଦୁର ମସଲା ଦେଇ ଓ ନିଜସ୍ୱ ଉଚ୍ଚାରଣରେ ବଘାରି ସେ ଯେଉଁ ବ୍ୟଞ୍ଜନ ପ୍ରସ୍ତୁତ କରୁଥିଲେ, ତାକୁ ଖେଚୁଡ଼ି ଭାଷା କହିବା ଅନ୍ୟାୟ ହେବ; ତାହା ଖୁବ୍ ଚମତ୍କାର ବିରିୟାନୀ। ତାଙ୍କ କଥା ଶୁଣିଲା ବେଳେ ମନେ ହେଉଥିଲା ସେ ଏକ ଅତ୍ୟନ୍ତ ଗୋପନୀୟ କଥା କେବଳ ତମକୁ ବିଶ୍ୱାସ କରି କହୁଛନ୍ତି ବା ତମେ ମଧ୍ୟ ମୋତି ମିଆଁଙ୍କ ସହିତ ଏକ ଗୁପ୍ତ ଷଡଯନ୍ତ୍ରରେ ସାମିଲ୍।

ତାଙ୍କ କହିବା ଅନୁଯାୟୀ ମୋତି ମିଆଁ ଜଣେ ଖୁବ୍ ବଡ ହକିମ୍ ଏବଂ ସେ କୁଆଡେ ନାନା ବିଚିତ୍ର ଔଷଧ (ତାଙ୍କ କଥାରେ ଓଷଦ) ତିଆରି କରିବାରେ ବ୍ୟସ୍ତ ଥାଆନ୍ତି। ଆମେ କିନ୍ତୁ ତାଙ୍କୁ ସବୁବେଳେ ସେଇ ଚଉକି ଉପରେ ବସିଥିବାର ଦେଖୁ ଥାଁ। ଥରେ ଆମ ଘର ଆଗ ଇଲେକ୍‌ଟ୍ରିକ୍ ତାରରେ ଗୋଟେ ପେଚା ଲାଗି ମରିଗଲା।

ତାକୁ ଆମେ ବାଉଁଶରେ କେଞ୍ଚି ବାହାର କରି ଫୋପାଡିବାକୁ ନେଲା ବେଳକୁ ମୋତି ମିଆଁଙ୍କ ଆଖି ପଡିଗଲା। ତା'ପରେ ନିମ୍ନଲିଖିତ କଥୋପକଥନ।

ମୋତି - ଓ ବରଜୋ ବାବୁ, ସେଇଟା କୋ'ଣ ମଁ?

ବ୍ରଜ - ପେଚଟେ। ଇଲେକଟ୍ରିକ୍ ତାର ଲାଗି ମରିଗଲା।

ମୋତି - ଆହା, ଆଜି ଯେବେ ଶନ୍‌ବାର ହେଇଥାନ୍ତା!

ବ୍ରଜ - କ'ଣ ହୋଇଥାନ୍ତା?

ମୋତି - ଦବେଇ ବନାଇ ଥାନ୍ତି (ତା'ପରେ ଭାବଗମ୍ଭୀର ମୁଦ୍ରାରେ) ହଉ ହଉ। ଗୁରୁବାର ସକାଲ୍ ଯେ ଗୁରୁବାର୍ ରାତି ସେ, ଗୁରୁବାର ରାତି ଯେ ଶୁକୁର୍‌ବାର୍ ରାତି ସେ, ଶୁକୁର୍‌ବାର୍ ସକାଲ୍ ଯେ ଶୁକୁର୍‌ବାର୍ ରାତି ସେ, ଶୁକୁର୍‌ବାର୍ ରାତି ଯେ ଶନ୍‌ବାର୍ ସକାଲ୍ ସେ। ଆଣ ଆଣ ଦବେଇ କରିବା।

(ତା'ପରେ ପେଚର ମୃତଦେହକୁ ମାଇନା କରି ଏକ୍‌ସ୍‌ପଟ୍ ଓପିନିଅନ୍ ଦେଲେ)

"ଯା - ଯା, ଶାଲାର ବେକରେ ଦାଗୀ ଅଛି, କୋଉ ଜିନ୍‌ର ଖରାପ୍ ନଜର ପଡିଛି। ଏଇଟା ହବନି।"

ତେବେ ମୋତି ମିଆଁଙ୍କ ଦବେଇରେ ସାଧାରଣତଃ ପେଚା ପରି ନିକୃଷ୍ଟ କଞ୍ଚାମାଲ ଦରକାର ହୋଇ ନ ଥାଏ। ସେ ନାନାଦି ୟୁନାନି ହାଲୁଆ ତିଆରି କରନ୍ତି - ଯାହା ଖାଇଲେ ଖାଇଲାବାଲାର ସର୍ବାଙ୍ଗୀନ ଉନ୍ନତି ହୁଏ, ବ୍ରେନ୍‌ପାୱାର ମଧ୍ୟ ବଢେ, ଯାହା ଉଲ୍ଲେଖ କରିବାକୁ ସଂକୋଚ ଲାଗୁଛି। ଆମ ଭିତରୁ କାହାରି ସେ ହାଲୁଆ ଖାଇବାର ସୌଭାଗ୍ୟ ହୋଇନାହିଁ। କିନ୍ତୁ ମୋତି ମିଆଁ କହନ୍ତି, ଏ ସହରର ପ୍ରାୟ ପ୍ରତ୍ୟେକ ବଡ ଓକିଲ ତାଙ୍କ ହାଲୁଆ ଖାଇଛନ୍ତି। ନିୟମିତ ସେବନ କରିବା ଫଳରେ ଜଣେ ହାଇକୋର୍ଟର ଜଜ୍ ହୋଇ ପାରିଛନ୍ତି।

ମୋତି ମିଆଁ ଅନେକ ଦେଶ-ବିଦେଶ ବୁଲିଛନ୍ତି। ତାଙ୍କର ଭ୍ରମଣ କାହାଣୀ ଶୁଣିବାକୁ ଆମର ଅତ୍ୟନ୍ତ ଆଗ୍ରହ। ସେ ଗସ୍ତ କରିଥିବା ଅନେକ ଦେଶ କୌଣସି ମାନଚିତ୍ରରେ ମିଳିବ ନାହିଁ। ସେ ସବୁ ଯେପରି ରୂପକଥାର ଦେଶ! ଏପରିକି ଅତି ପରିଚିତ କଲିକତା ମୋତି ମିଆଁଙ୍କ କଥାର କାଉଁରୀ ହାଡ ବାଜି ଏପରି ଏକ କାୟାକଳ୍ପ ହୋଇଯାଏ ଯେ ତାକୁ ଚିହ୍ନିବା ମୁସ୍କିଲ୍। ସେ ସବୁ ଦେଶରେ ରାସ୍ତାର ପ୍ରତ୍ୟେକ ମୋଡରେ ଚୀନ୍, ଆରବ, ହବ୍‌ଶି ଇତ୍ୟାଦି ଜାତିର ଗୁଣ୍ଡାମାନେ ଛକି ରହିଛନ୍ତି, ମୌକା ପାଇଲେ ହିଁ ତମକୁ ମୁରଗୀ ପରି କାଟି ପକେଇବେ। ପ୍ରତି ଗଳି ମୁଣ୍ଡରେ ଏପରି କୁରଙ୍ଗୀ ନୟନାମାନେ ଅଛନ୍ତି, ଯେଉଁମାନେ ତାଙ୍କ କୃପାସୁଧା

ଝୁରିରୁ ବାରେ ନୁହେଁ, ବହୁବାର ଢାଳିବାକୁ ପ୍ରସ୍ତୁତ। ସେ ଏପରି ଦେଶ, ଯେଉଁଠି ପାଟହାତୀ ସୁନା କଳସ ନେଇ ବୁଲୁଛି ଏବଂ ତମର ମଧ୍ୟ ଚାନ୍ସ ଅଛି। ସେଠାରେ ଅଧେ ରାଜ୍ୟ ଓ ରାଜକନ୍ୟା ପ୍ରାପ୍ତି ଏକ ସଚରାଚର ଘଟୁଥିବା ବ୍ୟାପାର। ମୋତି ମିଆଁ ନିଶ୍ଚୟ ଅନେକ ସମୟରେ ଅନୁଭବ କରୁଥିବେ ଯେ, ଭୂଗୋଳର ପରିଧି ମଧ୍ୟରେ ରହିବା ଦ୍ୱାରା ସେ ବିକଶିତ ହୋଇପାରୁ ନାହାନ୍ତି। ଏଣୁ ସେ ଏପରି ଦେଶ ସବୁ ଆବିଷ୍କାର କରୁଥିଲେ, ଯାହାର ଉଲ୍ଲେଖ କୌଣସି ଭୂଗୋଳ ବହିରେ ନାହିଁ ଏବଂ ଯେଉଁଠାରେ ପହଞ୍ଚିବା କଟକରୁ ବାଲେଶ୍ୱରରେ ପହଞ୍ଚିବା ପରି ଏକ ସାଧାରଣ ଘଟଣା।

ବ୍ରଜର ଦଦେଇ ହାର୍ଣ୍ଣିଆ ଅପରେସନ୍ ଲାଗି ମେଡିକାଲ୍‌ରେ ପଡିଲେ। ଏଣୁ ବ୍ରଜର ମେଡିକାଲରେ ଡିଉଟି ପଡିଲା। ଆପଣ ତ ଜାଣନ୍ତି ଯେ ଓଡ଼ିଆର ଦେହ ଖରାପ ନ ହେଲେ ଫଳ ଖାଇବାର ପ୍ରଶ୍ନ ଉଠେ ନାହିଁ। ଏଣୁ ଦଦେଇଙ୍କୁ ଫଳ ଖାଇବାକୁ ହେଲା। ସେ ତା'ର ଏହି ଅଭିଜ୍ଞତାକୁ ମୋତି ମିଆଁଙ୍କ ଦରବାରରେ ପେଶ୍ କଲା। ତା'ପରେ ମୋତି ମିଆଁଙ୍କୁ ଆଉ ପାଏ କିଏ!

"ଆରେ ବାବୁ, ଇଣ୍ଡିଆରେ କ'ଣ ଫୁରୁଟ୍ ହୁଏ? ଫୁରୁଟ୍ ତ ଆସିବ କାହୁଁ କାହୁଁ ମୁଲୁକ୍‌ରୁ। ଖଜାତ ଅଛି, ଦାମ୍ ହବନି? ଖାଇଥିଲି ଫୁରୁଟ୍ ଫରିସ୍ତାନ୍‌ରେ।"

"ମୋତି ମିଆଁ, ଫରିସ୍ତାନ କେଉଁଠି?"

"ଆରେ ତମେ ଜାଣିବନି। ଆମେ ମୁସଲମାନ୍‌ମାନେ ଯେଉଁ ମକ୍‌କା ଯାଉନି ହଜ୍ କରିବାକୁ, ସେଠୁ ଆହୁରି ମାସକର ବାଟ। ୟେ ଯେଉଁ କାବୁଲି ଆସନ୍ତିନି, ତାଙ୍କ ଦେଶରୁ ମଟରରେ ଗଲେ ପନ୍ଦର ଦିନ। ତେବେ ସେଠି ବେଶୀ ମଟର ନାହିଁ, ଓଟରେ ଯିବାକୁ ହୁଏ। ମୁଁ ଆଗେ ଗଲି ବମ୍ବେଇ। ସେଠୁ ଜାହାଜ ଧରିଲି। ଗଲି ମେସୋପଟାମିଆଁ, ଭାରି ତକ୍‌ଲିଫ୍। ବାଟରେ ହେଲା ତୋଫାନ୍, ଜାହାଜ ବୁଡିବ କି ରହିବ। ମୁଁ ତ ଖାଲି ଆଲ୍ଲା ଆଲ୍ଲା ଡାକୁଛି! ଆଉ ସମସ୍ତେ ବାନ୍ତି କରୁଛନ୍ତି, ଆଉ ପେଟକୁ ଚିପି ଗଡୁଛନ୍ତି। ମୁଁ ଏକା ରେଲିଂ ଧରି ଠିଆ ହୋଇଛି। ହଠାତ୍ କପ୍ତାନ୍‌ର ନଜର ପଡିଗଲା ମୋ ଉପରେ। ପଚାରିଲା – "ତୁମ୍‌ହାରା କ୍ୟା ନାମ୍ ହୈ?" ମୁଁ କହିଲି – "ଅବ୍‌ଦୁଲ୍ ଜବ୍‌ବାର ଖାନ୍।" କପ୍ତାନ କହିଲା – "ଖାନ୍! ତୁମ୍ ଇଧର ଆଓ, ଅଉର୍ ସାରେକୋ ମଦଦ୍ କରୋ।" ମତେ ସିନା କଟକରେ ମୋତି ବୋଲି ଡାକନ୍ତି, ମୋର ଭଲ ନାଆଁ ହେଲା ଅବଦୁଲ୍ ଜବ୍‌ବାର ଖାନ୍। ଆମେ କ'ଣ ଏଠିକା ଲୋକ! ଖାସ୍ ପାଟନା ସହରରୁ ଆସିଛୁ। କ'ଣ କରିବି? ଅନ୍ୟମାନଙ୍କ ସଙ୍ଗରେ ରସି ଟାଣିବା କାମ କଲି। ତୋଫାନ୍ କମିଲା। ଆମେ ମେସୋପଟାମିଆଁରେ ପହଞ୍ଚିଲୁ।

ଆମ ଭିତରୁ ଜଣେ କହିଲା - ସେ ଜାଗା ନାଁ କାହିଁକି ମେସୋପଟାମିଆଁ ? ସେଠି କ'ଣ ମିଆଁମାନେ ପଟା ଉପରେ ବସିଥାନ୍ତି ?

ମୋତି - "ଫେର୍ ତମେ ଫାଜିଲାମି କରୁଛ। ହଁ ସେଠି ସମସ୍ତେ ମିଆଁ, ତେବେ ନାଁ ତ ନାଁ। କଟକ କାହିଁକି କଟକ ? ସେମିତି। ମେସୋପଟାମିଆଁରୁ ଗଲି ରୁମ୍, ସେଠୁଁ ତୁର୍କି। ସେଠୁ ଓଟରେ ବାହାରିଲି ଫରିସ୍ତାନ୍। ଚାରିଆଡେ ବାଲି, ମଝିରେ ମଝିରେ ମସ୍ତ ମସ୍ତ ପାହାଡ। ତା' ଉପରେ କି ଜଙ୍ଗଲ ! ଆମ ଗଡଜାତ ଜଙ୍ଗଲ କ'ଣ ତା' ଆଗରେ ! ପନ୍ଦର ଦିନ ପରେ ଫରିସ୍ତାନରେ ପହଞ୍ଚିଲୁ। ମୁଁ ତ ଟିକିଏ ପଢାଶୁଣା ଜାଣିବା ଲୋକ। ସେଠି ମୁନ୍‌ସି ଚାକିରୀ ମିଳିଗଲା। ଆଉ କ'ଣ କହିବି ସେଠା କଥା ! ମୁଁ ବାବୁ ଆଉ କିଛି ଖିଆ ପିଆ ଛାଡି ଦେଇଥିଲି। ଖାଲି ଖାଇଲି ଫୁରୁଟ୍। ସେଉ କହ, ନାସପାତି କହ, ଅଙ୍ଗୁର କହ, ବେଦନା କହ, କିସ୍‌ମିସ୍ କହ, କ'ଣ ନାହିଁ ? ଆଉ ଦାମ୍ ଏତେ ଶସ୍ତା ? ଟଙ୍କାକୁ ମହଣେ ଅଙ୍ଗୁର। ମୁଁ ତ ପନ୍ଦରଟା ଦିନରେ ଏକଦମ୍ ଲାଲ୍।"

"ମୋତି ମିଆଁ, ସେଠାର ମାଇକିନାମାନେ କେମିତିକା ?"

"ଫେର୍ ବାବୁ ସେଇକଥା। ହଁ, ତମେ କ'ଣ କରିବ ? ବୟସ ଗୁଣ। ତେବେ ସେମିତି ପରୀ ଚେହେରା ଆଉ କେଉଁଠି ଦେଖିନି।"

"କିଓ ସେଠି ତ ପର୍ଦ୍ଦା, ମୁସଲମାନ୍ ଦେଶ ପରା !"

"ଆରେ କ'ଣ ହେଲା ? ବୁଦ୍ଧି ଥିଲେ ବାଘ ଦୁଧ ଆସିବ। ସବୁ ଆଲ୍ଲାର ମେହେର୍‌ବାନି। ମୁଁ ଯେଉଁ ଘରେ ରହୁଥିଲି ତା' ଓପର ମହଲାରେ ଘରବାଲା ରହୁଥିଲା ଦିନେ ରାତିରେ ଘରବାଲା ନାହିଁ, ମୁଁ ତ ବାରଣ୍ଡାରେ ଶୋଇଛି, ହଠାତ୍ ଆସିଗଲେ ବେଦୁଇନ୍ ଡାକୁ। ଖଟ୍ ଖଟ୍ କରି ଘୋଡା ଛୁଟେଇ ଝପଟି ଆସିଲେ। ଚାରିଆଡେ 'ମାର୍ ମାର୍-କାଟ୍ କାଟ୍'। ତିନିଜଣ ଆମ ଘରେ ଭିତରକୁ ପଶିଗଲେ। ଅନ୍ଧାରରେ ମତେ ଆଉ ଦେଖି ନାହାନ୍ତି। ଦୁଇଜଣ ତ ମାଲ୍‌ମତା ବୋହି ଆଣିଲେ। ଆଉ ଜଣେ ଘରବାଲାର ବିବିକୁ ଟାଣି ଆଣୁଥିଲା। ମୁଁ କଣର ଅନ୍ଧାର ଭିତରେ ଠିଆ ହୋଇଥିଲି, ହାତ ବୁଲେଇଲି। ହାତରେ ଗୋଟେ ମଜ୍‌ବୁତ୍ କାଠ ପଡିଗଲା। ପକେଇଲି ଡାକୁ ମୁଣ୍ଡରେ ଏକ ପାହାର। ସେଇଥିରେ ତ ସେ ଥଣ୍ଡା ! ମୁଁ ବିବିକୁ ଧରି ଘର ପଛ ଆଡକୁ ପଳେଇଲି। ସେଇଠି ବୁଦା ବୁଦା ଜଙ୍ଗଲ ଥିଲା। ତା'ରି ଭିତରେ ଚୁପ୍ ମାରି ବସି ରହିଲି। କେତେବେଳ ପରେ ଘୋଡା ଯିବାର ଶବ୍ଦ ହେଲା। ମୁଁ ଛପି ଛପି ଆସି ଦେଖିଲି ଡାକୁଦଳ ପଳେଇ ଗଲେଣି। ସେଇ ଲୋକଟାକୁ ମଧ୍ୟ ସେମାନେ ଉଠେଇ ନେଇଛନ୍ତି। ବିବି ତ ବରଡା ପତ୍ର ପରି ଥରୁଛି, ତାକୁ ଆଣି ଖଟରେ ଶୁଆଇଲି। କିଛି

ଅଙ୍ଗୁର ଖାଇବାକୁ ଦେଲି ଆଉ ପାଣି ପିଇବାକୁ ଦେଲି। ସେ ସାଷ୍ଟମ ହେଲା ପରେ କହିଲା – "ତୁମ୍ ହମାରା ଜାନ୍ ବଚାୟା, ଇଜ୍ଜତ୍ ବଚାୟା। ତୁମକୋ କ୍ୟା ଚାହିୟେ ?" ମୁଁ କହିଲି – "ଦେନେୱାଲା ଆଲ୍ଲା ମାଲିକ୍। ତୁମ୍ ବଚ୍ ଗୟି, ଅଉର୍ କ୍ୟା ଚାହିଏ ?" ସେ ଦିନଠୁଁ ସେ ପକ୍କା ୟାର୍। ତା'ପରେ ଫରିସ୍ତାନ୍‌ରେ ଯେମିତି ଦିନ କଟିଛି, ଜନ୍ନତ୍ ବାବୁ ଜନ୍ନତ୍। ଖୋଦା ପରବରଦିଗାର।

ଏମିତି କେତେ ଦିନ ଗଲା। ଘରକୁ ତ ଫେରିବାକୁ ହେବ, ମୁଁ ଛୁଟି ନେଇ ବାହାରିଲି। ଆସିବା ଆଗରୁ ସେଠା ଡାକ୍ତର ମତେ ଡକେଇଲା। କହିଲା – "ମିଆଁ, ହମ୍ ତୁମ୍ହାରେ ବଦନ୍ ସେ ପାଞ୍ଚସେର୍ ଖୁନ୍ ନିକାଲେଙ୍ଗେ।" ମୁଁ କହିଲି – "କ୍ୟୋଁ ଡାକ୍ତର ସାହେବ ?" ସେ କ'ଣ କହିଲା ଜାଣ ! କହିଲା, "ତୁମ୍ହାରା ବଦନ୍ ମେ ଜ୍ୟାଦା ଖୁନ୍ ହେ। ୟହାଁକେଲିଏ ତୋ ଠିକ୍ ହେ, ମଗର ହିନ୍ଦୁସ୍ତାନ ଯାଓଗେ ତୋ ତୁମହାରା ନସ୍ ଫଟ୍ ଯାଏଗା। ଇସଲିଏ ପାଞ୍ଚ୍ ସେର୍ ଖୁନ୍ ନିକାଲ ଦୁଙ୍ଗା। ଫିର୍ ତୁମକୋ କୋଇ ଖତରା ନହିଁ ହୋଗା।" ବୁଝିଲ ବାବୁ, ଇମିତି ସେ ମାଟିର ଗୁଣ। ଆଉ କଟକରେ ମିଳିବ ଫ୍ରୁଟ୍, ଆମେ ତାକୁ ଖାଇବା !

ପରେ ଈଶ୍ୱରଙ୍କ କୃପାରୁ ଅନେକ ଦେଶ ବିଦେଶ ବୁଲିଛି। ଫଳର ଦେଶମାନଙ୍କୁ ମଧ୍ୟ ଯାଇଛି, ତେବେ ଫରିସ୍ତାନ ନୁହେଁ। କାରଣ ସେ ଦେଶକୁ ଯିବା ଲାଗି ପାସ୍‌ପୋର୍ଟ କୌଣସି ସରକାର ଦେଇ ପାରିବ ନାହିଁ ଏବଂ କୌଣସି ଏୟାର୍ ଲାଇନ୍‌ସର ସେଠାକୁ ସର୍ଭିସ୍ ନାହିଁ। ସେଠାକୁ ଯିବା ଲାଗି ଦରକାର ମୋତେ ମିଆଁଙ୍କ କୁହୁକ ଗାଲିଚା।

■

ଆଡ୍ଡା

ଆପଣ ଯଦି ଖାଣ୍ଟି ସହରିଆ ହୋଇଥାଆନ୍ତି, ତାହାହେଲେ ସନ୍ଧ୍ୟା ବେଳେ ଟିକିଏ ବଜାର ଆଡେ ବୁଲି ଆସିବେ ଏବଂ କିଛି ସମୟ ନିଶ୍ଚୟ ଆଡ୍ଡା ଦେଖିବେ। ଯେ ଖାଣ୍ଟି ସହରିଆ, ସେମାନେ ତାଙ୍କର ଜୀବିକା ଅର୍ଜନ ମଧ୍ୟ ଆଡ୍ଡାରେ ବସି ବସି କରି ପାରନ୍ତି - କେବଳ କେତେକ ନିହାତି ଜୈବିକ କାରଣରୁ ଘରକୁ ଯାଇଥାଆନ୍ତି। ଓଡ଼ିଆରେ ବର୍ତ୍ତମାନ ଖଟି ବୋଲି ଏକ ଶବ୍ଦ ପ୍ରଚଳିତ। ତାହା ପ୍ରାୟ ଆଡ୍ଡା ଭଳି। ମୁଁ ଟୋକା ଥିଲା ବେଳେ ଖଟି ଶବ୍ଦର ବ୍ୟବହାର ଏହି ଅର୍ଥରେ ନ ଥିଲା। ଆଡ୍ଡା ନାଗରିକ ସଭ୍ୟତା ସହିତ ଏକାଙ୍ଗ ଭାବେ ଜଡିତ। ଖଟି ଓ ଆଡ୍ଡା ମଧ୍ୟରେ ସମାନତା ଓ ଅସମାନତା ବିଷୟରେ ଅଭିଜ୍ଞତା ଅର୍ଜନ କରିବାର ବୟସ ଗଲାଣି। ପୁଣି ଏଠି ଭୁବନେଶ୍ୱରରେ ମୋ ସାହିରେ କୌଣସି ଖଟି ବା ଆଡ୍ଡା ନାହିଁ। ଭୁବନେଶ୍ୱର ମାର୍କେଟରେ ଥିବା ଗୋଟିଏ ଯୋଡିଏ ଖଟି ବିଷୟରେ ମୋର କିଛି ଇଲମ ଅଛି; ତାହା ମୋଟାମୋଟି ଗୋଟିଏ ନିର୍ଦ୍ଦିଷ୍ଟ ବୟସର ଲୋକଙ୍କ ପାଇଁ। କିନ୍ତୁ ଆଡ୍ଡାରେ ବୟସ ଭେଦ ଅବାନ୍ତର। କେବଳ ପ୍ରାପ୍ତ ବୟସ୍କ ହୋଇଥିବ। ସତ କଥା, ଜଣେ ଦୁଇଜଣ ବୁଢା ନ ଥିଲେ ମଧ୍ୟ ଜମେ ନାହିଁ। ମୋର ଦିଲ୍ଲୀ ଓ କଲିକତା ମହାନଗରୀରେ କିଂଚିତ୍ ଆଡ୍ଡାର ଅଭିଜ୍ଞତା ଅଛି। ଏଣୁ ଏ ବିଷୟରେ ଆଲୋଚନାର ଅଧିକାର ଅଛି ବୋଲି ମନେକରେ।

ଘରେ ବନ୍ଧୁଗଣ ମିଳିତ ହୋଇ ଗପସପ, ଚା, କଫି, ପାନ, ଦେଶୋଦ୍ଧାର, ପରନିନ୍ଦା ଆଦି ଆଲୋଚନାକୁ ଆଡ୍ଡା କୁହାଯାଇ ପାରିବ ନାହିଁ। କାରଣ ସେଠାରେ ଗୃହସ୍ୱାମୀ ଓ ଗୃହସ୍ୱାମିନୀଙ୍କ କର୍ତ୍ତୃତ୍ୱ ଅତି ସ୍ପଷ୍ଟ। ଚା, କଫି, ପକୋଡା ଆଦି ତ ସେ ଦେଲେ ! ଏଣୁ ,ଏହା ନିରପେକ୍ଷ ସ୍ଥାନ ହୋଇ ନ ପାରେ। ଅର୍ଥାତ୍ ଆପଣ ଯେତେ ଇଚ୍ଛା ଥିଲେ ମଧ୍ୟ ଗୃହସ୍ୱାମୀଙ୍କ କେଉଁ ଲେଖକ ବନ୍ଧୁର ଚଉଦ ପୁରୁଷ ଉଦ୍ଧାର

କରିପାରିବେ ନାହିଁ। ଗୃହସ୍ୱାମୀଙ୍କ କଥା ଛଡନ୍ତୁ, ଗୃହସ୍ୱାମୀନୀ ଆଡ୍ଡାରେ ଉପସ୍ଥିତ ନ ଥିଲେ ମଧ୍ୟ ଯେହେତୁ ଅଦୂରରେ, ଏଣୁ କେଉଁ ରସାଳସା ପ୍ରମଦା ସମ୍ବନ୍ଧରେ ଆଲୋଚନା ନିରାପଦ ନୁହେଁ। ଆଡ୍ଡାର ପ୍ରକୃଷ୍ଟ ସ୍ଥାନ ହେଉଛି କୌଣସି ରେସ୍ତୁରାଁ। ଭାରତର ଅନେକ ବଡ ସହରର 'ଇଣ୍ଡିଆ କଫି ହାଉସ' ଏଥିଲାଗି ଅତି ଉପଯୁକ୍ତ ସ୍ଥାନ। ପଡାର ଚାହା ଦୋକାନ ମଧ୍ୟ ବେଶ୍ କାମ ଦିଏ। କିନ୍ତୁ ଏଇଟା ଅତି ବେଶୀ ଲୋକାଲ୍। ଆଡ୍ଡାଟା ପାରସୀ ଶବ୍ଦ। ଏହାର ଅର୍ଥ ଠିକ୍ ଅଭିଧାନରେ କ'ଣ ମୁଁ କହି ପାରିବି ନାହିଁ। କିନ୍ତୁ ବ୍ୟାବହାରିକ ଅର୍ଥ ବୋଧହୁଏ ହେବ ଏକାଠି ହେବା ଜାଗା। ହିନ୍ଦୀରେ ବସ୍‌ଷ୍ଟାଣ୍ଡକୁ କୁହାଯାଏ ବସ୍ ଆଡ୍ଡା। ଆମେ ୟାର, ଦୋସ୍ତ ଗହଣରେ ଯେଉଁଠି ଥାଉ ତାହା ଆମର ଆଡ୍ଡା।

ସେମାନଙ୍କର ମେସ୍‌ମାନଙ୍କରେ ଏହିପରି ଗୋଷ୍ଠୀ ସନ୍ଧ୍ୟାବେଳେ ଡିନର ଆଗରୁ ହୁଏ। କିନ୍ତୁ ଏହାକୁ ଆଡ୍ଡା କହି ହେବନାହିଁ। ତା'ର ପ୍ରଧାନ କାରଣ, ସେନାରେ ନିଜର ରାଂକ୍ ବା ପଦବୀ ଭୁଲିବାର ଉପାୟ ନାହିଁ। ଲେଫଟ୍‌ନେଣ୍ଟ, କ୍ୟାପ୍‌ଟେନ୍ ଗୋଟିଏ ଦଳ, ମେଜରତକ ଅନ୍ୟତ୍ର। କର୍ଣ୍ଣେଲ ସାହେବ ପ୍ରାୟ ଏକୁଟିଆ। ତାଙ୍କୁ ତେଣୁ କେତେକ ମେଜରଙ୍କୁ ଡାକି ଗପ ଯୋଡିବାକୁ ହୁଏ। ଜୁନିଅରମାନେ ମଧ୍ୟ ହୁସିଆର। କାନ୍ଥର ମଧ୍ୟ କାନ ଅଛି। ଅତଏବ ଏହା ଆଡ୍ଡା ହୋଇ ନ ପାରେ।

ବର୍ତ୍ତମାନ ଚାଲନ୍ତୁ ଆମର କଫି ହାଉସ ଆଡ୍ଡାକୁ ଯିବା। ଦୁଃଖର କଥା, ବର୍ତ୍ତମାନ ତାହା ଆଉ ନାହିଁ। କାରଣ କଫି ହାଉସ ଅନ୍ୟତ୍ର ଚାଲିଗଲାଣି। ଏହା ସେ ସମୟର ଘଟଣା, ଯେଉଁ ସମୟରେ ମୋର ମସ୍ତକ ଘନକୃଷ୍ଣ କେଶରେ ଆବୃତ୍ତ ଥିଲା। ଇଣ୍ଡିଆ କଫି ହାଉସରୁ କଫି ବୋର୍ଡ ଉଠାଇ ଦେବାକୁ ସ୍ଥିର କରିଥିଲା। କିନ୍ତୁ ଶତ ଶତ ଆଡ୍ଡାଧାରୀଙ୍କର ହା ହୁତାଶ ମଧ୍ୟ ଖେଳଘର କଥା ନୁହେଁ। ବିଶେଷ କରି ସେମାନଙ୍କ ମଧ୍ୟରୁ ଅନେକ ସାମ୍ବାଦିକ, ଚୁଙ୍ଗ ନେତା ଓ ସରକାରୀ ଅଫିସର। ଦିଲ୍ଲୀ ଭାଷାରେ ତାଙ୍କର ଆପ୍ରୋଚ (Approach) ଅଛି। ଏଣୁ ଏକ ମଧ୍ୟମ ପନ୍ଥା ସ୍ଥିର ହେଲା। କନ୍ନଟ ପ୍ଲେସ୍‌ରେ ରିଗାଲ ସିନେମା ଆଗରେ ବିରାଟ ଖାଲି ଜାଗା ଥିଲା। ବର୍ତ୍ତମାନ ସେଠି ପାଲିକା ବଜାର ଇତ୍ୟାଦି। ସେଠି ବିରାଟ ଶାମିୟାନା ତଳେ ପୁଣି କଫି ହାଉସ ଆରମ୍ଭ ହୋଇଗଲା। ସାଧାରଣତଃ ଗୋଟିଏ ଆଡ୍ଡାରେ ପାଞ୍ଚରୁ ଦଶ ଜଣ ସଦସ୍ୟ। ତେବେ ପ୍ରାୟ ସମସ୍ତେ ଗୋଟିଏ ଆଡ୍ଡାର ମେମ୍ବର ହେଲେ ମଧ୍ୟ ଆଉ ଦୁଇ ତିନୋଟି ଆଡ୍ଡାରେ ଆସୋସିଏଟ୍ ମେମ୍ବର। ଅର୍ଥାତ୍ ଆପଣ ସେଠିକି ଗଲେ ଅନ୍ୟମାନେ ମୁହଁ ବୁଲେଇ ପ୍ରାକୃତିକ ଦୃଶ୍ୟ ଦେଖିବେ ନାହିଁ, କଥାବାର୍ତ୍ତା ମଧ୍ୟ ହେବେ। ଏହି ଚାନ୍ଦୁଆ ତଳେ କେତେ ଲୋକ ବସି ପାରିବେ, ତା'ର ଠିକ୍ ନାହିଁ।

ଦୁଇଶହରୁ ବେଶୀ ତ ନିଶ୍ଚୟ ! କେତେକ ପୁଣି ନିକଟର କାନ୍ଥ ଉପରେ ବସି କଫି ପିଇବା ପସନ୍ଦ କରୁଥିଲେ। କଫି ହାଉସ୍‌ର କଫି ଅନନ୍ୟ। ତା' ଛଡା ସେଠାରେ ପକୋଡା, କଟ୍‌ଲେଟ ଏବଂ ପରେ ହାମ୍‌ବର୍ଗର୍ ମଧ୍ୟ ଅନେକ ପ୍ରସିଦ୍ଧି ଲାଭ କରିଥିଲା।

ଜାଗାଟା ଦେଖନ୍ତୁ। ସାମ୍ବାଦିକଙ୍କ ଆଡ୍ଡା ତ ହେବା କଥା। କାରଣ ହିନ୍ଦୁସ୍ତାନ ଟାଇମସ୍ ଅଫିସ୍ ସେଇଠି। ସେଣ୍ଟ୍ରାଲ ସେକ୍ରେଟେରିଏଟ୍, ପାର୍ଲିଆମେଣ୍ଟ ପାଖରେ! ରେଡିଓ ଷ୍ଟେସନ୍ ଆହୁରି ପାଖ। ଏଣୁ ଯେତେକ ଆର୍ଟିଷ୍ଟ ତ ଗହଳି କରିବେ। ସେତେବେଳେ ନୂଆଦିଲ୍ଲୀର କୋର୍ଟ କଚେରୀ ମଧ୍ୟ ପାର୍ଲିଆମେଣ୍ଟ ଷ୍ଟ୍ରିଟ୍ ସଂସଦ ମାର୍ଗରେ ଥିଲା। ଏଣୁ ଓକିଲମାନେ କଫି ହାଉସ୍‌ରେ କେବଳ କଫି ପିଉ ନ ଥିଲେ, ମହକିଲଙ୍କ ସାଙ୍ଗେ କଥାବାର୍ତ୍ତା ହେଉଥିଲେ। ଆଡ୍ଡା ତ ଅବଶ୍ୟ। ସରକାରୀ ଚାକିରିଆମାନେ ମଧ୍ୟ ଅଫିସ୍ ଛୁଟି ପରେ ଘଣ୍ଟେ ଦୁଇଘଣ୍ଟା କଫି ହାଉସ୍‌ରେ କଟାଉ ଥିଲେ। ଅବଶ୍ୟ ମାଡାମ ଜାଣିବାରେ ଅଫିସ୍‌ରେ ବହୁତ କାମ। ଏ ପ୍ରକାର ମଧୁଚକ୍ରରୁ ମଧୁ ଆହରଣ କରିବାକୁ ବ୍ୟବସାୟୀ ଓ ତାଙ୍କ ଏଜେଣ୍ଟ; ତା' ଛଡା ବେକାର, ବୀମା ଏଜେଣ୍ଟ (ଅର୍ଥାତ୍ ପ୍ରାୟ ବେକାର) ଏବଂ ଅନ୍ୟ ନାନା ରକମର ଦଲାଲ୍, ସାହିତ୍ୟିକ, କଳାକାର, ସଙ୍ଗୀତଜ୍ଞ ଇତ୍ୟାଦି ଅନେକ। ଏପରି ଚିଡିଆଖାନା ମୁଁ ଅନ୍ୟତ୍ର ଦେଖିନାହିଁ; କଲିକତାରେ ମଧ୍ୟ ନୁହେଁ।

ଆପଣ ଯାଇ ପହଞ୍ଚି ନିଜର ଟେବୁଲ ପାଖକୁ ଗଲେ। ଆଡ୍ଡା କ୍ୱଚିତ୍ ଫୁଲ୍ ଷ୍ଟ୍ରେଙ୍ଗ୍‌ଥ୍‌ରେ ଉପସ୍ଥିତ ଥାଏ। ଆପଣ ପହଞ୍ଚିଲେ ନିତ୍ ସିଂହ ଚିତ୍କାର କରିବ - "ଆଓ ବାଦଶାହୋ"। ବୀମା ଏଜେଣ୍ଟ ଲାଲ୍ ମୁରୁକି ହସି ମୁଣ୍ଡ ହଲାଇବ। ଛିବ୍‌ବର୍ କହିବ, "Why so late?" କିଏ କହିବ - 'ଇଭିନିଂ'। ଆଉ କିଏ କହିବ, 'କୌଁବେ, କ୍ୟା ଖବର?' ଏସବୁର ଉତ୍ତର ଦେବା ଆବଶ୍ୟକ ନାହିଁ। ଏଣୁ ଆପଣ ଆସନ ଗ୍ରହଣ କଲେ। ଯା ଭିତରେ ଜୋତା ପାଲିସବାଲା ଆସି ଆପଣଙ୍କ ଜୋତା ଖୋଲିବା ଆରମ୍ଭ କରିଛି। ସେ ଆପଣଙ୍କ ଜୋତାର ମୁଆଇନା କରି ଆପଣଙ୍କୁ କ'ଣ କରିବା ଉଚିତ ବତାଇଦେବ। ଆପଣ ସେଥିରୁ ତାକୁ ବାରଣ କରିବେ। କାରଣ ସେ ଆପଣଙ୍କୁ କଲରିଂ, କ୍ରିମ ପାଲିସ୍ ଇତ୍ୟାଦି ଖର୍ଚ୍ଚାନ୍ତ ବ୍ୟାପାର ନିମନ୍ତେ ପ୍ରବର୍ତ୍ତାଇବ। ଉଏଟର ଆସିବାରେ ଡେରି ଅଛି, କାରଣ ଉଏଟର ତାଙ୍କ ଗରାଖକୁ ଚିହ୍ନନ୍ତି ଏବଂ ଜାଣନ୍ତି ଯେ କଫିଟା ଗୌଣ, ଆଡ୍ଡା ମୁଖ୍ୟ। ତେବେ ଯଦି ଶୀଘ୍ର ଦରକାର ଥାଏ, ତାକୁ ଡାକନ୍ତୁ। କାରଣ ସେ ଆପଣଙ୍କ ନାମ ଓ ଆପଣ ତା' ନାମ ଜାଣନ୍ତି। ଧରନ୍ତୁ ଏଇଟା ସନ୍ଧ୍ୟା ସମୟ ଏବଂ ଆପଣ ଅଫିସ୍ ଫେରନ୍ତା। ଇଭିନିଂ ନିଉଜବାଲା ଆସି ଆପଣଙ୍କୁ ଖଣ୍ଡେ କାଗଜ ଦେଇଯିବ। ଆପଣ ପଢନ୍ତୁ ବା ନ ପଢନ୍ତୁ। ଆଡ୍ଡାର ଏକ ନିୟମ

ହେଲା ନିଜ ଖର୍ଚ୍ଚ ନିଜର। ହଁ, ଯଦି ଆପଣଙ୍କର ସେଲିବ୍ରେଟ୍ (Celebrate) କରିବାର କାରଣ ଥାଏ, ଯଦି ଆପଣ ଆଡ୍ଡାକୁ କଫି ଦିଅନ୍ତି, ସେଥିରେ ଆଡ୍ଡାର ଆପତ୍ତି ନାହିଁ।

ଆପଣଙ୍କୁ ମନେହେବ ଯେ ଏହି ଆଡ୍ଡାର ସଭ୍ୟମାନେ ଯେପରି ବେତାଳ ସାଧନ କରିଛନ୍ତି, ଅର୍ଥାତ ଦିଲ୍ଲୀ ଓ ତାବତ୍ ପୃଥିବୀର ଗୋପନ ଖବର ତାଙ୍କୁ କେଉଁ ଅଦୃଶ୍ୟ ଟେଲିପ୍ରିଣ୍ଟର୍ ଜଣାଇ ଦେଇ ଯାଉଛି। ଅବଶ୍ୟ ଖବରଗୁଡିକର ଦୁଇଟି ପ୍ରଧାନ ବିଭାଗ ଅଛି। ଅର୍ଥାତ୍ କାମିନୀ ଓ କାଞ୍ଚନ। କିଏ କାହା ସହିତ ପରକୀୟା କରୁଛି ଓ କିଏ କାହାଠାରୁ ପଇସା ଖାଇଲା। କିନ୍ତୁ ଅନେକ ସମୟରେ ଅନେକ ରାଜନୈତିକ ଖବର ମଧ୍ୟ ଆଡ୍ଡାରେ ଶୁଣିବେ। ତା'ର ଦୁଇଦିନ ପରେ ହୁଏତ ଖବର କାଗଜରେ ପଢିବେ। କିନ୍ତୁ ଆଡ୍ଡାର ମେମ୍ବରମାନେ ପୁଚ୍ଛ-ବିଶାଳ ହୀନ ପଶୁ ନୁହନ୍ତି। ସଙ୍ଗୀତ, ସାହିତ୍ୟ ଓ କଳାର ମଧ୍ୟ ଏକ ମୋଟାମୋଟି ଖବର ରଖନ୍ତି, କାରଣ ସେଭଳି ଚିଡିଆ ମଧ୍ୟ ଆଡ୍ଡାରେ ଅଛନ୍ତି। ନୂଆଦିଲ୍ଲୀରେ ରବୀନ୍ଦ୍ର ଭବନ, କମ୍ପାନୀ ଅଡିଟୋରିଅମ ପାଖାପାଖି ତ ସରସ୍ୱତୀଙ୍କ ନିବାସ ! ସେଠାରେ ଖବର ବିଷୟରେ ମଧ୍ୟ ଆଡ୍ଡା ଓ୍ୟାକଫହାଲ। ତା'ଛଡା ଆଡ୍ଡାରେ ଆଉ ବହୁତ ବ୍ୟାପାର ହୁଏ।

ଏ ସମୟରେ ଧରନ୍ତୁ ମଲହୋତ୍ରା ଆସି ପହଞ୍ଚିଲା। ସେ ବ୍ୟାଙ୍କରେ କିରାନୀ ଓ ନିଜକୁ କବି ମନେ କରେ। ସେ ଆସିଲେ ହିଁ ଆମକୁ ନିଶ୍ଚୟ କିଛି ସ୍ୱରଚିତ ଉର୍ଦ୍ଦୁ କବିତା ଶୁଣାଇବ। ଯଦିଚ ଆମର ସନ୍ଦେହ ଯେ ସେ ଏହି ସବୁ ନାନା ସ୍ଥାନରୁ ଚୋରି କରେ, ତେବେ ଆଡ୍ଡା ତାକୁ ମନୋଯୋଗ ଦେଇ ଶୁଣେ। କାରଣ ଚୋରି ହେଲେ ବି ସାଧାରଣତଃ ଭଲ ମାଲ୍। କିନ୍ତୁ ମଲହୋତ୍ରା ପାରୋଡୀ (Parody)ରେ ଏକସ୍‌ପାର୍ଟ। ଦିନେ ଶୁଣେଇଲା –

'ନ ଇକ୍‌ରାର କା ଅନ୍ଦାଜ ହୈ ନ ଇନକାର କା ଗୁମାଁ,
ତେରୀ ଅଦା ନେହେରୁ କା ବୟାନ୍ ମାଲୁମ୍ ହୋତା ହୈ।'

ଏହା ବୋଧହୁଏ ଚୋରି ମାଲ। କିନ୍ତୁ ଏଥିରେ ଥିବା ସଭ୍ୟ ଓ ଶାଣିତ ବ୍ୟଙ୍ଗ ଦେଖନ୍ତୁ। ଅନେକ ସମୟରେ ନେହେରୁଙ୍କର ବକ୍ତୃତାରେ ବୁଝିବା କଷ୍ଟ ହୁଏ, ଯେ କାହାକୁ ପ୍ରଶଂସା କରୁଛନ୍ତି ବା କାହାକୁ ଗାଳି ଦେଉଛନ୍ତି। କବି ତା ପ୍ରିୟାକୁ କହୁଚି, 'ତୁ ହଁ କରୁନାହୁଁ କି ନାହିଁ କରୁନାହୁଁ। ତୋର ଭାବଟା ତ ନେହେରୁଙ୍କର ବକ୍ତୃତା ପରି ମନେ ହେଉଛି।'

ଇତ୍ୟବସରରେ ଗୁପ୍ତାଜୀ ଆସି ପହଞ୍ଚିଗଲେ। ଏ ହେଲେ ଜମି ଦଲାଲ୍। ବର୍ତ୍ତମାନ ସେ ତାଙ୍କର ସ୍ୱପ୍ନର ଦିଲ୍ଲୀ ଗଢିବାରେ ଲାଗିଛନ୍ତି। ଅର୍ଥାତ୍ ସେ ହିସାବ କରି

ଦେଖିଛନ୍ତି ଦିଲ୍ଲୀ କେତେ ବଢ଼ିବ। ସେ ପାଖର ଗାଁମାନଙ୍କରେ ଜମି ଶସ୍ତାରେ କିଣି ପରେ ଚଢ଼ା ଦରରେ ବିକ୍ରି କରନ୍ତି। ଏହି କଫି ହାଉସ୍‌ରେ ହିଁ ତାଙ୍କର ଅନ୍ୟ ଦଲାଲ୍‌ଙ୍କ ସଙ୍ଗେ ଦେଖା ହୁଏ। କାରଣ ଦଲାଲ୍‌ଙ୍କର ଘର ଗାଁରେ ଏବଂ ସେ ସେଠି ଦେଖା କଲେ ରହସ୍ୟ ବାହାରିଯିବ। ସେ ମଝିରେ ମଝିରେ ଆମକୁ କଫି-ପକୋଡ଼ା ଖୁଆନ୍ତି। ତା'ର ଅର୍ଥ କାହା ମୁଣ୍ଡରେ ଭଲ କରି ହାତ ବୁଲେଇଛନ୍ତି। ଏହାଦ୍ୱାରା ଅବଶ୍ୟ ଆଡ୍ଡାର ନିରପେକ୍ଷତା କ୍ଷୁର୍ଣ୍ଣ ହୁଏ ନାହିଁ।

ସାଧାରଣ ଆବଶ୍ୟକତା ଲାଗି କଫିହାଉସ୍ ବାହାରକୁ ଯିବା ଦରକାର ନାହିଁ। ଦୁଇଟି ଦୋକାନୀ ସେଠି ପସରା ଖୋଲି ଥାଆନ୍ତି। ସେଠି ପାନ ସିଗାରେଟଠାରୁ ଆରମ୍ଭ କରି ଟୁଥ୍‌ପେଷ୍ଟ, ବ୍ଲେଡ୍, ମୁଣ୍ଡବ୍ୟଥା ଔଷଧ ସବୁ ମିଳେ। ଯଦି ଆପଣ ତା'ର ପରିଚିତ, ଖାଲି ପଇସା ଦେଇଗଲେ ଆପଣଙ୍କ ଲାଗି ସିନେମା ଟିକେଟ୍ ମଧ୍ୟ କରି ରଖିଥିବ। ଘରକୁ ଚିଠି ଲେଖିବାକୁ ଇଚ୍ଛା କଲେ ଅନ୍ତର୍ଦେଶୀୟ ପତ୍ର ଓ ଲଫାଫା ମଧ୍ୟ ପାଇବେ। ସକାଳେ ଆପଣ ସମସ୍ତ ଖବର କାଗଜ ପାଇବେ। ତା'ଛଡ଼ା ସମସ୍ତ ମାଗାଜିନ୍ ଟାଇମ୍, ନ୍ୟୁଜ୍ ଉଇକ୍ ପର୍ଯ୍ୟନ୍ତ ତା' ଭଡ଼ାରେ ମିଳେ। ଏଣୁ ଆପଣ ଅଳ୍ପ ଅଳ୍ପ ପଇସାରେ ଭଲ ଭଲ ଜର୍ନାଲ ପଢ଼ି ପାରିଲେ।

ଆଡ୍ଡାରେ ମେମ୍ବର୍‌ମାନଙ୍କୁ ସମସ୍ୟାର ଆଲୋଚନା ଏବଂ ତାହାର ସମାଧାନ ବିଷୟରେ ମଧ୍ୟ ବହୁତ କିଛି କରାଯାଇଥାଏ। ଧରନ୍ତୁ ଆପଣଙ୍କର ଏକ ସେକେଣ୍ଡ୍ ହାଣ୍ଡ୍ ସ୍କୁଟର ଦରକାର। ସେତେବେଳର ବଜାର ଆଜିକାଲି ପରି ନ ଥିଲା। ଗୋଟିଏ ସ୍କୁଟର ବୁକ୍ କଲା ପରେ ଆଠରୁ ଦଶବର୍ଷ ଅପେକ୍ଷା। ଏଣେ ଯିବା ଆସିବାକୁ ଗୋଟିଏ ଯନ୍ତ୍ର ଦରକାର। ଆପଣ ଆଡ୍ଡାରେ ନିବେଦନ କଲେ। ତତ୍‌କ୍ଷଣାତ୍ ଛିବ୍‌ବର ଯାଇ ସିଗାରେଟ୍ ଦୋକାନୀ ଓ ବେହେରାକୁ କହିଦେଲା ଯେ ମାଥୁର୍ ଆସିଲେ ତାକୁ ଖବର ଦିଆହେବ। ଦୋକାନୀ ପାଖରେ ସେ ଅଫିସ୍ ଟେଲିଫୋନ୍ ନମ୍ବର ଦେଇଗଲା। ମାଥୁର୍ ଜଣେ କିରାନୀ। କିନ୍ତୁ ଅବସର ସମୟରେ ସ୍କୁଟର ଓ କାର୍‌ର ଦଲାଲି କରେ। ତା'ପରେ ଆଡ୍ଡାରେ ହିଁ ମାଥୁର୍ ସହିତ କଥାବାର୍ତ୍ତା। ଆଡ୍ଡାରୁ ଦୋସ୍ତ୍‌ମାନେ ଯାଇ ଗାଡ଼ି ପରୀକ୍ଷା କଲେ। ଦରଦାମ୍ ମଧ୍ୟ ଆଡ୍ଡାରେ ସ୍ଥିର ହେଲା। ଶେଷକୁ ଆପଣ ଉପଯୁକ୍ତଠାରୁ ମଧ୍ୟ ଅଳ୍ପ ଦାମ୍‌ରେ ଖଣ୍ଡେ ଭଲ ସ୍କୁଟର ପାଇଗଲେ। ଏହିପରି ଆଡ୍ଡାଧାରୀଙ୍କ ଲାଗି ଘରଖୋଜା, ସୁଟ୍ ତିଆରି ଇତ୍ୟାଦିରେ ମଧ୍ୟ ଆଡ୍ଡାର ଅବଦାନ ଗଭୀର। ସମସ୍ତେ ସମସ୍ତଙ୍କୁ ସବୁବେଳେ ସାହାଯ୍ୟ କରିବାକୁ ପ୍ରସ୍ତୁତ।

ଥରେ ବଦାନ୍ୟ ସରକାର ମୋତେ କିଛି ଟଙ୍କା ଦେଲେ ଉପଯୁକ୍ତ ପୋଷାକ ତିଆରି କରିବା ପାଇଁ। ମୁଁ ଆଡ୍ଡାରେ କହିଲି ମୋତେ କନା ବାଛିବାରେ ସାହାଯ୍ୟ

କରିବାକୁ। ସାଙ୍ଗେ ସାଙ୍ଗେ ଆଡ୍ଭା ଏକସ୍ୱରରେ 'ତୋବା' 'ତୋବା' କରି ଉଠିଲା। ତା'ପରେ ମୋ ପରି ଅଜ୍ଞକୁ ବୁଝାଇ ଦିଆଗଲା ଯେ କନ୍ନଟ୍ ପ୍ଲେସ୍‌ରେ ଦାମ୍ ବହୁତ ଚଢ଼ା, ପୁରୁଣା ଦିଲ୍ଲୀର ନଇ ସଡକ୍ ବା କଟରାନୀଲ୍ ଇତ୍ୟାଦିରେ କନା ଉଚିତ ଦରରେ ମିଳେ। ତେବେ ସେଠି ପଶିବା ଆମ ପକ୍ଷରେ ଅସମ୍ଭବ। ଏଣୁ ମୋତେ କୁହାହେଲା ପଣ୍ଡିତ୍‌ଜୀଙ୍କ ପାଖକୁ ଯିବାକୁ। ଦୁଃଖର କଥା ଯେ ମୁଁ ଜଣେ ପଣ୍ଡିତ୍‌ଜୀଙ୍କ ନାମ ଶୁଣିଥିଲି। ସେ ହେଉଛନ୍ତି ପଣ୍ଡିତ ଜୱାହରଲାଲ୍ ନେହେରୁ। ଏଣୁ ଏପରି ଖାନ୍‌ଦାନୀ ମଫସଲିଆକୁ କ'ଣ କରାଯାଏ? ଛିବ୍‌ବର ଓ ମାଲହୋତ୍ରା ମୋତେ ନେଇ ପଣ୍ଡିତ୍‌ଜୀଙ୍କ ପାଖକୁ ବାହାରିଲେ।

ପଣ୍ଡିତ୍‌ଜୀ ଜାତିରେ ପଞ୍ଜାବୀ ବ୍ରାହ୍ମଣ। କିନ୍ତୁ କାମରେ ଦରଜୀ ଓ ଲୁଗା ବ୍ୟବସାୟୀ। ଦୋକାନ ରିଗାଲ ବିଲ୍‌ଡିଂରେ କ୍ୱାଲିଟି ପାଖରେ। ଦେଢଗଜ ଓସାର ଖଣ୍ଡେ ଜାଗା, ଯାହାକି ଭିତରକୁ ଏକ ସୁଡ଼ଙ୍ଗ ପରି ଚାଲିଯାଇଛି। ଏହା ତାଙ୍କର ଦୋକାନ, ଗୋଦାମ ଓ କାରଖାନା। ବନ୍ଧୁମାନେ ମୋତେ ପରିଚୟ କରାଇଦେଲେ। ତା'ପରେ ଅତିଥି ସତ୍କାର। ଚ' ଆସିଲା, ଉତ୍ତମ ଛେନାର ପକୋଡା ଆସିଲା। କୁଶଳ ପ୍ରଶ୍ନ ପରେ ପଣ୍ଡିତ୍‌ଜୀ କହିଲେ - 'ସେ କ'ଣ ସେବାକରି ପାରିବେ।' ମୁଁ ମୋର ଆବଶ୍ୟକତା ନିବେଦନ କଲି - "ମୋର ଏକ କଳା ଓ ଏକ ଧଳା ବନ୍ଦ୍‌ଗଲା କୋଟ୍, କଳା ଟ୍ରାଉଜର, ଦୁଇଟି ସୁଟ୍, ଗୋଟିଏ ଶୀତ ଲାଗି ଓ ଅନ୍ୟଟି ଗରମ ଦିନ ଲାଗି ଦରକାର। ପଣ୍ଡିତ୍‌ଜୀ କହିଲେ, "ଆଚ୍ଛା, ଡିପ୍ଲୋମାଟିକ କପଡା ବନାନା ହୈ।" ତା'ପରେ ମୋତେ କିଛି ସମୟ ମୁଣ୍ଡରୁ ଗୋଡ ପର୍ଯ୍ୟନ୍ତ ଚାହିଁଲା ପରେ କହିଲେ, "ଆପକେ ଲିଏ ଜାଡେ କେ ଲିୟେ ଚାର୍କୋଲ ଗ୍ରେ ପିକ୍-ଏଣ୍ଡ-ପିକ୍ ଔର ଗରମି କେ ଲିୟେ ମିଡିୟମ୍ ବ୍ରାଉନ ପ୍ଲେନ୍ ଟ୍ରପିକାଲ ଠିକ୍ ରହେଗା। ବନ୍ଦ୍‌ଗଲେ କେ ଲିୟେ କାଲା ଜର୍ସି ଔର ସଫେଦ୍ ସାର୍କସ୍କିନ୍। ସଫେଦ୍ ବନ୍ଦ୍ ଗଲେ କେ ସାଥ୍ କାଲା ପାନାମା ଟ୍ରାଉଜର।" ତା' ଆରଦିନ ସନ୍ଧ୍ୟା ବେଳକୁ ଆସିବାକୁ କହିଲେ।

ଆରଦିନ ତାଙ୍କ ଦୋକାନରେ ବହୁତ କନାର ସାମ୍ପୁଲ। ସେଥିରୁ ବଛାଗଲା, ମାପ ନିଆଗଲା। ଯଥା ସମୟରେ ଟ୍ରାଏଲ୍ ଦିନ ସମସ୍ତ ଆଡ୍ଭା ମୋ ସାଥୀରେ ପଣ୍ଡିତ୍‌ଜୀଙ୍କ ଦୋକାନକୁ ଗଲା। ଟ୍ରାଏଲ୍ ହୋଇଗଲା। ମୁଁ ସମସ୍ତଙ୍କୁ କ୍ୱାଲିଟିରୁ ଆଇସ୍‌କ୍ରିମ ଖାଇବାକୁ ଦେଲି। ଶେଷରେ ମୋତେ ମୋର ସାଜ ପୋଷାକ ମିଳିଗଲା। ହିସାବରେ ଦେଖାଗଲା ଯେ ମୋ ପାଖରେ ତଥାପି କିଛି ପଇସା ବଳୁଛି। ସେଥିରେ ପଣ୍ଡିତ୍‌ଜୀ ଡାକ୍ରନ କନାର ଦୁଇଖଣ୍ଡ ଟ୍ରାଉଜର କରିଦେଲେ। ସବୁ କନା ଅତି ଉତ୍ତମ କନା ଏବଂ କାରିଗରୀର କମାଲ। ପଣ୍ଡିତ୍‌ଜୀ ଅବଶ୍ୟ ମୋର ଓ ମୋ ବନ୍ଧୁମାନଙ୍କର

ଦରଜୀ ହୋଇଗଲେ। ଏ ପର୍ଯ୍ୟନ୍ତ ଧଳା ବନ୍ଦ୍‌ଗଳାଟି ଅଛି ଏବଂ ମୋତେ ଅତି ସୁନ୍ଦର ଫିଟ୍ କରେ।

ଦିଲ୍ଲୀ ଛାଡିବାର ପ୍ରାୟ ଦଶ ବର୍ଷ ପରେ ପୁଣି ଥରେ କନ୍ନଟ ପ୍ଲେସ୍ ଗଲି। କଫିହାଉସ୍ ନାହିଁ, ସେଠି ପାଲିକା ବଜାର, ମାଟିତଳେ ପାର୍କିଂ ଓ ଆଉ ସବୁ। ତା'ପରେ ରିଗାଲ ବିଲଡିଂରେ ପଣ୍ଡିତ୍‌ଜୀଙ୍କ ଦୋକାନ ଖୋଜିଲି। ତାହା ବର୍ତ୍ତମାନ ଏକ ଅର୍ଡର୍ ସପ୍ଲାଇ ଏଜେନ୍‌ସି। ଭାଗ୍ୟକୁ ପଣ୍ଡିତ୍‌ଜୀଙ୍କ ଦେଖା ମିଳିଗଲା। ଦୋକାନ ବାହାରେ ବେତ ଚଉକିରେ ବସିଥିଲେ। କଥାବାର୍ତ୍ତା ହେଲା। ଜଣାପଡିଲା ଯେ, ସେ ଦରଜୀ ବ୍ୟବସାୟ ଛାଡି ଦେଇଛନ୍ତି। କାରଣ ସମସ୍ତେ ରେଡିମେଡ୍ ପଛରେ ଦଉଡୁଛନ୍ତି। ଭଲ ଦରଜୀ କାମ ଚିହ୍ନିବା ଏବଂ ସେଥିଲାଗି ଉପଯୁକ୍ତ ପାରିଶ୍ରମିକ ଦେବା ଗ୍ରାହକ କାହାନ୍ତି ? ପୁଣି ପଣ୍ଡିତ୍‌ଜୀ ସିନା କାଟିଦେବେ, କିନ୍ତୁ ଉପଯୁକ୍ତ ହାତ ସିଲେଇ ଓ ମେଶିନ କାରିଗର ମିଳୁନାହାନ୍ତି। ଏଣୁ ଆଗର କଷ୍ଟମର୍ ଟେଲରିଂ ଛାଡି ସେ ସ୍କୁଲ୍ ଓ ଫ୍ୟାକ୍‌ଟ୍ରି ୟୁନିଫର୍ମର ଅର୍ଡର୍ ସପ୍ଲାଇ କରୁଛନ୍ତି। ଏଥିଲାଗି ଶାହାଦରାରେ ଗୋଟିଏ ଫ୍ୟାକ୍ଟ୍ରି ହୋଇଛି। "ବ୍ୟବସାୟ ପୁଅମାନେ ଦେଖୁଛନ୍ତି। ୟୁନିଫର୍ମ ତ ଯିବ ବର୍ଷେ କି ଦୁଇ ବର୍ଷ। ଏଣୁ ତାହା ଫ୍ରାକ୍ଟ୍ରିରେ ହେବ। କିନ୍ତୁ ଗୋଟିଏ ଗରମ ସୁଟ୍‌ର ଜୀବନ କୋଡିଏ ବର୍ଷ ତ ହେବା ଉଚିତ। ସେଥିରେ ଯେ ପ୍ରକାର କାରିଗରୀ ଦରକାର, ତା' କରିବ କିଏ ଏବଂ ଯାହା ଦାମ ବଢିଗଲାଣି, ସେଥି ଲାଗି ପଇସା ଦେବେ କେତେଜଣ ? କୋଟ୍ ସୁଟ୍ ମଧ୍ୟ ରେଡିମେଡ୍ ତିଆରି ହେଲାଣି। କିନ୍ତୁ ଗୋଟିଏ ଫରକ୍। ମୁଁ ଆପଣଙ୍କ ଲାଗି ସୁଟ୍ କରିଥିଲି। ସୁଟ୍ ଆପଣଙ୍କ ଦେହକୁ ଫିଟ୍ କରୁଥିଲା। ଏଥର ଆପଣଙ୍କ ଶରୀରକୁ ସୁଟ୍ ମାପ ଅନୁଯାୟୀ ଗଢିବାକୁ ହେବ। ତେବେ କିଏ ମାଲିକ ହେବ ? ଆଗ ଆପଣ ସୁଟ୍‌ର ମାଲିକ ଥିଲେ, ଏବେ ସୁଟ୍ ଆପଣଙ୍କ ମାଲିକ ହେବ। କାରଣ ସୁଟ୍‌କୁ ଆପଣଙ୍କ ଦେହକୁ ଫିଟ୍ କରାଇବା କାରିଗର ମିଳିବେ ନାହିଁ।"

ପଣ୍ଡିତ୍‌ଜୀ ଭୀଷ୍ମ ପିତାମହ। ତାଙ୍କର ମାନ୍ୟତା ଥିଲା। ନିଜ ବିଦ୍ୟାରେ ଉତ୍କର୍ଷ ଥିଲା, ସେ ସବୁ ଗଲା। ଫ୍ୟାକ୍ଟ୍ରି ହୋଇଛି, ଆଗ ଅପେକ୍ଷା ଉପାର୍ଜନ ମଧ୍ୟ ଢେର୍ ଭଲ। କିନ୍ତୁ ପଣ୍ଡିତ୍‌ଜୀଙ୍କ ଭାଷାରେ, 'ଇଲମ୍ ନହିଁ, ହୁନର୍ ନହିଁ' (ବିଦ୍ୟା ନାହିଁ, କୌଶଳ ନାହିଁ)। ଏଣୁ ଭୀଷ୍ମ ତାଙ୍କର ମାନ୍ୟତା ଧ୍ୱଂସ ପାଇଲା ପରେ ଯେପରି ଶରଶଯ୍ୟାରେ ପଡି ମୃତ୍ୟୁକୁ ଅପେକ୍ଷା କରୁଥିଲେ, ପଣ୍ଡିତ୍‌ଜୀ ମଧ୍ୟ ସେହିପରି ଦୋକାନ ଆଗରେ ବେତ ଚଉକିର ଶରଶଯ୍ୟାରେ ମୁକ୍ତି ପ୍ରତୀକ୍ଷାରତ।

■

ରାଜମାତା କଲିକତା

ଏ ବର୍ଷ (୧୯୯୧) ଅତି ଧୂମଧାମ୍‌ରେ କଲିକତାର ତିନିଶତତମ ଜନ୍ମଦିବସ ବା ବର୍ଷ ପାଳିତ ହେଉଛି। ଦିନେ କଲିକତା ଥିଲା ଭାରତର ରାଜଧାନୀ। ସେହିଠାରୁ ଇଂରେଜ ଶକ୍ତି ଭାରତଟା ସାରା ମାଡିଗଲା। ଭାରତରେ ତ ସହର ଗଢେ, ଭାଙ୍ଗେ। ବୋଧହୁଏ ପୃଥିବୀର ସର୍ବପ୍ରାଚୀନ ନଗରୀ, ଯେଉଁଠିକି ଅଦ୍ୟାବଧି ବସତି ରହିଛି; ତା'ହେଲା ବାରାଣସୀ। ରାଜାଙ୍କ ମିଜାଜ୍ ହେଲା ତ ଏକ ନୂଆ ସହର ଗଢିଦେଲେ, ଯଥା ଜୟପୁର। ପ୍ରିୟାକୁ ନବାବ କ'ଣ ଦେବେ? ହୀରା ନୀଳାରେ ପ୍ରିୟାର ସଉକ୍ ନାହିଁ। ତା'ଛଡା ତାଙ୍କ ପ୍ରିୟା ତ' ଗୋଲକୋଣ୍ଡା ହୀରାଖଣିର ମାଲିକ। କ'ଣ କରାଯିବ? ପ୍ରିୟା ନାଁରେ ଏକ ନୂତନ ସହର କର। ଭାଗ୍ୟମତୀର ଭାଗ୍ୟ ନଗର। ଅବଶ୍ୟ ପରେ ନାଁଟା ହେଇଗଲା ହାଇଦ୍ରାବାଦ। ଏହାର ନାମ ଭାଗ୍ୟନଗର ରହିଥିଲେ ଭଲ ହୋଇ ନ ଥାଆନ୍ତା କି? କିନ୍ତୁ କଲିକତା ଅତି ଭିନ୍ନ ଜିନିଷ। ଏହା ଇଂରେଜମାନଙ୍କ ଦ୍ୱାରା ଇଂରେଜମାନଙ୍କ ଲାଗି ଗଢା ଯାଇଥିଲା। ସତେ ଯେପରି ଏହା ଏକ ନବୀନ ଲଣ୍ଡନ। ଇଂରେଜ ଭାରତକୁ ଆସିଛନ୍ତି ଅନେକ ଆଗରୁ। ୧୬୧୦ ଖ୍ରୀଷ୍ଟାବ୍ଦରେ ଇଷ୍ଟ୍ ଇଣ୍ଡିଆ କମ୍ପାନୀ ଗଠିତ ହୁଏ, ୧୬୧୧ରେ ପ୍ରଥମ ଇଂରେଜ କୋଠି ସ୍ଥାପିତ ହୁଏ ମସଲିପଟମ୍‌ରେ ଓ ତା'ପରେ ୧୬୧୫ରେ ସୁରଟରେ। ବାଲେଶ୍ୱରର ଇଂରେଜ କୋଠି ୧୬୩୩ରେ ଅର୍ଥାତ୍ କଲିକତାଠାରୁ ପ୍ରାଚୀନ। ୧୬୩୯ରେ ମାଡ୍ରାଜ ସହର ସ୍ଥାପିତ ହୁଏ। କିନ୍ତୁ ଏ ସବୁର ଐତିହ୍ୟ କଲିକତାଠାରୁ ଅଧିକ ହେଲେ ମଧ୍ୟ କଲିକତା ହିଁ ଇଂରେଜ ଶାସନର ପ୍ରତୀକ। ମାଡ୍ରାଜରେ ଇଂରେଜ ଯୁଦ୍ଧ କରିଛି ଅନେକ କିନ୍ତୁ ତାହା ଆତ୍ମରକ୍ଷା ମୂଳକ। ବିଶେଷ କରି ଫରାସୀ ଓ ତାଙ୍କ ଅନୁଚରମାନଙ୍କ ବିରୁଦ୍ଧରେ। କିନ୍ତୁ କଲିକତାରେ ଆସି ଇଂରେଜମାନେ ହିନ୍ଦୁସ୍ଥାନର ମାଲିକ ହେବାର ସ୍ୱପ୍ନ ଦେଖିଲେ ଏବଂ ତାକୁ ସାର୍ଥକ କରିଥିଲେ।

ପ୍ରକୃତରେ କଲିକତାର ବିକାଶ ପଲାସୀ ଯୁଦ୍ଧ ପରେ। ପଲାସୀ ଆଗରୁ ଇଂରେଜ ଥିଲେ ଭୟଭୀତ। କୌଣସିମତେ ମାଟି କାମୁଡ଼ି ପଡ଼ି ରହିବା କଥା। ସେ ସମୟରେ କଲିକତା ଏକ କ୍ଷୁଦ୍ର ବସତି, ଯାହାର ଇତିହାସ ଭୟ ଓ ସାହସର ବିଚିତ୍ର ସମନ୍ୱୟ। ବର୍ତ୍ତମାନର ଡେଲ୍‌ହାଉସୀ ଅର୍ଥାତ୍ ଚଳୁ କଥାରେ ବି.ଡି.ବି. ବାଗକୁ ଘେରି ଏହି ସହର(?) ଗଙ୍ଗା ଉପରେ ଦୁର୍ଗ, ଦୁର୍ଗ ତଳେ ଘାଟ, ସେଇଠି ସବୁବେଳେ ଜାହାଜ ବନ୍ଧା। ଦରକାର ହେଲେ ପଳାଅ। ଏହା ଆଗରୁ କଲିକତା ଥିଲା ମୁର୍ଶିଦାବାଦ୍ ନବାବଙ୍କର ଆଶ୍ରିତ ଏବଂ ହୁଗଲୀର ଫୌଜଦାରୀ ହିଁ ଇଂରେଜଙ୍କୁ ଶାସନ କରିବାକୁ ଯଥେଷ୍ଟ ଥିଲା। କିନ୍ତୁ ୧୭୫୭ ପରେ ନବାବ୍ ହିଁ ଆଶ୍ରିତ ପ୍ରସାଦଭିକ୍ଷୁ। ଆଉ ଗୋଟିଏ ଭାରତୀୟ ପ୍ରାଣଶକ୍ତିର ଉଦ୍ଦାମ ପ୍ରତୀକ ଥିଲା ମରାଠା ଅଶ୍ୱାରୋହୀ ବା ବର୍ଗୀ। ୧୭୩୦ ଓ ତା' ଆଖପାଖରେ ଦେଖାଦେଲେ ରଘୁଜୀ ଭୋଁସଲେ। ଫଳତଃ ଭୟଭୀତ ଇଂରେଜମାନେ ମରାଠା ଅଶ୍ୱାରୋହୀଙ୍କୁ ରୋକିବାକୁ ଏକ ପରିଖା ତିଆରି କଲେ, ଯାହାର ନାମ ଥିଲା ମରାଠା ଡିଚ୍। ଏକ ତରଫରେ ଗଙ୍ଗା ଓ ଅନ୍ୟ ଆଡେ ମରାଠା ଡିଚ୍ (Ditch); କିନ୍ତୁ ମରାଠାମାନେ ବଙ୍ଗଳାର ନବାବ୍ ଆଲିବର୍ଦ୍ଦୀ ଖାଁଙ୍କଠାରୁ ବାରଲକ୍ଷ ଟଙ୍କା ବାର୍ଷିକ ଚଉଥ ଏବଂ ସୁବର୍ଣ୍ଣରେଖା ପର୍ଯ୍ୟନ୍ତ ଓଡ଼ିଶା ପାଇ ସନ୍ତୁଷ୍ଟ ହୋଇଗଲେ। ବର୍ତ୍ତମାନ ଅର୍ଥାତ୍ ୧୭୫୭ ପରେ ଇଂରେଜମାନେ କଲିକତା ଗଢ଼ିବା ଆରମ୍ଭ କଲେ, ଯାହାକୁ ପରେ କୁହାଯାଉଥିଲା ପ୍ରାସାଦ ନଗରୀ ବା City of Palaces। ଆଉ ଭୟର କାରଣ ନାହିଁ। ମରାଠା ଡିଚ୍ ପୋତା ହୋଇ ହେଲା ସର୍କୁଲାର ରୋଡ। ଗଙ୍ଗା କୂଳେ କୂଳେ କିଛି ପୋତା ହୋଇ ତିଆରି ହେଲା ଏସପ୍ଲାନେଡ ରୋଡ। ଏ ପୁରୁଣା ଗୋରା କବରସ୍ଥାନ ଏକଦମ୍ ସୁନ୍ଦରବନ ଆଡକୁ ଉଠିଗଲା। ପାର୍କ ଷ୍ଟ୍ରିଟ୍‌ର ପୁରୁଣା ନାମ ବେରିଇଲ ଗ୍ରାଉଣ୍ଡ୍ ରୋଡ୍।

ସେ କଲିକତା ହେଲା ନବାବ୍ ଓ ବାବୁମାନଙ୍କର। ନବାବ୍‌ମାନେ ମୁର୍ଶିଦାବାଦର ନବାବ୍ ନୁହନ୍ତି। ସେ ତ ତିନିପାଞ୍ଚିରୁ ଗଲେଣି। ବର୍ତ୍ତମାନ ନବାବ୍ ଅର୍ଥ NABOB, ମାନେ ଇଂରେଜ ରାଜକର୍ମଚାରୀ। ଏମାନଙ୍କର ମୁକୁଟମଣି ଲର୍ଡ କ୍ଲାଇଭ୍। କଲିକତାର ଇଂରେଜ ସମାଜରେ ଟଙ୍କାର ଅଭାବ ନ ଥିଲା। ସେମାନେ ଆସିଥିଲେ ଏହି ଦେଶକୁ, ଯେଉଁଠି ଗଛ ହଲେଇଲେ ଟଙ୍କା ଝଡେ। ଗଛ ଅବଶ୍ୟ ବିଚରା ଭାରତୀୟ କୃଷକ ଓ ଶିଳ୍ପୀ କାରିଗର। ସେ ଯେପରି ଶୋଷିତ ହେବାକୁ ଜନ୍ମ ନେଇଛି ! ପ୍ରଚୁର ବିଳାସ, ଅମିତବ୍ୟୟିତା ଓ ଦୁରାଚାର ପରେ ସେମାନେ ଯେତେବେଳେ ରିଟାୟାର୍ କରି ଇଂଲଣ୍ଡ ଫେରି ଯାଉଥିଲେ, ସାଙ୍ଗରେ ନେଇ ଯାଉଥିଲେ ଅକଳ୍ପନୀୟ ସମ୍ପଦ। ଟଙ୍କା ଥିଲେ ଇଂଲଣ୍ଡରେ କ'ଣ ନ ମିଳିବ। ଶାୟାରମାନଙ୍କର ଜମିଦାରୀ, ଲର୍ଡ ବଂଶରୁ

ପତ୍ନୀ, ପାର୍ଲିଆମେଣ୍ଟରେ ଆସନ - ସବୁ କିଣି ହେବ। ଏଣୁ ସମସ୍ତେ ଲାଗିଥିଲେ କିପରି ଲୁଟ୍, ଲୁଟ୍ ଆଉ ବେଶି ଲୁଟ୍ କରିଯିବେ। ସେ ସମୟରେ କଲିକତା ଇଂରେଜଙ୍କ ପାଇଁ ଶସ୍ତା ନଥିଲା। ଜଣେ ଜୁନିୟର ସିଭିଲିୟାନର ବେତନ ପ୍ରାୟ ତିନିଶହ ଟଙ୍କା। ଅଥଚ ଏକ ପାଉଣ୍ଡ (୪୫୦ ଗ୍ରାମ୍) ଚା' ପତ୍ର ସାଢେ ଚାରିଟଙ୍କା, ହଳେ ସୂତା ମୋଜା ପ୍ରାୟ ପନ୍ଦର ଟଙ୍କା। ଜଣେ ମଧ୍ୟବିତ୍ତ ଗୃହଣୀ ଘରଭଡା ଦେଉ ଥିଲେ ମାସକୁ ପ୍ରାୟ ପନ୍ଦର ପାଉଣ୍ଡ ଅର୍ଥାତ୍ ସାଢେ ତିନିଶହ ଟଙ୍କା। ଗଭର୍ଣ୍ଣର କାଉନସିଲର୍ ମେମ୍ବର୍ ଫିଲିପ୍ ଫ୍ରାନ୍‌ସିସ୍ ଗୋଟିଏ ରାତିରେ ଜୁଆରେ ଜିତିଥିଲେ କୋଡିଏ ହଜାର ପାଉଣ୍ଡ। ସେ ସମୟର କଲିକତାକୁ କ୍ଲାଇଭ୍ କହିଛନ୍ତି ସଇତାନର ସହର। ତାହା ଥିଲା କାମିନୀ କାଞ୍ଚନର ତୀର୍ଥରାଜ। ଘୁସ୍ ଖୋଲାଖୋଲି ଭାବେ ଚାଲୁଥିଲା। ୱ୍ୟାରେନ୍ ହେଷ୍ଟିଂସ୍ ଜଣେ ଗଭର୍ଣ୍ଣର କାଉନସିଲର୍ ସଦସ୍ୟଙ୍କୁ ଲକ୍ଷେ ପାଉଣ୍ଡ ପର୍ଯ୍ୟନ୍ତ ଘୁସ୍ ଯାଚିଛନ୍ତି, ଆଉ କାମିନୀ? ଗଭର୍ଣ୍ଣର କାଉନସିଲର୍ ମେମ୍ବର୍ ସାର୍ ଫିଲିପ୍ ଫ୍ରାନ୍‌ସିସ୍ ରାତିର ଅନ୍ଧାରରେ ଅଭିସାରରେ ବାହାରି ନାୟିକାଙ୍କ ସ୍ୱାମୀଙ୍କ ଦରଓ୍ୱାନ ଦ୍ୱାରା ଧୃତ ହେଲେ। ଅଧିକାଂଶ ସାହେବଙ୍କର ଦେଶୀ ରକ୍ଷିତା ଥିଲେ। ସ୍ଥଳ ବିଶେଷରେ ଅନେକ। ଅବଶ୍ୟ ସାହେବଙ୍କର ଆଉ ଚାରା କ'ଣ? ଭାରତ ବର୍ଷରେ ଶ୍ୱେତାଙ୍ଗୀଙ୍କର ଦୁର୍ଭିକ୍ଷ। ବିଲାତ ଯିବାକୁ ଲାଗେ ଛଅମାସ ବା ତା'ଠାରୁ ବେଶି। ଏଣୁ ପନ୍ଦର କୋଡିଏ ବର୍ଷ ଆଗରୁ ଛୁଟି ନେଇ ବିଲାତ ଯିବାର ସମ୍ଭାବନା ନାହିଁ ଏବଂ ସେମାନେ ମଧ୍ୟ ସାଧାରଣ ମନୁଷ୍ୟ - ଶୁକ ମୁନି ବା ସେଣ୍ଟ୍ ଫ୍ରାନ୍‌ସିସ୍ ତ ନୁହନ୍ତି!

ଏହି କଲିକତା ଅଷ୍ଟାଦଶ ଶତାବ୍ଦୀର କଲିକତା। ଏହି ଶତାବ୍ଦୀ ଅତି ବିଚିତ୍ର। ଏହା ଜ୍ଞାନ ଓ ଯୁକ୍ତିର ଯୁଗ। କିନ୍ତୁ ନୀତିଜ୍ଞାନ ସହିତ ବିଶେଷ ସମ୍ପର୍କ ନ ଥିଲା। ଖୋଦ୍ ଭଲ୍‌ଟାୟାରଙ୍କର ସମ୍ପତ୍ତି ମଧ୍ୟ ଘୁସ୍ ଓ କଳାବଜାରରୁ ଅର୍ଜିତ। ମଧ୍ୟଯୁଗର ଧର୍ମ - ବିଶ୍ୱାସ ଗଲାଣି। ଜ୍ଞାନ ସଙ୍ଗେ କର୍ମର ଓ ସ୍ୱାର୍ଥର ଅଦ୍ଭୁତ ସମନ୍ୱୟ ଏହି ଶତାବ୍ଦୀରେ। ଏହି ସମୟରେ ସୁଯୋଗ୍ୟ ପ୍ରତିନିଧି ୱ୍ୟାରେନ୍ ହେଷ୍ଟିଂସ୍। ପାର୍ଶୀ ଓ ସଂସ୍କୃତରେ ଅଶେଷ ବିଦ୍ୟା। ସେହିପରି ଲକ୍ଷ ଲକ୍ଷ ଟଙ୍କା ଘୁସ୍ ନେବାରେ ଓ ଦରକାର ପଡିଲେ ଦେବାରେ। ସେତେବେଳର ଲକ୍ଷ ଆଜିକାଲିର କୋଟି ପାଖାପାଖି ହେବେ। ବିଲାତର କୋର୍ଟ ଅଫ୍ ଡାଇରେକ୍ଟର ମଧ୍ୟ କମ୍ ନ ଥିଲେ। ୱ୍ୟାରେନ୍ ହେଷ୍ଟିଂସ୍‌ଙ୍କୁ ସେମାନେ ମଧ୍ୟ ଦୁଧିଆଳି ଗାଈ ପରି ଦୁହୁଁ ଥିଲେ। ହେଷ୍ଟିଂସ୍ ସେମାନଙ୍କୁ କହିଛନ୍ତି, "ଅତ୍ୟାଚାରୀ ଅର୍ଥଗୃଧ୍ରତାର ଖଣି।" (a mine of oppressive rapenty)। ତେବେ ସେ ଭାରତବର୍ଷରେ ଏକ ସୁସ୍ଥ ଇଂରେଜ ଶାସନର ମୂଳପତ୍ତନ କରିଥିଲେ। ଭାରତରେ ଇଂରେଜ ସାମ୍ରାଜ୍ୟର ପ୍ରଧାନ ପ୍ରତିଷ୍ଠାତା କ୍ଲାଇଭ୍‌ଙ୍କ ପରେ ୱ୍ୟାରେନ୍ ହେଷ୍ଟିଂସ୍। ସେ

ବନାରସକୁ ସାମ୍ରାଜ୍ୟଭୁକ୍ତ କଲେ, ଅବଧ (ଲକ୍ଷ୍ନୌ) ଉପରେ ଇଂରେଜ କର୍ତ୍ତୃତ୍ୱ ସ୍ଥାପନ କଲେ। ମରାଠା, ନିଜାମ ଓ ହାଇଦର୍ ଅଲିଙ୍କ ଯୁକ୍ତ ଫ୍ରାଣ୍ଟ୍‌ର ଅବସାନ ଘଟାଇଲେ, ବଙ୍ଗଳାରେ ଦୈତ ଶାସନର ଅତ୍ୟାଚାର ବନ୍ଦ କଲେ। ତାଙ୍କର ଜ୍ଞାନପିପାସା ଓ ଭାରତୀୟ ସଂସ୍କୃତି ପ୍ରତି ପ୍ରେମର ନିଦର୍ଶନ ହେଉଛି ତାଙ୍କର ଏସିଆଟିକ୍ ସୋସାଇଟି ଅଫ୍ ବେଙ୍ଗଲ, ଯାହାକି ପ୍ରାଚୀବିଦ୍ୟାର ଅନୁଶୀଳନର ପ୍ରଧାନ କେନ୍ଦ୍ର ହିସାବରେ ପୃଥିବୀ ବିଖ୍ୟାତ ଥିଲା। କିନ୍ତୁ ସେ ଥିଲେ ଅଷ୍ଟାଦଶ ଶତାବ୍ଦୀର ପୁରୁଷ। ତାଙ୍କର ଉଦ୍ଦେଶ୍ୟ ସାଧନ ପାଇଁ କୌଣସି ପ୍ରକାର ବାଧା, ସେ ପ୍ରତିପକ୍ଷ ସେନାର ହେଉ ବା ଧର୍ମର ଓ ନୀତିର ବାରଣ ହେଉ, ମାନିବାକୁ ପ୍ରସ୍ତୁତ ନ ଥିଲେ।

ଇଂଲଣ୍ଡ ଫେରିବା ପରେ ହେଷ୍ଟିଂସ୍‌ଙ୍କ ବିରୁଦ୍ଧରେ ମକଦ୍ଦମା ହେଲା - Impeachment of Warren Hastings। ଏ ମକଦ୍ଦମା ୧୭୮୮ ରୁ ୧୭୯୫ ପର୍ଯ୍ୟନ୍ତ ଚାଲିଲା। ଯଦିଚ ହେଷ୍ଟିଂସ୍ ନିର୍ଦ୍ଦୋଷରେ ଖଲାସ ହେଲେ, ତଥାପି ଏହା ତାଙ୍କୁ ନିଃସ୍ୱ କରିଦେଲା। ବ୍ରିଟିଶ୍ ପାର୍ଲିଆମେଣ୍ଟରେ ହେଷ୍ଟିଂସ୍‌ଙ୍କ ବିରୁଦ୍ଧରେ ଏଡ୍‌ମଣ୍ଡ୍ ବର୍କଙ୍କର ବାଗ୍ମିତା ପ୍ରସିଦ୍ଧ। ତା'ର ଜବାବରେ ସେ ଗୋଟିଏ ଏପିଗ୍ରାମ ରଚନା କରିଥିଲେ। ଏଡମଣ୍ଡ୍ ବର୍କ ଆୟାରଲାଣ୍ଡ୍‌ର ଲୋକ ଥିଲେ। ଆୟାରଲାଣ୍ଡ୍‌ରେ କୌଣସି ବିଷଧର ସର୍ପର ଜାତି ନାହିଁ। ଏଥିରେ ଥିବା ଶାଣିତ ବ୍ୟଙ୍ଗ ଲକ୍ଷ କରିବାର କଥା :

Oft have I wondered that on Irish ground / No poisonous reptiles ever yet were found / Revealed the secret stands, of Nature's work /She saved the venom to creat a Burke.

ଏହି କବିତାଟିକୁ ପ୍ରଥମେ ଉଦ୍ଧୃତି ଦେଇଥିଲେ ବଙ୍ଗଳାର ମହାନ୍ ଔପନ୍ୟାସିକ ପ୍ରମଥ ନାଥ ବିଶି ତାଙ୍କର ବହି 'କେରି ସାହେବର ମୁନ୍‌ସୀ'ରେ।

ଏହାପରେ ଲର୍ଡ ଓଏଲେସ୍ଲି ୧୭୯୮ରେ ଗଭର୍ଣ୍ଣର ଜେନେରାଲ ହେଲେ। ଏହାଙ୍କ ସମୟରେ ଭାରତ ଇଂରେଜମାନଙ୍କର ସତରେ ଅଧୀନସ୍ଥ ହେଲା। ସେ ଫରାସୀମାନଙ୍କୁ ବିତାଡିତ କଲେ। ମହୀଶୂର, କର୍ଣ୍ଣାଟକ, ତାଞ୍ଜୋର ଇତ୍ୟାଦି ଜିଣି ମାନ୍ଦ୍ରାଜ ଓ ବଙ୍ଗ ପ୍ରେସିଡେନସି ଭିତରେ ଭୌଗୋଳିକ ଯୋଗ ଆଣିଲେ। ଅବଧର ଅଧେରୁ ବେଶି ନେଲେ। ଯେଉଁସବୁ ଦେଶୀୟ ରାଜ୍ୟକୁ ରହିବାକୁ ଦିଆଗଲା, ସେଠାରେ ଅବସ୍ଥା ଶୋଚନୀୟ। ଶାସକଙ୍କର କୌଣସି କ୍ଷମତା ନ ଥିଲା, ସେନା ନ ଥିଲା; କେବଳ ଥିଲା ବିଳାସବ୍ୟସନର ସ୍ୱାଧୀନତା। କିନ୍ତୁ ତାଙ୍କର ଅଷ୍ଟାଦଶ ଶତାବ୍ଦୀର ଜ୍ଞାନପିପାସା ସାଙ୍ଗରେ ଥିଲା ସାମ୍ରାଜ୍ୟ ସ୍ଥାପନ ଦୂରଦୃଷ୍ଟି। ସେହି ଦୃଷ୍ଟିରୁ ସେ ସ୍ଥିର କଲେ ଯେ ଇଂରେଜ ଶାସକମାନଙ୍କୁ ଭାରତୀୟ ଭାଷା ଶିକ୍ଷା କରିବାକୁ ହେବ। ଏ

ପର୍ଯ୍ୟନ୍ତ କାମ ମୁନ୍‌ସୀ, ଦୋଭାଷୀ ଇତ୍ୟାଦିଙ୍କ ଦ୍ୱାରା ଚଳୁଥିଲା । ତା'ର ଫଳ ଥିଲା କୁଶାସନ ଓ ଖାମଖିଆଲି । ଏଣୁ ୧୮୦୦ ସାଲରେ ସ୍ଥାପିତ ହେଲା ଫୋର୍ଟ ଉଇଲିୟମ କଲେଜ । ଏଠି ସଂସ୍କୃତ ପାରସୀ, ହିନ୍ଦୀ, ଉର୍ଦ୍ଦୁ, ବଙ୍ଗଳା, ମରାଠୀ ଭାଷା ଶିକ୍ଷା ଦେବାର ବ୍ୟବସ୍ଥା ହେଲା । କିନ୍ତୁ ଏହି କଲେଜ ହିଁ ଭାରତୀୟ ନବଜାଗରଣର ଚାବି ଧରି ଉପସ୍ଥିତ ହେଲା । ଭାରତୀୟ ନବଜାଗରଣ ତ କଲିକତାରେ ଆରମ୍ଭ ଏବଂ ବଙ୍ଗଭାଷାର ଉନ୍ନତି ଲାଗି ଫୋର୍ଟ ଉଇଲିୟମ କଲେଜର ଅଧ୍ୟାପକଗଣ ଯାହା କରିଛନ୍ତି, ତାହା ଅବିସ୍ମରଣୀୟ ।

କିନ୍ତୁ ଇଂରେଜ ଶାସକମାନଙ୍କୁ ଭାରତୀୟ ଭାଷା ଶିଖାଇ ଆଉ ଏକ ଶ୍ରେଣୀକୁ ଲୁପ୍ତ କରିଦେଲା । ଏମାନେ ହେଲେ ସାହେବମାନଙ୍କ ମୁନ୍‌ସୀ । କ୍ଲାଇବଙ୍କର ମୁନ୍‌ସୀ ଥିଲେ ମହାରାଜା ନନ୍ଦକୁମାର, ଯାହାକୁ ୱାରେନ୍ ହେଷ୍ଟିଂସ୍ ଫାଶୀ ଦେଇଥିଲେ । ତା'ର କାରଣ, ତାଙ୍କୁ ଅନେକ ଭିତିରି ଖବର ଜଣା ଥିଲା ଓ ହେଷ୍ଟିଂସ୍‌ଙ୍କ ବିରୁଦ୍ଧରେ ସେ ଦୁର୍ନୀତିର ଅଭିଯୋଗ ଆଣିଥିଲେ । କିନ୍ତୁ ମୁନ୍‌ସୀ ଶ୍ରେଷ୍ଠ ଥିଲେ ମହାରାଜା ନବକୃଷ୍ଣ ବାହାଦୂର, ଅର୍ଥାତ୍ ଶୋଭାବଜାରର ରାଜା । ଉପାଧିଟା ଇଂରେଜ ପ୍ରଦତ୍ତ । ତା' ଛଡା ଥିଲେ ଆହୁରି ଅନେକ; ଯଥା - ରାଜାବଲ୍ଲଭ, ଗୋବିନ୍ଦ ମିତ୍ର ଦେୱାନ ଗଙ୍ଗାଗୋବିନ୍ଦ ଇତ୍ୟାଦି । କିନ୍ତୁ ଏମାନଙ୍କ ତଳେ ଏକ ବିରାଟ ସମାଜ ଗଢି ଉଠିଥିଲା । ଏହା ହେଲା ବାବୁ ସମାଜ । ଏମାନେ ଇଂରେଜମାନଙ୍କ ସହିତ ସହଯୋଗକାରୀ - ଇଂରେଜ କମ୍ପାନୀମାନଙ୍କର ଏଜେଣ୍ଟ, ଯାହାଙ୍କୁ ସେତେବେଳେ କୁହାଯାଉଥିଲା ବେନିଅନ ବା ମୁସୁଦ୍ଦୀ । ଏ ସମାଜର ଭାରତୀୟ ନୀତିବୋଧ ପ୍ରତି ଥିଲା ଘୋର ଅବଜ୍ଞା ଓ ସେମାନେ ଇଂରେଜ ନୀତିବୋଧରୁ ବିଶେଷ କିଛି ଶିଖି ନ ଥିଲେ । ପ୍ରକୃତ କଥା, ସେମାନେ ଦେଖୁଥିଲେ ଯେ ଇଂରେଜ ନୀତିବୋଧ କ'ଣ । ଏମାନେ ନକଲ କରିବାର ଚେଷ୍ଟା କରୁଥିଲେ ତାଙ୍କର ମାଲିକ ଅର୍ଥାତ୍ ଇଂରେଜ ନବାବମାନଙ୍କୁ ଅର୍ଥଲୋଭ, ଇନ୍ଦ୍ରିୟପରାୟଣତା, ସ୍ୱେଚ୍ଛାଚାରିତା, ନା କମାଇବାର ପ୍ରାଣପଣ ଚେଷ୍ଟା ଏମାନଙ୍କର ଚରିତ୍ରର ବୈଶିଷ୍ଟ୍ୟ ଥିଲା । ଏପରି ଏକ ସମାଜ କଲିକତା କ'ଣ, କଟକରେ ମଧ୍ୟ ଥିଲା ଏବଂ କବିବର ରାଧାନାଥ ଏ ବିଷୟରେ ବହୁତ କିଛି ଦରବାରରେ ଲେଖିଛନ୍ତି -

'ଉଇଲସେନ ଘରୁ ସୁଆର ଅଣଇ
କେତେ କେତେ ଭୋଜି ଦେଇଅଛି ଭାଇ
ଦେଇଅଛ ଡାଲି ଭରି ମେବା ଦାନା
କେତେଥର ଦେଇଅଛ ନାଚଖାନା

ନୀତି ମୁଣ୍ଡ ଖାଇ ନଚାଇଛ ବାଈ.........' ଇତ୍ୟାଦି।

ସେ ବାଈନାଚ କିପରି ? ୧୮୯୭ରେ କଟକରୁ ପ୍ରକାଶିତ ଏକ ଦେଢ ପଇସା ମୂଲ୍ୟର କବିତା ବହିରେ ବର୍ଣ୍ଣନା ଦେଖନ୍ତୁ :

'ବକ ଗେଣ୍ଡାଳିଆ ପରି ବସିଛ ଧାଡିରେ
ବାବୁଏ ଦେଖିଲେ ନାଚ ଏକାଗ୍ର ଚିତ୍ତରେ
ବାଈ ସୁବେଶ ଭୂଷିତା
ଚକ ଚକ ଜକ ଜକ ଘାଘରା ମଣ୍ଡିତା' ॥

ପୁଣି ଏମାନଙ୍କ ଲାଗି ବନ୍ଦୋବସ୍ତ କିପରି -

'ସୋଡା ଲିମନେଡ ଲାଲ ବିଲାତୀୟ ବାରି
ପ୍ରତିଦିନ ନବ୍ୟସଭ୍ୟ ପ୍ରଥା ଅନୁସରି
ଭରିଦେଲେ ଏକ ଘରେ
ପିଇବେ ବାବୁଏ ବାଛି ଯେ ଯାହା ମତରେ।'

ଏହା ଯଦି କଟକ ପରି ଉଡେ ମଫସଲରେ ସମ୍ଭବ, ତେବେ କଲିକତାରେ କ'ଣ ଅବସ୍ଥା ? ଏ ବିଷୟରେ ବହୁତ କିଛି ପ୍ରାଚୀନ ବହି ଅଛି। ସେଥିରୁ ଦୁଇଟି ଉଲ୍ଲେଖଯୋଗ୍ୟ। ପ୍ରଥମଟି ହେଲା 'ନବବାବୁ ବିଳାସ', ଅନ୍ୟଟି ହେଲା, 'ହୁତୋମ ପ୍ୟାଂଚାର ନକସା'। ସେ ସମାଜର ବର୍ଣ୍ଣନା କୌଣସି ପ୍ରବନ୍ଧରେ ଦେବା ଅସମ୍ଭବ। ଭାତ ହାଣ୍ଡିରୁ ଗୋଟିଏ ଯୋଡିଏ ଭାତ ଚିପାଯାଏ। ଏଣୁ ସେହି ପଦ୍ଧତିରେ ସେ ସମୟର ବାବୁ ସମାଜକୁ ଦେଖାଯାଉ।

ସେ ସମୟରେ ନାମ କରିବାକୁ ହେଲେ ସ୍ତ୍ରୀ ଲୋକଙ୍କୁ ହୁଏତ ବଡ ଜମିଦାରଙ୍କର ସ୍ତ୍ରୀ ହେବାକୁ ପଡୁଥିଲା, ନଚେତ୍ ବାରାଙ୍ଗନା। ରାଣୀ ରାସମଣୀ, ମହାରାଣୀ ସ୍ୱର୍ଣ୍ଣମୟୀ ଇତ୍ୟାଦି ମହିଳା ଅବଶ୍ୟ ବିଖ୍ୟାତ ଥିଲେ। କିନ୍ତୁ ଅନ୍ୟ ତରଫରେ ଉମ୍‌ଦାଖାନମ୍, ନହ୍ନୀଜାନ୍, ରସୁଲନ୍ ଇତ୍ୟାଦି ମଧ୍ୟ ଊଣା ପ୍ରସିଦ୍ଧ ନ ଥିଲେ। ଏଥିଲାଗି ଅବଶ୍ୟ ମୋଗଲ ଓ ନବାବ ଯୁଗର ଦେଶାଚାର ଅନେକ ପରିମାଣରେ ଦାୟୀ। କାରଣ ତାହା ଭଦ୍ରଘରର ସ୍ତ୍ରୀ - ପୁରୁଷ ମଧ୍ୟରେ ସାମାଜିକ ମିଳାମିଶା ପ୍ରାୟ ଅସମ୍ଭବ କରି ଦେଇଥିଲା। ରାଣୀମାନେ ସେତେବେଳେ ଖ୍ୟାତି ଲାଭ କରିଥିଲେ ପ୍ରଧାନତଃ ତାଙ୍କର ଦାନଶୀଳତା, ବିଦ୍ୟାକୁ ଆଶ୍ରୟ ଓ ଉତ୍ସାହ ଦେବା ଲାଗି। କିନ୍ତୁ ଏହି ଅନ୍ୟ ତରଫର ମହିଳାମାନେ ଅନ୍ୟାନ୍ୟ କଥା ଛଡା ଅନେକ ସମୟରେ ସଙ୍ଗୀତ ଓ ନୃତ୍ୟରେ ପାରଦର୍ଶିତା ଲାଗି ପ୍ରସିଦ୍ଧ ଥିଲେ। ଏହା ସଂସ୍କୃତ ବା ଗ୍ରୀକ୍ ସାହିତ୍ୟର ବାରାଙ୍ଗନାଙ୍କର

ଜଗତ ନୁହେଁ। ଏପରି କି ଦିଲ୍ଲୀର ନବାବଜାନ୍ ବା ଲକ୍ଷ୍ନୌର ଉମରାଉଜାନ୍‌ଙ୍କର ମହଫିଲ୍ ନୁହେଁ। ଏଠି ଗଜଲର ସୂକ୍ଷ୍ମତା ବିଶ୍ଳେଷଣ କରାଯାଉ ନ ଥିଲା, କବିତା ପଢ଼ା ଯାଉ ନ ଥିଲା। ତାହା ବାବୁ ସମାଜରେ ଅଚଳ। କାରଣ ଅଧିକାଂଶ ବାବୁ ପ୍ରକୃତରେ ଅର୍ଦ୍ଧଶିକ୍ଷିତ ମାତ୍ର ଥିଲେ। ଏହି ମହିଳାମାନଙ୍କର ପ୍ରସିଦ୍ଧି ବିଷୟରେ ଏକ ଉଦ୍‌ଭଟ ଶ୍ଳୋକ ଶୁଣାଯାଉଥିଲା –

‘ସ୍ୱନାମ୍ନଶ୍ଚ ସ୍ତ୍ରୀୟୋଧନ୍ୟା
ମାତୃନାମ୍ନଶ୍ଚ ମଧ୍ୟମାଃ।
ଅଧାମାଃ ଛୁକରୀ ନାମ୍ନାଃ
କୁଳାଙ୍ଗନାଶ୍ଚ ଧାମାଧମାଃ।’

ଅର୍ଥାତ୍ ଉତ୍ତମ ସ୍ତ୍ରୀମାନଙ୍କର ନାମ ବାବୁ ମହଲରେ ପ୍ରସିଦ୍ଧ, ମଧ୍ୟମାମାନେ ପ୍ରସିଦ୍ଧା ସ୍ତ୍ରୀମାନଙ୍କ ଝିଅ ବୋଲି। ଅଧମାମାନଙ୍କୁ ଛୋକରୀ କୁହାଯାଏ ଏବଂ କୁଳାଙ୍ଗନା ଅଧାମାରୁ ଅଧମା, କାରଣ ସେମାନଙ୍କୁ କେହି ବାବୁ ଜାଣନ୍ତି ନାହିଁ।

ବାବୁମାନଙ୍କର ଶିକ୍ଷା ଓ କୃଷ୍ଟିରମାନ ଯାହା ଥିଲା, ସେମାନେ ପୃଷ୍ଠପୋଷକତା କରୁଥିବା କଳାର ସ୍ତର ମଧ୍ୟ ସେହିପରି ହେବାକୁ ବାଧ୍ୟ। କାରଣ ଇଂରାଜୀରେ ‘He who plays the piper calls the tune.’ କେବଳ ଧର୍ମ ସଙ୍ଗୀତ ଛାଡ଼ି ଦେଲେ ଅନ୍ୟଟି ଗୀତରେ ସୁରୁଚିର ଅଭାବ ସ୍ପଷ୍ଟ। ସେ ସମୟରେ କବିଗାନ, ତରଜା ଟପ୍ପା ଇତ୍ୟାଦି ଛପା ହୋଇନାହିଁ। ପରବର୍ତ୍ତୀ କାଳରେ ତାହାକୁ କୁରୁଚିପୂର୍ଣ୍ଣ ବୋଲି କୁହାଯାଇଛି। ଯେଉଁସବୁ ସାମାନ୍ୟ ସାକ୍ଷ୍ୟପ୍ରମାଣ ମିଳେ, ସେଥିରୁ ଏହାକୁ ଅବିଶ୍ୱାସ କରିବାର କାରଣ ନାହିଁ। ହୁଏତ କିଞ୍ଚିତ୍ ଅତିରଞ୍ଜନ ଥାଇପାରେ। କିନ୍ତୁ ଅନେକ କବିତା ଓ ଗୀତ ଏତେ ଅଶ୍ଳୀଳ ଓ ଦେହଧର୍ମୀ ଯେ ଏଠାରେ ଉଦ୍ଧୃତି ଦେବାକୁ ସଙ୍କୋଚ ଲାଗୁଛି। ମୁଁ ଏଠି ଭିକ୍ଟୋରିଆ ଯୁଗର ଶୁଚିବାଇ ପୁନର୍ଜୀବିତ କରିବାକୁ ଚେଷ୍ଟା କରୁନାହିଁ। ରୀତିକାଳର ଅନେକ କବିତା ବେଶୀ ଦେହଧର୍ମୀ। ତଥାପି ସେଥିରେ ଏକ ଭାଷା ସହ ଅଳଙ୍କାରର ଆବରଣ ଥାଏ। ବଙ୍ଗଳା ଓ ହିନ୍ଦୀ ବୈଷ୍ଣବ କବିତାରେ ମଧ୍ୟ ଅନେକ ମୁକ୍ତ ବର୍ଣ୍ଣନା ଅଛି – ସଂସ୍କୃତ କଥା ଛାଡ଼ନ୍ତୁ। କିନ୍ତୁ ସେଥିରେ ଏକ ଆବେଗ ଏକ ପ୍ରାଣ ଅଛି, ଯାହାକି ସେ କବିତାକୁ ଅଲୌକିକ ସ୍ତରକୁ ନେଇଯାଏ। କିନ୍ତୁ ଏଠି ତାହାର ଘୋର ଅଭାବ। ଯଥା –

‘ନଗରେର ମଧ୍ୟ ଏକ କଲିକତା ସାର
ପ୍ରତିପଥେ କତ ଶତ କଜାର ବାଜାର।
କିନ୍ତୁ ଦେଖ ଅଙ୍ଗନାର ଅଙ୍ଗ ସହକାର

ବୁକେ ଦୁଇ କଲିକତା ଅତି ଚମତ୍କାର।'

(ଏହାପର ପଦ ଉଦ୍ଧୃତିଯୋଗ୍ୟ ନୁହେଁ)

ଧନୀ ଘରର ପୁରୁଷମାନେ ବେଶ୍ୟା ଘରେ ରାତ୍ରି ଯାପନ କରୁଥିଲେ। ଏହା ଏତେ ସ୍ୱାଭାବିକ ହୋଇ ଯାଇଥିଲା ଯେ ଏ ବାବଦରେ ହୋଇଥିବା ଖର୍ଚ୍ଚ ଖତିଆନରେ ଲେଖାଯାଇ ପାରୁଥିଲା। ଓଡ଼ିଆରେ ଫକୀରମୋହନଙ୍କର ପେଟେଣ୍ଟ୍ ମେଡିସିନ୍ ବର୍ଣ୍ଣିତ ଉସମାନ ତାରା କଥା ମନେ କରନ୍ତୁ। ବାବୁଙ୍କର ଉସମାନ ତାରାର ଗୁଣଗାନ ଓ ତା' ସଙ୍ଗେ ତାଙ୍କ ସ୍ତ୍ରୀ ସୁଲୋଚନା ପ୍ରତି ତାଚ୍ଛଲ୍ୟ ସେ ସମୟର ବାବୁ ସମାଜର ମାନସିକତାର ପରିଚାୟକ। ବାବୁପଣିଆ ଓଡ଼ିଶାର ଖାଣ୍ଟି ମାଲ ନୁହେଁ, ବଙ୍ଗଳାରୁ ଆମଦାନୀ।

ସେ ସମୟରେ ବାବୁମାନଙ୍କ ସ୍ତ୍ରୀମାନଙ୍କର ନିଷ୍ଠୁର ଭାଗ୍ୟ ସମ୍ବନ୍ଧରେ ବେଶି ଲେଖାଯାଇ ନାହିଁ। ସୁଲୋଚନା ପେଟେଣ୍ଟ୍ ମେଡିସିନ ବଳରେ ସେହି ନିଷ୍ଠୁର ଭବିତବ୍ୟକୁ ପରାସ୍ତ କରିପାରିଥିଲେ। କିନ୍ତୁ ଅଧିକାଂଶ ବାବୁ - ପତ୍ନୀମାନଙ୍କ ଜୀବନ ଉପେକ୍ଷିତ ଓ ବିଡମ୍ବିତ। ଏଣୁ ହୁଏତ ତାଙ୍କ ଭିତରେ ମଧ୍ୟ କିଛିଟା ଦୂରାଚାର ବ୍ୟାପିଯାଇଥିଲା। ଭୃତ୍ୟ ଓ ବାବୁଆଣୀ ଘଟିତ ଅନେକ କଳଙ୍କ ସେ ସମୟରେ କଲିକତା ସମାଜ ବିଷୟରେ ଶୁଣାଯାଉଥିଲା। ତା'ଛଡା ବହୁ ବିବାହ ଯୋଗୁଁ ଏହି ହତଭାଗ୍ୟା ମହିଳାଗଣଙ୍କ ପକ୍ଷରେ ପତିସଙ୍ଗ ପ୍ରାୟ ତୀର୍ଥଦର୍ଶନ ପରି ଅସାଧାରଣ ବ୍ୟାପାର ହୋଇଯାଇଥିଲା। ବାବୁଙ୍କର ତିନି ଚାରି ପରିବାର, ଦଶ ବାର ଜଣ ରକ୍ଷିତା ଥିବାଟା ଅସାଧାରଣ ନ ଥିଲା। ଅତଏବ ବିଚାରି ବାବୁଆଣୀ କପାଳକୁ ଧିକ୍କାର କରିବା ଛଡା ଆଉ ଅନ୍ୟ କ'ଣ କରିପାରିଥାନ୍ତେ !

ଏହା ତ ଗଲା କାମିନୀ କଥା। କାଞ୍ଚନର ଖବର ବିଷୟରେ କିଞ୍ଚିତ୍ ଆଲୋକପାତ କରାଯାଉ। ଏହି ବାବୁ ସମାଜ ଇଂରେଜ ବ୍ୟବସାୟୀଙ୍କର ଏଜେଣ୍ଟ୍ ହିସାବରେ ପ୍ରଚୁର ପଇସା କରିଥିଲା। ତା'ଛଡା ଇଂରେଜ ରାଜକର୍ମଚାରୀମାନଙ୍କର ବ୍ୟକ୍ତିଗତ ବ୍ୟବସାୟ କରିବା କ୍ଲାଇଭ ବନ୍ଦ କରି ଦେଇଥିଲେ। ଏଣୁ ବ୍ୟବସାୟଟା ବେନାମୀରେ ଏହି ବାବୁମାନଙ୍କ ଜରିଆରେ ଚାଲୁଥିଲା। ଖୋଦ୍ ଓ୍ୱାରେନ୍ ହେଷ୍ଟିଂସ୍ ନିଜେ ବେନାମୀରେ ଜମିଦାରୀ ରଖିଥିବାର ପ୍ରମାଣ ଅଛି। ସର୍କିଟ୍ କମିଟିର ୧୫ ସେପଟେମ୍ବର ୧୭୭୫ର ରିପୋର୍ଟରେ ଉଲ୍ଲେଖ ଅଛି ଯେ କମ୍ପାନୀର ସମସ୍ତ ଜମିଦାରୀର ଏକ ତୃତୀୟାଂଶ ଇଂରେଜ ରାଜକର୍ମଚାରୀମାନେ ବେନାମୀରେ ତାଙ୍କ ବେନିୟନ୍‌ମାନଙ୍କ ନାମରେ କିଣିଥିଲେ। ଯେତେବେଳେ କର୍ଣ୍ଣୱାଲିସ୍ ଚିରସ୍ଥାୟୀ ବନ୍ଦୋବସ୍ତ କଲେ, ସେତେବେଳେ ଏହି ବାବୁମାନେ ହିଁ ରହିଗଲେ। ଧୀରେ ଧୀରେ

ପୁରୁଣା ଜମିଦାରମାନେ ଲାଟବନ୍ଦୀ କିସ୍ତି ଦେଇ ନ ପାରିବାରୁ ଜମିଦାରୀ ହରାଇଲେ। ୧୭୯୩ରୁ ୧୮୧୫ ମଧ୍ୟରେ ପ୍ରାପ୍ତ ବଙ୍ଗଳାର ଅଧେ ଜମିର ସ୍ୱତ୍ୱରେ ପରିବର୍ତ୍ତନ ହୋଇଗଲା। ଅର୍ଥାତ୍ ଏହି ବାବୁମାନଙ୍କ ହାତକୁ ଆସିଗଲା। ଓଡ଼ିଶାର ମୋଗଲବନ୍ଦ ଜିଲ୍ଲାମାନଙ୍କରେ ଏପରି ଅନେକ ଜମିଦାର ଥିଲେ। ଏମାନଙ୍କର ଜମିଦାରୀ ଯେଉଁଠି ଥାଉ, ରହୁଥିଲେ କଲିକତାରେ। ପ୍ରଥମ ବା ଦ୍ୱିତୀୟ ପୁରୁଷ ପର୍ଯ୍ୟନ୍ତ ହୁଏତ ବାବୁମାନେ ବିତ୍ତ ଅର୍ଜ୍ଜନରେ ମନ ଦେଉଥିଲେ। ଏଣୁ ବିଳାସଟା ଥିଲା ଗୌଣ। କିନ୍ତୁ ତା'ପରେ ଖଜଣା ଓ ସମ୍ପତ୍ତିର ଆୟ ଉପରେ ଚଳି ହେଲା। ଏଣୁ ବିଳାସଟା ହିଁ ବ୍ୟବସାୟ ହୋଇ ପଡିଲା। ସେମାନଙ୍କ ପକ୍ଷରେ ରାତିଟା ଦିନ ଓ ଦିନଟା ରାତି ଅର୍ଥାତ୍ ନିଦ୍ରାର ସମୟ। ପ୍ରସିଦ୍ଧ ଉପନ୍ୟାସକାର ପ୍ରମଥନାଥ ବିଶି ସେ ସମୟର ବାବୁ ସମାଜ ବିଷୟରେ ଜଣେ ପାତ୍ର ଦ୍ୱାରା କୁହାଇଛନ୍ତି-

'କଲକତ୍ତାକା ବାବୁଲୋଗ୍
କାମ କରେ ବେହଦ୍
ଦିନ୍‌ମେଁ ପିତା ଗଙ୍ଗା ପାନି,
ରାତ ମେଁ ପିତା ମଦ୍।'

ଏହା ପ୍ରକୃତରେ ବାବୁଙ୍କ ଦିନଚର୍ଯ୍ୟାର ଉପଯୁକ୍ତ ବର୍ଣ୍ଣନା। କାରଣ ବାବୁସମାଜ ରକ୍ଷଣଶୀଳ ହିନ୍ଦୁ ସମାଜର ପ୍ରଧାନ ପୃଷ୍ଠପୋଷକ ଥିଲା – ଯଦିଚ ଏହା ପଛରେ ଏକ ଭଣ୍ଡାମୀର ପ୍ରାଚୀର ଥିଲା। ଦେଖେଇବାକୁ ଗଙ୍ଗାଜଳ ଓ ଭିତରେ ମଦ। ଇଷ୍ଟ୍ ଇଣ୍ଡିଆ କମ୍ପାନୀ କଲିକତାରେ 'ଜାତି-କଚିରି' ବୋଲି ଏକ ଅଦ୍ଭୁତ ପ୍ରତିଷ୍ଠାନ ତିଆରି କରିଥିଲା ଓ ମହାରାଜା ନବକୃଷ୍ଣ ଥିଲେ ତାହାର ଜଜ୍। ଏହା ଏକ ପ୍ରକାର ମୁସଲିମ୍ ଶରିଆତ୍ କୋର୍ଟର ହିନ୍ଦୁ ସଂସ୍କରଣ। କଲିକତା ଯେପରି ହିନ୍ଦୁ ନବଜାଗରଣର କେନ୍ଦ୍ର ଥିଲା, ସେହିପରି ହିନ୍ଦୁ ରକ୍ଷଣଶୀଳତାର ମଧ୍ୟ। ଯଦି ଏକ ତରଫରେ ରାଜା ରାମମୋହନ ରାୟ ଥିଲେ ତ ଅନ୍ୟ ତରଫରେ ରାଜା ରାଧାକାନ୍ତ ଦେବ। ଆମର ଭାଗ୍ୟ ଭଲ ଯେ ରାମମୋହନ ବିଜୟୀ ହେଲେ। ତା'ର ପ୍ରଧାନ କାରଣ ବଡଲାଟ୍ ବେଣ୍ଟିକ୍।

ଏହା ପର ଯୁଗର ଦୁଇ ପ୍ରଧାନ ଶକ୍ତି ହେଲେ ବ୍ରିଟିଶ୍ ସାମ୍ରାଜ୍ୟବାଦ ଓ ହିନ୍ଦୁ ନବଜାଗରଣ; ଯାହାକି ପରେ ଭାରତୀୟ ନବ ଜାଗରଣରେ ପରିଣତ ହେଲା। ଫୋର୍ଟ ଉଇଲିଅମ୍ କଲେଜ ଯେଉଁ କ୍ଷେତ୍ର ପ୍ରସ୍ତୁତ କରିଥିଲା ଏବଂ ରାମମୋହନ ଦ୍ୱାରିକାନାଥ ଇତ୍ୟାଦି ଯାହାକୁ ଚଷି ବୀଜ ରୋପଣ କରିଥିଲେ, ତାହାର ଫଳ ଭାରତୀୟ ନବଜାଗରଣ। ସେହିପରି କ୍ଲାଇଭ, ହେଷ୍ଟିଂସ୍ ଓ ଡେଲ୍‌ହାଉସୀ ଯେଉଁ

ସାମ୍ରାଜ୍ୟବାଦର ପତନ କରିଥିଲେ, ତାହାର ପରିଣତି ହେଲେ ଲର୍ଡ ବର୍ଜନ। ଏହି ଦୁଇ ଶକ୍ତି ପ୍ରଥମ ଅବସ୍ଥାରେ ସହଯୋଗ କରିଛନ୍ତି ଓ ପରେ ସଂଘର୍ଷ ଏବଂ ସେହି ବିଚିତ୍ର ନାଟକର ରଙ୍ଗମଞ୍ଚ ହେଲା କଲିକତା। କର୍ଜନଙ୍କର ଅନେକ ସ୍ୱପ୍ନ ଥିଲା। ସେ ବ୍ରିଟେନ୍ ବା ଭାରତଠାରୁ ବେଶି ଭାବୁଥିଲେ ବ୍ରିଟିଶ ସାମ୍ରାଜ୍ୟବାଦରେ। ସେ ଥିଲେ ପ୍ରକୃତ ସାମ୍ରାଜ୍ୟବାଦୀ। ତାଙ୍କର ରାଜତ୍ୱରେ ଭାରତ ଅବଶ୍ୟ ବ୍ରିଟିଶ୍ ଶାସିତ, ବ୍ରିଟିଶ୍ ସାମ୍ରାଜ୍ୟବାଦର ପୁରୋଧା ଏବଂ ଭାରତ ମହାସାଗର ଭାରତୀୟ ମହାସାଗର ହେବା ଦରକାର। କଲିକତାରେ କେନ୍ଦ୍ର, ଏକ କୋଣ ସିଙ୍ଗାପୁର ଓ ଅନ୍ୟ କୋଣ ପାରସ୍ୟ ଉପସାଗରରେ ବସ୍ରା। ତିନିଟି ପ୍ରଧାନ ନୌବାହିନୀ ଘାଟି। ସିଙ୍ଗାପୁର, ସିଂହଳରେ ତ୍ରିକୋଣମଲୈ (Trincomolle) ଏବଂ ଲାଲ୍ ସାଗର ମୁହଁରେ ଏଡେନ୍, ଯାହାକି ବମ୍ବେ ଅଧୀନରେ ରହିବ। ସ୍ଥଳସେନା ଓ ନୌସେନାର ସମ୍ମିଳିତ ପ୍ରୟାସରେ ଭାରତ ମହାସାଗରର ସମସ୍ତ କୂଳଦେଶ (Littoral States) ଉପରେ ବ୍ରିଟିଶ୍ କର୍ତ୍ତୃତ୍ୱ ରହିବ। ନୌସେନା ଇଂରେଜ ଓ ସ୍ଥଳସେନା ଭାରତୀୟ। ଏହି ଶକ୍ତ ଉପାୟ ମହାଦେଶୀୟ (Continental) ଓ ମହାସାଗରୀୟ (Oceanic) ହେବ। ଏଣୁ ଏହାର କେନ୍ଦ୍ର ଭାରତରେ କେବଳ କଲିକତା ହିଁ ହୋଇପାରିବ। ସେ ଦିଲ୍ଲୀକୁ ରାଜଧାନୀ ଉଠାଇ ନେବାର ଘୋର ବିରୋଧୀ ଥିଲେ। କାରଣ ଦିଲ୍ଲୀ ଗଲେ ଭାରତ ସରକାର ଆଉ ସେପରି ସାମ୍ରାଜ୍ୟବାଦୀ ହୋଇପାରିବ ନାହିଁ ଏବଂ ସମୁଦ୍ର ଅପେକ୍ଷା ଉତ୍ତରକୁ ବେଶୀ ଦୃଷ୍ଟି ଦେବ। ୧୯୧୨ ସାଲରେ ଭାରତର ରାଜଧାନୀ ଦିଲ୍ଲୀ ଉଠାଇ ନିଆଯିବା ପରେ କର୍ଜନ ଲେଖିଥିଲେ ଯେ ସେ ଦିଲ୍ଲୀରେ ଗଭର୍ଣ୍ଣର ଜେନେରାଲ ହେବାଠାରୁ କଲିକତା କରପୋରେସନ୍‌ର ଚେୟାର୍‌ମ୍ୟାନ୍ ହେବା ବେଶୀ ପସନ୍ଦ କରିବେ।

କିନ୍ତୁ ଏହି କଲିକତାରେ ଏକ ବିରାଟ ଅସୁବିଧା ଥିଲା। ଏହା ଭାରତୀୟ ନବଜାଗରଣର କେନ୍ଦ୍ର ହୋଇଥିବାରୁ ଏଠିକାର ସରଗରମ ରାଜନୀତି କର୍ଜନଙ୍କ ରୁଚିଠାରୁ ଟିକିଏ ବେଶୀ ହୋଇପଡିଥିଲା। ସେତେବେଳେ ରାଜନୈତିକ କାର୍ଯ୍ୟରେ ଥିଲେ ପ୍ରଧାନତଃ ବଙ୍ଗାଳୀ ହିନ୍ଦୁ ଓ ମହାରାଷ୍ଟ୍ରୀୟ। ଉଭୟଙ୍କୁ କର୍ଜନ ଅତି ସନ୍ଦେହ ଚକ୍ଷୁରେ ଦେଖୁଥିଲେ। ନିଜାମ ରାଜ୍ୟର ପାଞ୍ଚଟା ମରାଠୀ ଜିଲ୍ଲା, ଅର୍ଥାତ୍ ନାଗପୁର ଇତ୍ୟାଦି, ଆଜିକାଲି ଯାହାକୁ ବିଦର୍ଭ କୁହାଯାଏ ପ୍ରଥମେ ବମ୍ବେ ପ୍ରଦେଶରେ ମିଶିବାର କଥା ଥିଲା। କିନ୍ତୁ କର୍ଜନ ତାହା ନାକଚ କରିଦେଲେ। ଏ ବିଷୟରେ ସେ ଲେଖିଛନ୍ତି, "ବମ୍ବେର ମରାଠୀମାନେ ଆମ ଶାସନ ସବୁଠାରୁ ଦକ୍ଷ ଓ ବିପଜ୍ଜନକ ବିରୋଧୀ। ଏଣୁ ପୁନାକୁ ଏପରି ଶକ୍ତିଶାଳୀ କରିବା ଆମର କି ଦରକାର ଅଛି ?"(କର୍ଜନଙ୍କ ନୋଟ୍ - ୬.୩.୧୯୦୩)। ବଙ୍ଗାଳୀଙ୍କ ବିଷୟରେ ବିଶେଷ କରି ବଙ୍ଗାଳୀ ହିନ୍ଦୁଙ୍କ

ବିଷୟରେ ତାଙ୍କର ମତ କ'ଣ ଥିଲା ତା' ସମସ୍ତେ ଜାଣନ୍ତି। ବଙ୍ଗଳାର ସମସ୍ତ ରାଜନୈତିକ କାର୍ଯ୍ୟ ବହୁ ପରିମାଣରେ ପୂର୍ବବଙ୍ଗରେ ହେଉଥିଲା। ତାଙ୍କର ଉଦ୍ଦେଶ୍ୟ ଥିଲା ବଙ୍ଗାଳୀ ବୁଦ୍ଧିଜୀବୀଙ୍କର ପ୍ରଭାବ ଭାରତ ଉପରେ ଯେପରି ନ ରହେ। ଏହି ବୁଦ୍ଧିଜୀବୀମାନେ ଥିଲେ ଅଧିକାଂଶ ହିନ୍ଦୁ। ଏଣୁ ମୁସଲମାନ୍‌ଙ୍କୁ ସମର୍ଥନ ଦେବାରେ ଲାଗି ପଡିଲେ। ଏହାରି ଲାଗି ବଙ୍ଗ ଭଙ୍ଗ। ବଙ୍ଗ ଭଙ୍ଗର ଉଦ୍ଦେଶ୍ୟ ଅତି ସ୍ପଷ୍ଟ। ବଙ୍ଗଳାର ମୁସଲମାନ୍‌ଙ୍କ ଉପରେ ଢାକାର ନବାବ୍‌ଙ୍କର ବିଶେଷ ପ୍ରଭାବ। ସେ ସମୟରେ ଅବିଭକ୍ତ ବଙ୍ଗଳା ଥିଲା ୧୪୧୫୮୦ ବର୍ଗମାଇଲ୍। ପୂର୍ବବଙ୍ଗ ଓ ଆସାମକୁ ନେଇ ଯେଉଁ ପ୍ରଦେଶ ହେଲା, ତାହା ୧୦୬୫୪୦ ବର୍ଗମାଇଲ୍। ଏଥିରେ ୧ ଦଶମିକ ୮ କୋଟି ମୁସଲମାନ୍ ଓ ୧ ଦଶମିକ ୭ କୋଟି ହିନ୍ଦୁ ରହିଲେ। ବିହାର, ଓଡ଼ିଶା ଓ ପଶ୍ଚିମ ବଙ୍ଗକୁ ନେଇ ଯେଉଁ ପ୍ରଦେଶ ହେଲା, ସେଥିରେ ବଙ୍ଗାଳୀ ୧ ଦଶମିକ ୬ କୋଟି ଓ ଅନ୍ୟମାନେ (ହିନ୍ଦୀ ଓ ଓଡ଼ିଆଭାଷୀ) ୩ ଦଶମିକ ୭ କୋଟି। ଏଣୁ ବଙ୍ଗଳାର ପ୍ରଭାବ ଲୋପ ପାଇଗଲା ଏବଂ ତା' ସହିତ ବହୁଳାଂଶରେ କଂଗ୍ରେସର ମଧ୍ୟ।

କର୍ଜନ ଯେ ଭାରତୀୟଙ୍କୁ ଘୃଣା କରୁଥିଲେ ତା' ନୁହେଁ; କର୍ଜନ ନ ଥିଲେ ବୋଧହୁଏ ଆମର ଅଧେ ପ୍ରାଚୀନ କୀର୍ତ୍ତି ଲୋପ ପାଇ ସାରନ୍ତାଣି। କର୍ଜନ ହିଁ ଭାରତୀୟ ପୁରାତତ୍ତ୍ୱ ବିଭାଗର ଜନକ। କିନ୍ତୁ ସେ ଥିଲେ ନିଜେ ଅଭିଜାତ ଶ୍ରେଣୀର ଓ ସେ ଚେଷ୍ଟା କରୁଥିଲେ ଯେପରି ଭାରତର ପ୍ରାଚୀନ ଅଭିଜାତ ଶ୍ରେଣୀ ଅର୍ଥାତ୍ ରଜା, ନବାବ୍‌ମାନଙ୍କର ପ୍ରଭାବ ବଢାଇ ସେମାନଙ୍କୁ କ୍ଷମତାରେ ଅଂଶୀଦାର କରିବେ। ସେ ଇମ୍ପିରିଆଲ କ୍ୟାଡେଟ୍ କୋର୍ ବୋଲି ଏକ ପ୍ରତିଷ୍ଠାନ ଖୋଲିଲେ, ଯାହା ଜରିଆରେ ଅଭିଜାତ ଶ୍ରେଣୀର ଯୁବକମାନେ ସେନାରେ କମିଶନ ପାଇପାରିବେ। ତା'ଛଡା ରାଜାପିଲାଙ୍କ ଶିକ୍ଷା ଲାଗି ଅନେକ ସ୍କୁଲ ଓ କଲେଜ ହେଲା, ଯଥା ରାୟପୁରର ରାଜକୁମାର କଲେଜ। କିନ୍ତୁ ହାଏ! ସେହି ଅଭିଜାତ ସଂପ୍ରଦାୟର ପ୍ରାଣଶକ୍ତି ଶେଷ ହୋଇଯାଇଥିଲା। ଏଣୁ ସେ ଏହି ସ୍ଥାନ ପୂରଣ କରିପାରିଲା ନାହିଁ।

ଯଦି ସେ ସମୟରେ ସଂଘ ଲୋକସେବା ଆୟୋଗ (U.P.S.C.) ପରି କୌଣସି ସଂସ୍ଥା ଥାଆନ୍ତା ଏବଂ ତାହାକୁ ଶାହାଜାହାନଙ୍କ ପୁତ୍ରମାନଙ୍କ ମଧ୍ୟରୁ କାହାକୁ ଉତ୍ତରାଧିକାରୀ ବାଛିବାକୁ କୁହାଯାଇଥାଆନ୍ତା, ତେବେ ତାହା ନିଶ୍ଚୟ ଆଉରଙ୍ଗଜେବଙ୍କୁ ବାଛିଥାଆନ୍ତା। କାରଣ ସବୁ ଭାଇଙ୍କ ମଧ୍ୟରେ ତାଙ୍କର ସବୁଠାରୁ ବେଶୀ ରାଜନୈତିକ, ପ୍ରଶାସନିକ ଓ ଚାରିତ୍ରିକ ଯୋଗ୍ୟତା ଥିଲା। କିନ୍ତୁ ନିୟତିର ପରିହାସ

ଯେ ସେ ହିଁ ମୋଗଲ ସାମ୍ରାଜ୍ୟ ପତନର କାରଣ ହେଲେ। ସେହିପରି ଜ୍ଞାନରେ, ବୁଦ୍ଧିରେ କର୍ଜନଙ୍କ ସମକକ୍ଷ କେହି ଭାଇସରୟ ହୋଇ ନାହାନ୍ତି। କିନ୍ତୁ ସେ ବ୍ରିଟିଶ୍ ଶାସନକୁ ସୁଦୃଢ଼ କରିବାକୁ ଯାଇ ତା'ର ଧ୍ୱଂସର ବୀଜ ବପନ କଲେ। ବଙ୍ଗଭଙ୍ଗ ପରେ ବୁଦ୍ଧିଜୀବୀ ଓ ଜନସାଧାରଣଙ୍କର ସାମ୍ବିଧାନିକ ପନ୍ଥା ଉପରେ ବିଶ୍ୱାସ ତୁଟିଗଲା। ଏହାଦ୍ୱାରା ପ୍ରଥମେ ଜନସାଧାରଣଙ୍କୁ ରାଜନୀତି ଭିତରକୁ ଅଣାଗଲା। ଏହି ସମୟରେ ଶ୍ରମିକ ଆନ୍ଦୋଳନ କଲିକତାର ସହରତଳିରେ ଆରମ୍ଭ ହୁଏ। ୧୯୦୫ ଓ ୧୯୦୬ରେ ଅନେକ ଧର୍ମଘଟ ହୁଏ। ଗୋଖଲେଙ୍କ ପରି ନରମପନ୍ଥୀ ମଧ୍ୟ ୧୯୦୫ର ବନାରସ କଂଗ୍ରେସରେ କହିବାକୁ ବାଧ୍ୟ ହେଲେ ଯେ ଏ ସରକାର ସହିତ ସହଯୋଗ ଅସମ୍ଭବ। ଏହିଠାରୁ କଂଗ୍ରେସ ଦରଖାସ୍ତ ଓ ଆଲୋଚନାର ପନ୍ଥା ଛାଡ଼ି ରାସ୍ତା ଉପରକୁ ବାହାରି ଆସିଲା। ଏହିସବୁ ହିଁ ଗାନ୍ଧୀଙ୍କର ଅସହଯୋଗ ଆନ୍ଦୋଳନ ଲାଗି କ୍ଷେତ୍ର ପ୍ରସ୍ତୁତ କଲା।

ଏ ଭିତରେ ବ୍ରିଟିଶ୍ ଶାସନ ଲାଗି ଏକ ମହାନ ସମସ୍ୟା ଦେଖା ଦେଲା। ଭାରତୀୟ ମୁସଲମାନ୍ ନିଜକୁ ଏକ ବିଶ୍ୱବ୍ୟାପୀ ମୁସଲିମ୍ ସମାଜର ଅଂଶ ମନେ କରନ୍ତି। ସେ ସମୟରେ ତୁର୍କୀର ସୁଲତାନ ଥିଲେ ଖଲିଫା ଅର୍ଥାତ୍ ମୁସଲିମ୍ ସମାଜର ପ୍ରଧାନ। କିନ୍ତୁ ଦିନକୁ ଦିନ ସ୍ପଷ୍ଟ ହୋଇ ଆସୁଥିଲା ଯେ ଇଂରେଜ ଓ ଜର୍ମାନ୍‌ଙ୍କ ମଧ୍ୟରେ ଯୁଦ୍ଧ ହେବ ଓ ତୁର୍କୀ ଜର୍ମାନୀ ପକ୍ଷରେ ରହିବ। ସେ ସମୟରେ ଭାରତୀୟ ମୁସଲମାନ୍‌ଙ୍କର ଆନୁଗତ୍ୟ ସନ୍ଦେହଜନକ ହୋଇଗଲା। ଏଣେ ହିନ୍ଦୁ ତ ଆଗରୁ ରାଗି କରି ଅଛନ୍ତି। ଅତଏବ ହିନ୍ଦୁ ମୁସଲମାନ୍ ଇଂରେଜ ବିରୁଦ୍ଧରେ ଏକ ହୋଇଯାଇ ପାରନ୍ତି। ଏଥିଲାଗି ଲଣ୍ଡନରେ ବହୁତ ଗୁପ୍ତ ଆଲୋଚନା ହେଲା ଏବଂ ସେଥିରେ ସମ୍ରାଟ ପଞ୍ଚମ ଜର୍ଜ ମଧ୍ୟ ଭାଗ ନେଇଥିଲେ। ହାର୍ଡିଂଜ୍ ଭାଇସ୍‌ରୟ ହୋଇ ଆସିଲେ ଏବଂ ପଞ୍ଚମ ଜର୍ଜଙ୍କର ଅଭିଷେକ ୧୨ ଡିସେମ୍ବର ୧୯୧୧ରେ ଦିଲ୍ଲୀରେ ହେଲା। ହିନ୍ଦୁମାନଙ୍କୁ ଖୁସି କରିବା ପାଇଁ ବଙ୍ଗଭଙ୍ଗ ରଦ୍ଦ କରାଗଲା। ଯେହେତୁ କଲିକତାରେ ହିନ୍ଦୁ ବିଶେଷ କରି ବଙ୍ଗାଳୀ ହିନ୍ଦୁଙ୍କ ପ୍ରଭାବ ବେଶୀ, ଏଣୁ କଲିକତାରୁ ଦିଲ୍ଲୀ ରାଜଧାନୀ ଉଠାଇ ନିଆଗଲା। ଆଶା କରାଯାଉଥିଲା ଯେ ଦିଲ୍ଲୀ ପଠାନ ଓ ମୋଗଲ ରାଜତ୍ୱର କେନ୍ଦ୍ର ଥିବାରୁ ଏଠାକୁ ରାଜଧାନୀ ନେବା ମୁସଲମାନ୍‌ଙ୍କୁ ମଧ୍ୟ ଖୁସି କରିବ। ଉଭୟ ଉଦ୍ଦେଶ୍ୟ ଅତି କମ୍‌ରେ ଆଂଶିକ ସଫଳ ହୋଇଥିଲା।

କିନ୍ତୁ ସେହି ଦିନଠାରୁ କଲିକତା ଆଉ ରାଜରାଣୀ ହୋଇ ରହିଲା ନାହିଁ। ରାଜଲକ୍ଷ୍ମୀ ଦିଲ୍ଲୀରେ ଧନଲକ୍ଷ୍ମୀ ବମ୍ବେରେ। ଅବଶ୍ୟ ସରସ୍ୱତୀ ତାହାକୁ ତ୍ୟାଗ କରିନାହାନ୍ତି। କିନ୍ତୁ ବର୍ତ୍ତମାନ କଲିକତାର ନିୟତି କ୍ରୁର। ଶେଷରେ କର୍ଜନଙ୍କ ଯୋଜନା

ମଧ୍ୟ ଫଳବତୀ ହେଲା। ପୁଣି ବଙ୍ଗ ଭଙ୍ଗ ହେଲା। କିନ୍ତୁ ଏଠି ତ ବର୍ତ୍ତମାନର କଥା କୁହାଯାଉନାହିଁ। ତେବେ ବର୍ତ୍ତମାନ କଲିକତା ରାଜମାତାଙ୍କ ପରି କିଛି ଔପଚାରିକ ସମ୍ମାନ ଦେଖାଇ ଯେ ଯାହାର ବାଟ କାଟୁଛନ୍ତି। ତଥାପି ମଦର ଟେରେସା ଅଛନ୍ତି, କାଳିଘାଟର ନିର୍ମଳ ହୃଦୟ ଅଛି। ଯାହାର ମରିବାକୁ ଜାଗା ନାହିଁ, ତା'ର ଶେଷ ଆଶ୍ରୟ ସୁଚିତ୍ରା ମିତ୍ର ଅଛନ୍ତି। ଗୀତ ଅଛି, ଖେଳ ଅଛି, ସର୍ବଶ୍ରେଷ୍ଠ ସିନେମା ଅଛି। ଇଂଲଣ୍ଡର କ୍ରିକେଟ୍ କ୍ୟାପଟେନ ଟୋନି ଗ୍ରୀଗ୍ ଲେଖିଛନ୍ତି ଯେ "ଇଡେନ୍ ଗାର୍ଡେନ୍‌ରେ ଯିଏ କ୍ରିକେଟ୍ ନ ଖେଳିଛି, ସେ କ୍ରିକେଟ୍‌ର ଅମୃତ ଚାଖିନାହିଁ।" ଆଉ ଫୁଟବଲ ! ତା' କଥା ନ କହିବା ହିଁ ଭଲ। ସେ କି ନିଶା ! ପୃଥିବୀର କେଉଁ ସରାବ୍ ଏହାଠାରୁ ବେଶୀ ଧରେ ? କଲିକତା ବିଷୟରେ କିପ୍ଲିଂ (Kipling) ଲେଖିଛନ୍ତି -

"As the fungus sprouts Chaotic from its bed]
so it spread."
"Chance directed chance erected and built on the silt."
"Palace, Byre, hovel, poverty and pride side by side."

■

ଇତିହାସରେ ଏକ ଲିଭି ଆସୁଥିବା ପୃଷ୍ଠା
ଆଂଗ୍ଲୋ-ଇଣ୍ଡିଆନ୍

ବେଶୀଦିନ ତଳର କଥା ନୁହେଁ। ଧରନ୍ତୁ ଦୁଇ ବା ତିନି ଦଶକ ଆଗର କଥା। ରେଳରେ ଗଲାବେଳେ ଅନେକ ରେଳ କର୍ମଚାରୀ ଆଖିରେ ପଡୁଥିଲେ, ଯେଉଁମାନେ ଗୋରା ରଙ୍ଗର ଓ ତାଙ୍କ ମାତୃଭାଷା ଇଂରେଜୀ, ବିଶେଷ କରି ଇଂଜିନ୍ ଡ୍ରାଇଭର ଓ ମେଲ୍ ଏକ୍ସପ୍ରେସ୍ ଗାଡିର ଗାର୍ଡ। ଏମାନଙ୍କ ଇଂରେଜୀ ମଧ୍ୟ ଆମ ସ୍କୁଲ କଲେଜରେ ପଢିଥିବା ଇଂଲିଶ୍ ନୁହେଁ। ଏଥିରେ ଡାମ୍, ବ୍ଲଡି ଇତ୍ୟାଦି ଶବ୍ଦର ପ୍ରଚୁର ବଘାର। ଏମାନେ ହେଲେ ଆଂଗ୍ଲୋ-ଇଣ୍ଡିଆନ୍। ଏମାନେ କୁଆଡୁ ଆସିଲେ ଓ ବର୍ତ୍ତମାନ ଏମାନଙ୍କର ସଂଖ୍ୟା ଏତେ କମ୍ କାହିଁକି, ଏହା ଖୋଜି ବସିଲେ ଆମ ଇତିହାସର ଅନେକ କଥା ବାହାରିବ, ଯାହାକି ସାଧାରଣତଃ ଜଣା ନାହିଁ।

ଭାରତ ବର୍ଷକୁ ବହୁ ଆକ୍ରମଣକାରୀ ଆସିଛନ୍ତି। କିନ୍ତୁ ସେମାନେ ଭାରତକୁ ନିଜର ଘର କରି ନେଇଥିଲେ। ଏପରିକି ବାବର ଯେ କି କାବୁଲର ବାଦଶାହ ବା ରାଜା ଥିଲେ, ଭାରତକୁ ଆସିବା ପରେ ସେ ଏଠାରେ ତାଙ୍କ ରାଜଧାନୀ କଲେ ଓ କାବୁଲ ତାଙ୍କ ଭାରତ ସାମ୍ରାଜ୍ୟରେ ଏକ ପ୍ରଦେଶ ହୋଇଗଲା। ବହୁକାଳ ପର୍ଯ୍ୟନ୍ତ ଆଫଗାନିସ୍ଥାନ ମୋଗଲ ସାମ୍ରାଜ୍ୟର ଏକ ସୁବା ବା ପ୍ରଦେଶ ଥିଲା। ଏପରିକି ପର୍ତ୍ତୁଗୀଜମାନେ ଗୋଆରେ ମଧ୍ୟ ବହୁ ସଂଖ୍ୟାରେ ବସବାସ କରୁଥିଲେ ଏବଂ ସେ ଦୃଷ୍ଟିରୁ ଗୋଆକୁ ପର୍ତ୍ତୁଗାଲର ଏକ ପ୍ରଦେଶ ମନେ କରୁଥିଲେ। କିନ୍ତୁ ଇଂରେଜ ଥିଲେ ଏ ସମସ୍ତଙ୍କଠାରୁ ଭିନ୍ନ। ସେମାନେ ଏ ଦେଶକୁ ଆସିଥିଲେ ପଇସା କରିବା ପାଇଁ। ଉଦ୍ଦେଶ୍ୟ ଥିଲା ଯେ ପଇସା ହୋଇଗଲେ ଇଂଲଣ୍ଡ ଫେରିଯିବେ ଏବଂ ସେଠି ଆରାମରେ ଶେଷ ଜୀବନ କାଟିବେ। ଏଣୁ ଅନ୍ୟ ଆକ୍ରମଣକାରୀଙ୍କ ପରି

ଏଠି ସେମାନେ ରହିବାକୁ ଆସି ନ ଥିଲେ। ଦ୍ୱିତୀୟ ଅସୁବିଧା ହେଲା ଯେ ଇଂଲଣ୍ଡ ଯିବାକୁ ଛ'ମାସ ବା ବେଳେ ବେଳେ ତା'ଠାରୁ ବେଶୀ ସମୟ ଲାଗୁଥିଲା। ଏଣୁ ଦଶବର୍ଷ ଅତି କମ୍‌ରେ ନ ରହିଲେ ଇଂଲଣ୍ଡ ଯାଇ ଫେରିବାକୁ ଯେଉଁ ଦେଢ଼ବର୍ଷର ଛୁଟି ଦରକାର, ତା' ମିଳିବ ନାହିଁ। ଏଣୁ ଖୁବ୍ ବଡ ପଦସ୍ଥ କର୍ମଚାରୀଙ୍କ ଛଡା ପ୍ରାୟ ସମସ୍ତ ଇଂରେଜ ପୁରୁଷ ଭାରତରେ ଏକୁଟିଆ ରହୁଥିଲେ।

ସେ ସମୟରେ ଶ୍ୱେତାଙ୍ଗୀଙ୍କର ଏକ ପ୍ରକାର ଦୁର୍ଭିକ୍ଷ ଥିଲା। ଏଣୁ ଜଣେ ଇଂରେଜ ପକ୍ଷରେ ସାଧାରଣ ବିବାହିତ ଜୀବନ ଯାପନ କରିବା ପ୍ରାୟ ଅସମ୍ଭବ ହୋଇ ପଡୁଥିଲା। କେବଳ ତାହା ନୁହେଁ, ସେ ସମୟରେ ଥାଟ୍‌ବାଟ୍ ଏତେ ବେଶୀ ଥିଲା ଯେ ଜଣେ ସାଧାରଣ ରାଇଟର୍ ପକ୍ଷରେ ଶ୍ୱେତାଙ୍ଗିନୀ ସ୍ତ୍ରୀ ପୋଷିବା ପ୍ରାୟ ଅସମ୍ଭବ ଥିଲା। ଏପରିକି ଦୁର୍ନିତୀରେ ନ ବୁଡିଗଲେ ଭଦ୍ର ଜୀବନଯାପନ ମଧ୍ୟ କଷ୍ଟସାଧ୍ୟ ଥିଲା। ଟମାସ୍ ମନ୍‌ରୋ ପରେ ମାଡ୍ରାସ ପ୍ରେସିଡେନ୍‌ସୀର ଗଭର୍ଣ୍ଣର ହେଲେ। କିନ୍ତୁ ତାଙ୍କର ଦଶବର୍ଷ ଚାକିରୀ ପରେ ୨୩ ଜାନୁୟାରୀ ୧୭୮୯ରେ ତାଙ୍କ ଭଉଣୀ ପାଖକୁ ଲେଖିଛନ୍ତି ଯେ ମୋତେ ପଟିରେ ଶୋଇବାକୁ ଓ ଛିଣ୍ଡା ସାର୍ଟ ପିନ୍ଧିବାକୁ ପଡୁଛି ଏବଂ ଭାରତକୁ ଆସି ମୁଁ ସତରେ ଦାରିଦ୍ର୍ୟ ଅନୁଭବ କରୁଛି। ଏଥିରେ କିଛିଟା ଅତିରଞ୍ଜନ ଥାଇପାରେ, କିନ୍ତୁ କିଛିଟା ସତ୍ୟତା ଅଛି, କାରଣ ଜଣେ ରାଇଟର୍ (ଆଜିକାଲିର ପ୍ରୋବେଶନର)ର ଦରମା ଥିଲା ବର୍ଷକୁ ପାଞ୍ଚ ପାଉଣ୍ଡ। ସେ ସମୟର ଭାରତବର୍ଷରେ ରାସ୍ତା ନ ଥିଲା, ବିଶେଷ କରି ଇଂରେଜ ପାଇଁ। ଏଣେ ସାଧାରଣତଃ ପୁଅମାନଙ୍କୁ ଇଷ୍ଟ୍‌ଇଣ୍ଡିଆ କମ୍ପାନୀରେ ରାଇଟର୍ ଚାକିରି କରାଇବା ପାଇଁ ଦୁଇହଜାରରୁ ତିନିହଜାର ପାଉଣ୍ଡ୍ ବାପାମାନେ ଲାଞ୍ଚ ଦେଉଥିଲେ। ଏହା ଅସୁଲ ହେବ, ପୁଣି ଯଥେଷ୍ଟ ଧନ ସଂଗ୍ରହ କରିବାକୁ ହେବ। ତାହାହେଲେ ହିଁ ଇଂଲଣ୍ଡର ସମାଜରେ ସ୍ଥାନ ମିଳିବ। ସେ ସମୟରେ ଇଂଲଣ୍ଡରେ ସବୁ କିଣିବାକୁ ମିଳୁଥିଲା - ପାର୍ଲିଆମେଣ୍ଟରେ ଆସନ, ଲର୍ଡ ବଂଶରୁ ପତ୍ନୀ, ଶାୟାରମାନଙ୍କରେ ଜମିଦାରୀ। ଏଥିଲାଗି ଟଙ୍କା ଖଣିଟା ଭାରତବର୍ଷରେ କେଉଁଠି ଥିଲା ତାହା ଏକ ଭିନ୍ନ ପ୍ରସଙ୍ଗ। ବର୍ତ୍ତମାନ କିନ୍ତୁ ଆମର ଆଲୋଚ୍ୟ ବିଷୟ ହେଲା ଏହି ସାହେବମାନଙ୍କର ନାରୀମାନେ।

ସାହେବ ଯଦିଚ ଅର୍ଥପିପାସୁ ନୁହଁନ୍ତି, ତଥାପି ଶୁକମୁନି ବା ସେଣ୍ଟ୍ ଫ୍ରାନ୍‌ସିସ୍ ତ ନୁହନ୍ତି ! ଏଣେ ଯେ କେତୋଟି ଶ୍ୱେତାଙ୍ଗିନୀ ଥିଲେ ତାଙ୍କ ସହିତ ବିବାହ ଓ ଘର କରିବା ଅତ୍ୟନ୍ତ ବ୍ୟୟସାଧ୍ୟ ବ୍ୟାପାର। ଇଂରେଜ ସ୍ତ୍ରୀ ଲାଗି ଖର୍ଚ୍ଚ ବର୍ଷକୁ ହାରାହାରି ତିନିଶହ ପାଉଣ୍ଡ। ଛୁଆ ଟିକିଏ ବଡ ହେଲେ ବିଲାତ ସ୍କୁଲକୁ ପଠାଇବାକୁ ହେବ। ଗୋଟିଏ ପିଲାର ଖର୍ଚ୍ଚ ପ୍ରାୟ ଦେଢଶହ ପାଉଣ୍ଡ। ଏଣୁ ସାହେବଙ୍କ ଅବସ୍ଥାଟା ଭାବନ୍ତୁ।

ଏକେ ତ ମେମ୍ ସାହେବଙ୍କ ଦୁର୍ଭିକ୍ଷ, ପୁଣି ତାଙ୍କୁ ପୋଷିବା ହାତୀ ପୋଷିବା ଠାରୁ ବଳି। କିନ୍ତୁ ଟମାସ୍ ଉଇଲସନ୍ ତାଙ୍କର 'ଗାଉଡ୍' ବହିରେ ଲେଖିଛନ୍ତି ଯେ ଜଣେ ଭାରତୀୟ ବିବି ରଖିବା ଖର୍ଚ୍ଚ ହାରାହାରି ମାସକୁ ଚାଳିଶ ଟଙ୍କା। ଏଥିରେ ଦୁଇ ତିନିଜଣ ଚାକରାଣୀ ଓ ମଝିରେ ମଝିରେ ଗହଣା ଗଢାଇବାର ଖର୍ଚ୍ଚ ସାମିଲ। ଏ ସବୁଥିରେ ଖର୍ଚ୍ଚ ଆନୁମାନିକ ବାର୍ଷିକ ଷାଠିଏ ପାଉଣ୍ଡ ହେବ। ଏହି ସମ୍ପର୍କ ଅଧିକାଂଶ କ୍ଷେତ୍ରରେ ବେଶ୍ ମନୋରମ ଓ ଗଭୀର ଥିଲା। କଲିକତାର ସ୍ଥାପୟିତା ଜନ୍ ଚାର୍ନକ ଏକ ହିନ୍ଦୁ ମହିଳାଙ୍କୁ ବିବାହ କରିଥିଲେ। ଜେନେରାଲ ପାମର ଓ୍ୟାରେନ୍ ହେଷ୍ଟିଂସ୍‌ଙ୍କର ମିଲିଟାରୀ ସେକ୍ରେଟାରୀ ଥିଲେ। ସେ ଦୁଇଜଣ ମୁସଲମାନ୍ ମହିଳାଙ୍କୁ ବିବାହ କରିଥିଲେ। ବିବାହ ମୁସଲିମ୍ ଆଇନ ଅନୁଯାୟୀ ହୋଇଥିଲା। କର୍ଣ୍ଣେଲ ସ୍କିନର ନିଜେ ଜଣେ ଭାରତୀୟ ମହିଳାଙ୍କ ପୁତ୍ର ଥିଲେ। ସେ ଗଢିଥିବା ଅଶ୍ୱାରୋହୀ ବାହିନୀ "ସ୍କିନରସ୍ ହର୍ସ" ବୋଲି ପରିଚିତ। ସେ ଦିଲ୍ଲୀର କାଶ୍ମୀର ଗେଟ୍ ଠାରେ ନିଜ ପିତାଙ୍କ ସ୍ମୃତିରେ ଏକ ଗୀର୍ଜା ତୋଳିଥିଲେ। ବର୍ତ୍ତମାନ ମଧ୍ୟ ସ୍କିନରସ୍ ହର୍ସ (Skinner's Horse) ଅତି ସମ୍ମାନିତ ରେଜିମେଣ୍ଟ୍।

ଏ କେତେଜଣଙ୍କ କଥା ସ୍ୱତନ୍ତ୍ର। କିନ୍ତୁ ସାଧାରଣତଃ ଏହି ବିବିମାନଙ୍କ ପିଲାମାନେ ଇଂରେଜ ସମାଜରେ ମିଶିପାରୁ ନ ଥିଲେ। ଏମାନଙ୍କର ଏକ ଅଲଗା ସମାଜ ଗଢି ଉଠିଥିଲା। ସେତେବେଳେ ସେମାନଙ୍କୁ ଆଂଗ୍ଲୋ-ଇଣ୍ଡିଆନ କୁହାଯାଉ ନ ଥିଲା। ଭଦ୍ରଭାଷାରେ ସେମାନଙ୍କୁ ଇଉରେସିଆନ (Eurasian) ଏବଂ ଚଳନ୍ତି କଥାରେ ଫିରିଙ୍ଗି କୁହାଯାଉଥିଲା। ସାଧାରଣତଃ ଏମାନଙ୍କ ବାପାମାନେ ଏମାନଙ୍କର ଶିକ୍ଷା ଓ ଜୀବିକାର କିଛି ବ୍ୟବସ୍ଥା କରି ଯାଉଥିଲେ। ପ୍ରଥମେ ଏମାନଙ୍କର ପ୍ରଧାନ ବସତି ଥିଲା କଲିକତା। କିନ୍ତୁ ରେଳ ଲାଇନ୍ ଓ କଳ କାରଖାନା ଆସିବା ପରଠାରୁ ଏମାନଙ୍କ ଅବସ୍ଥା ବଦଳିଗଲା। ଏହି ଫିରିଙ୍ଗିମାନଙ୍କ ମଧ୍ୟରୁ ଅନେକେ ସେଥିରେ ଚାକିରୀ ପାଇଲେ। ତା'ଛଡା ବହୁତ ଇଂରେଜ ସୈନ୍ୟ, ଯେଉଁମାନେ କି ବ୍ରିଟିଶ୍ ଆର୍ମିରୁ ତାଙ୍କ ରେଜିମେଣ୍ଟ୍ ସାଙ୍ଗେ ଭାରତ ଆସିଥିଲେ, ଏଠି ଚାକିରୀ କରି ରହିଗଲେ ଏବଂ ରେଜିମେଣ୍ଟ୍ ସଙ୍ଗରେ ଇଂଲଣ୍ଡ ଫେରିଲେ ନାହିଁ। ସେ ସମୟରେ ଅନେକ ଛୋଟ ଚାକିରୀ ଥିଲା, ଯେଉଁଥିଲାଗି ଭାରତୀୟ ମିଳୁ ନ ଥିଲେ। ଏଥିରେ ନିଜର ଶାରୀରିକ ପରିଶ୍ରମ କରିବାକୁ ପଡୁଥିଲା ଏବଂ ଇଂରେଜ ଜ୍ଞାନର ମଧ୍ୟ ଦରକାର ଥିଲା। ଯଥା ରେଲଇଞ୍ଜିନ୍ ଡ୍ରାଇଭର। କିନ୍ତୁ ଇଂରେଜୀ ଜାଣିବା ଭାରତୀୟମାନେ ଥିଲେ ବାବୁ। କୋଇଲାରେ କଳା ହୋଇ ବଏଲର୍ ନିଆଁ ପାଖରେ ଠିଆ ହେବାକୁ ହୁଏତ ନାରାଜ ବା ଅସମର୍ଥ ବା ଉଭୟ। ଏଣୁ ବ୍ରିଟିଶ୍ ଆର୍ମିର ସିପାହୀ ହାବିଲଦାର୍

ଶ୍ରେଣୀର ସାହେବ ଓ ଫିରିଙ୍ଗି ଏଥିରେ ପଶିଗଲେ। ଏମାନେ କିଛି ପରିମାଣରେ ଫିରିଙ୍ଗି ସ୍ତ୍ରୀ ବାହା ହେଲେ ଓ କିଛି ପରିମାଣରେ ଭାରତୀୟ ସ୍ତ୍ରୀ। ଏଣୁ ଏ ସମାଜ ସଂଖ୍ୟାରେ ଓ ଭୌଗୋଳିକ ବ୍ୟାପ୍ତିରେ ବଢ଼ିଲା। ସବୁ ରେଳ ଜଙ୍କ୍ସନରେ ଏକ ଆଂଗ୍ଲୋ-ଇଣ୍ଡିଆନ୍ ସହର ଗଢ଼ି ଉଠିଲା। ଏମାନେ ଏକ ପ୍ରକାର ଗୋରା ଶୁଦ୍ର। ପ୍ରାୟ ଊନବିଂଶ ଶତାବ୍ଦୀର ଶେଷ ଆଡ଼କୁ ଏମାନଙ୍କୁ ଇଉରେସିଆନ ନ କହି ଆଂଗ୍ଲୋ-ଇଣ୍ଡିଆନ୍ କୁହାଗଲା। ଏ ସମାଜର ବାପା ଆଡୁ ରକ୍ତ ଇଂରେଜ ଓ ମା ଆଡୁ ରକ୍ତ ଭାରତୀୟ। ଯଦି ଜଣେ ଭାରତୀୟ ବିଲାତ ଯାଇ ମେମ୍ ବିଭା ହୋଇ ପଡୁଥିଲା, ତେବେ ସେହି ଦମ୍ପତିଙ୍କ ସନ୍ତାନ ଆଙ୍ଗ୍ଲୋ-ଇଣ୍ଡିଆନ୍ ହେଉ ନ ଥିଲା। ସେ ଭାରତୀୟ ପିତାର ଭାରତୀୟ ସନ୍ତାନ। ସମସ୍ତ ଆଂଗ୍ଲୋ-ଇଣ୍ଡିଆନ୍ ସମାଜ ପିତାର ନିଜ ସନ୍ତାନକୁ ଅସ୍ୱୀକାର କରିବାକୁ ଉଦ୍‌ଭୁତ।

ଏ ସମାଜରେ ଏକ ବିଶେଷ ଲକ୍ଷଣୀୟ ଅବସ୍ଥା ଥିଲା। ସାଧାରଣତଃ ଇରେଜ ସ୍ୱାମୀ ଇଂରେଜ ସମାଜରେ ଯେଉଁ ସ୍ତରର ହେଉଥିଲେ, ସେମାନେ ମଧ୍ୟ ଭାରତୀୟ ସମାଜର ସେହି ସ୍ତରରୁ ସ୍ତ୍ରୀ ଖୋଜୁଥିଲେ। ସନ୍ ଚାର୍ନକଙ୍କ ସ୍ତ୍ରୀ କୁଳୀନ। ଜେନେରାଲ ପାମରଙ୍କ ଦୁଇ ସ୍ତ୍ରୀ ନବାବ ବା ତତୁଲ୍ୟ ଖାନ୍‌ଦାନର। କିନ୍ତୁ ସାପାହୀ ବିଦ୍ରୋହ ପରେ ଆଉ ସେ ସ୍ତରରେ ସମ୍ପର୍କ ସମ୍ଭବ ନ ଥିଲା। ସମାଜର ଉଚ୍ଚସ୍ତରରେ ମଧ୍ୟ ଶ୍ୱେତାଙ୍ଗୀ ଅନଟନ ଆଉ ଉତ୍କଟ ନ ଥିଲା। କିନ୍ତୁ ପ୍ରାଇଭେଟ୍ (ସିପାହୀ) ଟମି ଆଟକିନ୍‌ସ କରିବ କ'ଣ ? ସେ ଯଦି ବିଲାତ ଫେରିଯାଏ, ତାହେଲେ ଲାଙ୍କାଶାୟାର ସୂତାକଳରେ ଦିନକୁ ବାରଘଣ୍ଟା ପରିଶ୍ରମ ଓ ସାମାନ୍ୟ ରୋଜଗାର। ଏଠି ଫାୟାରମ୍ୟାନ୍ ବା ଟିକେଟ୍ କଲେକ୍ଟର ହେଲେ ମଧ୍ୟେ ଘରେ ଜଣେ ଚାକର ରଖିହେବ। ଡ୍ରାଇଭର ବା ଗାର୍ଡ ହେଲେ ତ କଥା ନାହିଁ, ତେବେ ଏଠି ବାହା ହେବାକୁ ଇଂରେଜ ଝିଅ ମିଳିବେ ନାହିଁ। ନହେଲେ ନାହିଁ ! ବିଲାତରେ କ'ଣ କରି ଥାଆନ୍ତା ? କୌଣସି ଚାକରାଣୀକୁ ତ ବାହା ହୋଇ ଥାଆନ୍ତା ! ଏଠି ଯଦି ଆଂଗ୍ଲୋ-ଇଣ୍ଡିଆନ୍ ଝିଅ ମିଳିଲା ତ ଭଲ। ନ ହେଲେ ଗୋଟିଏ ଭାରତୀୟ ଟୋକିକୁ ଖ୍ରୀଷ୍ଟାନ୍ କରି ବାହା ହୋଇଯାଅ। ସେ ମଧ୍ୟ ସେହି ଚାକରାଣୀ ଶ୍ରେଣୀର। କିନ୍ତୁ ସେଥିରେ ଆଟକିନ୍‌ସର ଆପତ୍ତି ନାହିଁ।

ବ୍ରିଟିଶ୍ ଭାରତରେ ବର୍ଣ୍ଣାଶ୍ରମ ଧର୍ମ ବଡ କଡା ଥିଲା। ତାହା ବ୍ରାହ୍ମଣ, କ୍ଷତ୍ରୀୟ, ବୈଶ୍ୟ ଓ ଶୁଦ୍ରରେ ବିଭକ୍ତ ଥିଲା। I.C.S. ଓ ସେହିପରି ଚାକିରିଆ ହେଲେ ବ୍ରାହ୍ମଣ, ମିଲିଟାରୀ ଅଫିସର୍ କ୍ଷତ୍ରୀୟ, ବ୍ୟବସାୟୀ କମ୍ପାନୀମାନଙ୍କ ଅଫିସର୍ ହେଲେ ବୈଶ୍ୟ। ଇଂରେଜୀରେ Boxwallah। ଏହି ତିନି ବର୍ଣ୍ଣ କେବଳ ଅଫିସର୍ ହୁଅନ୍ତି। ବାକି ସବୁ ଚାକିରୀ ହୁଏତ ଭାରତୀୟ କରିବେ ନଚେତ୍ ଏହି ଉପରେ ଲିଖିତ ଗୋରା

ଶୁଦ୍ରମାନେ। ତେବେ ଜଣେ ଭାରତୀୟ ପକ୍ଷରେ I.C.S. ବା ସେନାରେ ଅଫିସର୍ ହେବା ସମ୍ଭବ ଥିଲା, ଯାହାକି ଆଂଗ୍ଲୋ-ଇଣ୍ଡିଆନ୍ ପକ୍ଷରେ ନ ଥିଲା। ଏମାନେ କିନ୍ତୁ ଅନେକଗୁଡ଼ିଏ କାମ ନିଜର ଏକଚାଟିଆ କରି ନେଇଥିଲେ। ରେଳରେ ଅନେକ ଦିନ ପର୍ଯ୍ୟନ୍ତ ଗାର୍ଡ ଓ ଡ୍ରାଇଭର ଆଂଗ୍ଲୋ-ଇଣ୍ଡିଆନ୍ ହେଉଥିଲେ। ରେଳ ୱାର୍କସପ୍‌ରେ ମଧ୍ୟ ତାଙ୍କର ପ୍ରଭାବ ଅତିରିକ୍ତ ଥିଲା। ସେହିପରି କଷ୍ଟମସ୍ ଓ ଟେଲିଗ୍ରାଫ ବିଭାଗରେ। ଏମାନେ ଶାରୀରିକ ପରିଶ୍ରମ କରିବାକୁ ପଛାଉ ନ ଥିଲେ ଏବଂ ପ୍ରାୟ ଅଫିସ କାମ କରିବାକୁ ଆଗ୍ରହୀ ନ ଥିଲେ। ଏଣୁ ମୁକ୍ତ ଆକାଶ ବା outdoor କାମରେ ଅନେକ ବେଶୀ ଥିଲେ। ଯେତେବେଳେ ବଡ ବଡ ସହରରେ ବହୁତ କମ୍ପାନୀ ଅଫିସ ହେଲା, ସେଠି ଆଂଗ୍ଲୋ-ଇଣ୍ଡିଆନ୍ ଝିଅମାନେ ସେକ୍ରେଟେରୀ (ଅର୍ଥାତ୍ ଷ୍ଟେନୋ), ରିସେପ୍‌ସନ୍ କ୍ଲର୍କ ଓ ଟେଲିଫୋନ ଅପରେଟର କାମଟା ମଧ୍ୟ ଏକଚାଟିଆ କରିନେଲେ।

ଏମାନଙ୍କର ମାନସିକ ଅବସ୍ଥା ଅତି ଅଦ୍ଭୁତ। ଏମାନେ ନା ଇଂରେଜ ନା ଭାରତୀୟ ! ଅବଶ୍ୟ ଏମାନେ ନିଜକୁ ଶାସକ ଶ୍ରେଣୀର ଲୋକ ବୋଲି ମନେ କରୁଥିଲେ ଏବଂ ଭାରତୀୟମାନଙ୍କ ପ୍ରତି ଅଯଥା ଅଶାଳୀନ ବ୍ୟବହାର ଦେଖାଉଥିଲେ। ଯଥା ଇଂରେଜ ଅମଳରେ କଲିକତାରେ ଏମାନେ ଭାରତୀୟ ଭଦ୍ରଲୋକଙ୍କୁ ବାବୁ କହୁଥିଲେ, ଯଦିଚ ଇଂରେଜମାନେ ସେପରି କହିବା ଛାଡି ସାରିଥିଲେ। ହରିବାବୁ କି ରାମବାବୁ କହିବାଟା ଭିନ୍ନ କଥା, କିନ୍ତୁ 'Well Babu.' କଥାରେ ତାଚ୍ଛଲ୍ୟ ଥିଲା। ବୋଧହୁଏ ବର୍ତ୍ତମାନର ପାଠକଙ୍କୁ ତାହା ବୁଝାଇବା କଷ୍ଟ; କାରଣ ସେମାନେ ଏହି ଅପମାନ ଭୋଗ କରିନାହାନ୍ତି। ଖୋର୍ଦ୍ଧାରୋଡ୍ ପରି ଷ୍ଟେସନ୍‌ରେ ଆଂଲୋ-ଇଣ୍ଡିଆନ୍ କ୍ଲବ ଥିଲା, ଯାହାକୁ କି ସେମାନେ କହୁଥିଲେ ଇଉରୋପିଆନ୍ ଇନ୍‌ଷ୍ଟିଟିଉଟ୍। ସେଠି ଆଂଗ୍ଲୋ-ଇଣ୍ଡିଆନ୍ ଡ୍ରାଇଭର ଓ ଗାର୍ଡ ମେମ୍ବର, କିନ୍ତୁ ଭାରତୀୟ ନୁହେଁ। ସେମାନେ ନିଜ କ୍ଷୁଦ୍ରତା ସହିତ ସାଲିସ୍ କରି ନେଇଥିଲେ ଏବଂ ତାଙ୍କଠାରୁ ତଳର ଭାରତୀୟ, ଏପରିକି ସମସ୍କନ୍ଧ ଭାରତୀୟଙ୍କ ପ୍ରତି ତାଚ୍ଛଲ୍ୟ ମନୋଭାବ ପୋଷଣ କରୁଥିଲେ।

ହୁଏତ ମୋର କହିବା ଟିକିଏ କଠୋର ହୋଇଯାଉଛି। ଏହି ସମ୍ପ୍ରଦାୟର କେତେକ ଗୁଣ ମଧ୍ୟ ଥିଲା। ଏମାନଙ୍କର ଶାରୀରିକ ଦକ୍ଷତା ବା Skill ଅନେକ ଥିଲା। ଏମାନେ ପ୍ରାୟ କୁଶଳୀ କାରିଗର ହୋଇ ପାରୁଥିଲେ। ସେହିପରି ଅତି ଉତ୍ତମ ଖେଳାଳି ମଧ୍ୟ ହୋଇ ପାରୁଥିଲେ - ବିଶେଷ କରି ହକି ଖେଳାଳି। ବିଶ୍ୱଯୁଦ୍ଧ ସମୟରେ ଏମାନେ ପାଇଲଟ୍ ହେବାର ସୁଯୋଗ ପାଇଲେ। ଭାରତୀୟ ବାୟୁସେନାରେ ମଧ୍ୟ ଅନେକ ଆଂଗ୍ଲୋ-ଇଣ୍ଡିଆନ୍ ଥିଲେ। ଏମାନେ ସାଧାରଣତଃ

ଭଲ ପାଇଲଟ୍ ହେଉଥିଲେ। କିନ୍ତୁ ଦୁଃଖର କଥା ଯେ ପ୍ରାୟ ଏମାନେ ଉଚ୍ଚ ଶିକ୍ଷା ପ୍ରତି ବୀତସ୍ପୃହ ଥିଲେ। ସିନିଅର କେମ୍ବ୍ରିଜ୍ ପରୀକ୍ଷା ପାଶ୍ ବହୁତ, ସାଧାରଣତଃ ଜୁନିଅର କେମ୍ବ୍ରିଜ୍‌ରେ ପାଠ ଶେଷ। ଏଣୁ ଏମାନଙ୍କ ଭିତରେ ପ୍ରଚୁର ମେକାନିକ୍ ଥିବା ସତ୍ତ୍ୱେ ଇଂଜିନିଅର ପ୍ରାୟ ନ ଥିଲେ। ସେହିପରି ମଧ୍ୟ ସେମାନେ ବେଶୀ ପ୍ରମୋଶନ ପାଇପାରୁ ନ ଥିଲେ। କିନ୍ତୁ ସାଧାରଣତଃ ସେମାନେ ସେଥିରୁ ତୃପ୍ତ। ସେମାନଙ୍କର ଲକ୍ଷ୍ୟ ଥିଲା, ବୟସ ଥିଲାବେଳେ ଜୀବନକୁ ଉପଭୋଗ କରିବା। ମୋଟାମୋଟି ଏମାନେ ଇଂଲଣ୍ଡ ନିମ୍ନ ମଧ୍ୟବିତ୍ତ କାରିଗର (Blue Collar) ଶ୍ରେଣୀର ସାମାଜିକ ଜୀବନ ଭାରତରେ ସୃଷ୍ଟି କରିଥିଲେ। କିନ୍ତୁ ଗୋଟିଏ କଥା ସ୍ୱୀକାର ନ କଲେ ଅନ୍ୟାୟ ହେବ। ଏମାନେ ଶ୍ରମଜୀବୀ ଏବଂ ଏମାନଙ୍କର ଶ୍ରମ ପ୍ରତି ସମ୍ମାନ ଥିଲା, ଆଉ କାମ ପ୍ରତି ନିଷ୍ଠା ଥିଲା ଯାହାକୁ ଇଂରେଜୀରେ Work ethics କହନ୍ତି। ଆଜି ତାହାର ବଡ ଅଭାବ ଅନୁଭୂତ ହେଉଛି।

ସ୍ୱାଧୀନ ଭାରତ ଏହି ସମ୍ପ୍ରଦାୟ ପ୍ରତି ଏକ ପ୍ରଚଣ୍ଡ ସମସ୍ୟା ହୋଇଗଲା। ତାଙ୍କ ଲାଗି ଆଗରୁ ରକ୍ଷିତ ଥିବା ଚାକିରୀ ଆଉ ରହିଲା ନାହିଁ ଏବଂ ସେମାନଙ୍କୁ ଭାରତୀୟମାନଙ୍କ ସହିତ ପ୍ରତିଯୋଗିତା କାରିବାକୁ ପଡିଲା। ଫଳତଃ ଏହା ଆଂଗ୍ଲୋ-ଇଣ୍ଡିଆନ୍‌ଙ୍କର ଆଉ ଏକଚାଟିଆ ରହିଲା ନାହିଁ। ଏଣୁ ଆଂଗ୍ଲୋ-ଇଣ୍ଡିଆନ୍ ଯୁବକ ଯୁବତୀମାନେ ଅନ୍ୟ ଦେଶକୁ ଯିବାକୁ ଚେଷ୍ଟା କଲେ। ଯଦିଚ ପ୍ରଚୁର ଭାରତୀୟ ବ୍ରିଟେନ୍ ଯାଇଛନ୍ତି ଓ ସେଠି ଭଲରେ ଅଛନ୍ତି, ଆଂଗ୍ଲୋ-ଇଣ୍ଡିଆନ୍‌ମାନେ ସାଧାରଣତଃ ବ୍ରିଟେନ୍ ଯିବାକୁ ପସନ୍ଦ କରୁ ନ ଥିଲେ। ସେମାନେ ପ୍ରାୟ କାନାଡା ଓ ଅଷ୍ଟ୍ରେଲିଆ ଯିବାକୁ ପସନ୍ଦ କରୁଥିଲେ। ବୋଧହୁଏ ଭାରତରେ ତାଙ୍କ ସମାଜ ପ୍ରତି ଇଂରେଜଙ୍କର ବ୍ୟବହାର ସେମାନେ ଭୁଲିପାରି ନ ଥିଲେ।

ଏଥିରେ ସବୁଠାରୁ ବେଶୀ ଦୁଃଖ ଭୋଗ କଲେ ଆଂଗ୍ଲୋ-ଇଣ୍ଡିଆନ୍ ବୁଢା ବୁଢୀମାନେ। ସେମାନେ ବିଦେଶ ଯାଇପାରିଲେ ନାହିଁ। ଭାରତୀୟମାନେ ଅନେକ ସମୟରେ (ବୋଧହୁଏ ଅଧିକାଂଶ ସମୟରେ) ତାଙ୍କର ବାପା ମା'ଙ୍କୁ ନିଜ ପାଖକୁ ବିଦେଶ ନେଇ ଯାଆନ୍ତି। କିଛି ନ ହେଲେ କେତେମାସ ପାଇଁ। କିନ୍ତୁ ଆଂଗ୍ଲୋ-ଇଣ୍ଡିଆନ୍ ସମାଜରେ ସେପରି ପ୍ରଥା କେବେ ନ ଥିଲା। ଏଣୁ ସେହି ବୃଦ୍ଧ ବୃଦ୍ଧାଗଣ ପିଲାମାନଙ୍କ ସହିତ ସମ୍ପର୍କ ଶୂନ୍ୟ। ଏଠାରେ ଆୟ ଅଧିକାଂଶ ସମୟରେ ଯଥେଷ୍ଟ ନୁହେଁ। ଏ ସମ୍ପ୍ରଦାୟଟା ମୂଳରୁ ଖର୍ଚ୍ଚି। ଏଣୁ ବିଶେଷ ସଞ୍ଚୟ ନିଜର ସମ୍ପତ୍ତି ଇତ୍ୟାଦି ପ୍ରାୟ ନ ଥାଏ, ବଡ କଷ୍ଟରେ ଥାଆନ୍ତି। କଲିକତାର କେତେକ ଅଞ୍ଚଳରେ ଏପରି ବୟସ୍କ ଲୋକ ଅନେକ ଦେଖିବେ। ଆଶା ତ ନ ଥିବାର କଥା। କିନ୍ତୁ ଅଧିକାଂଶଙ୍କର

ଚକ୍ଷୁରେ ନିରାଶା ମଧ୍ୟ ନାହିଁ। କେବଳ ଗୋଟିଏ ଶୂନ୍ୟ ଚାହାଣୀ। ଅନେକ ଭାରତୀୟ ବୃଦ୍ଧ ବୃଦ୍ଧା ମଧ୍ୟ କଷ୍ଟରେ ଏବଂ ଏକ ପ୍ରକାର ପିଲାଙ୍କଠାରୁ ସମ୍ପର୍କ ଶୂନ୍ୟ ହୋଇ ଜୀବନର ଶେଷକାଳ କାଟୁଛନ୍ତି। କିନ୍ତୁ ସେମାନଙ୍କ ମଧ୍ୟରୁ ଅନେକଙ୍କ ମୁହଁରେ ନିଜକୁ ଭଗବାନ ବା ନିୟତି ହାତରେ ସମର୍ପଣ କରିବା ଯୋଗୁଁ ଏକ ପ୍ରଶାନ୍ତି ଦେଖାଯାଏ। କିନ୍ତୁ ଏହି ବିଚରା ଆଂଗ୍ଲୋ-ଇଣ୍ଡିଆନ୍ ବୟସ୍କଗଣ ବଡ ଦୟନୀୟ ଦେଖାଯାଆନ୍ତି, ଯଦିଚ ସେମାନେ ହୁଏତ ଅପେକ୍ଷାକୃତ ଆରାମରେ ଥାଇପାରନ୍ତି। ଏଥିଲାଗି ସାଂସ୍କୃତିକ ମୂଲ୍ୟବୋଧର ଅଭାବ ହିଁ ଦାୟୀ।

ବୋଧହୁଏ ଭାରତରୁ ଚାଲିଯିବାଟା ଆଂଗ୍ଲୋ-ଇଣ୍ଡିଆନ୍‌ଙ୍କ ପକ୍ଷରେ ଭଲ ହୋଇଛି। ସେମାନେ ଆଉ ଏଠି ଚଳିପାରି ନ ଥାନ୍ତେ। ଆପଣ ଭାବନ୍ତୁ, ଏତେ ଆଂଗ୍ଲୋ-ଇଣ୍ଡିଆନ୍ ଷ୍ଟିମ୍ ଇଂଜିନ୍ ଡ୍ରାଇଭର ଥିଲେ। ସେମାନଙ୍କ ଭିତରୁ କେତେ ଜଣ ଡିଜେଲ ବା ଇଲେକ୍‌ଟ୍ରିକ୍ ଇଂଜିନ୍‌କୁ ଗଲେ ? ଟାଇପିଷ୍ଟ ଚାକିରି ପାଇଁ ଆଂଗ୍ଲୋ-ଇଣ୍ଡିଆନ୍ ଝିଅ ପ୍ରତିଯୋଗିତାରେ ପାରି ନ ଥାନ୍ତେ। ତେବେ ପ୍ରଶ୍ନ ଉଠିପାରେ ଯେ ଗୋଆର ଖ୍ରୀଷ୍ଟୀୟାନ୍‌ମାନଙ୍କ ଜୀବନ ପ୍ରଣାଳୀ ତ ପ୍ରାୟ ଆଂଗ୍ଲୋ-ଇଣ୍ଡିଆନ୍‌ମାନଙ୍କ ପରି ! କିନ୍ତୁ ସେମାନେ ତ ଏଠି ବେଶ୍ ଅଛନ୍ତି। ଭାରତର ସୈନିକ ଓ ଅସୈନିକ ଉଭୟ ବିଭାଗର ଉଚ୍ଚତମ ପଦମାନଙ୍କରେ ପ୍ରତିଷ୍ଠିତ। ବ୍ୟବସାୟ ବାଣିଜ୍ୟରେ ମଧ୍ୟ ମନ୍ଦ ନାହାନ୍ତି। ସେମାନେ ମଧ୍ୟ ପୃଥିବୀଟା ଖେଦି ଯାଇଛନ୍ତି। କିନ୍ତୁ ଆମ ଭାରତରେ ତାଙ୍କ ସ୍ଥାନ ସୁପ୍ରତିଷ୍ଠିତ। ତାହାର କାରଣ ସ୍ପଷ୍ଟ। ତାଙ୍କର ଘର ଏଠି, ମୂଳ ଏଠି, ଗୋଆ ଭାରତବର୍ଷରେ। ସେମାନେ ଏ ମାଟିରୁ ରସ ଗ୍ରହଣ କରୁଛନ୍ତି। ଆଂଗ୍ଲୋ-ଇଣ୍ଡିଆନ୍‌ମାନେ ନାନା ଐତିହାସିକ କାରଣରୁ ଭାରତର ମାଟିରୁ ବିଚ୍ଛିନ୍ନ ହୋଇଗଲେ। ମାଟି ଏକପ୍ରକାର ତା'ର ପ୍ରତିଶୋଧ ନେଲା। ଗୋଆନିଜ୍‌ମାନେ କୋଙ୍କଣୀକୁ ନିଜର ମାତୃଭାଷା କଲେ। ଏପରିକି ରୋମାନ୍ କ୍ୟାଥଲିକ୍ ଚର୍ଚ୍ଚ ମଧ୍ୟ କୋଙ୍କଣୀକୁ ନିଜର ଭାଷା କରିନେଲା। କୋଙ୍କଣୀର ମରାଠୀ ସହିତ ମୂଳଗତ ଐକ୍ୟ ରହିଛି। ସେହିପରି ଅଗ୍ନି ପୂଜକ ପାରସୀମାନେ ଇରାନରୁ ଆସିଲେ ସିନା, କିନ୍ତୁ ଗୁଜୁରାଟୀକୁ ନିଜ ଭାଷା କରିନେଲେ। ଏଣୁ ସେମାନେ ମାଟିରୁ ରସ ସଂଗ୍ରହ କରି ପାରିଲେ ଓ ଜୀବନୀ ଶକ୍ତି ମିଳିଗଲା। କିନ୍ତୁ ଇଂରେଜୀ ଆଂଗ୍ଲୋ-ଇଣ୍ଡିଆନ୍‌ମାନଙ୍କୁ ଭାରତ ମାଟିରୁ ଅଲଗା କରି ଦେଲା। କୌଣସି ଭାରତୀୟ ଭାଷାକୁ ସେମାନେ ମଧ୍ୟ ଭଲ କରି ଶିଖିଲେ ନାହିଁ। ସେହି "ଟୁମ୍ କ୍ୟା ମାଗତା", "ତୁମହେ କ୍ୟା ଚାହିୟେ" ନୁହେଁ। କାଲିକତାରେ ଏତେଦିନ ରହି ବଙ୍ଗଳାଟା ମଧ୍ୟ ଶିଖି ହେଲାନି, ଯଦିଚ କଲିକତାର ଚୀନାମାନେ ମୋଟାମୋଟି ଭଲ ବଙ୍ଗଳା କହନ୍ତି।

ତେବେ ଏହି ସମ୍ପ୍ରଦାୟ ଉତ୍ତରାଧିକାର ସୂତ୍ରରେ ଭାରତକୁ କିଛି ଦେଇଛି। ହକି ଖେଳାଳି ଓ ପାଇଲଟ୍‌ମାନେ ହୁଏତ ବୃଦ୍ଧ ବା ଅଷ୍ଟ୍ରେଲିଆରେ। ସାଧାରଣତଃ ଦୁଇଟାଯାକ। ଅଧିକାଶଂ ପୁରୁଣା ଇଂରେଜୀ ମାଧ୍ୟମ ସ୍କୁଲ ଆଂଗ୍ଲୋ-ଇଣ୍ଡିଆନ୍‌ଙ୍କ ଲାଗି ହୋଇଥିଲା। ଧରନ୍ତୁ ଆମର ଷ୍ଟୁଆର୍ଟ ବା କନ୍‌ଭେଣ୍ଟ୍। ଏହା ଇଂରେଜ ପିଲାଙ୍କ ଲାଗି ହୋଇ ନ ଥିଲା। ତାଙ୍କ ପିଲେ ହୁଏତ ବିଲାତ ଯାଉଥିଲେ ନଚେତ୍ ଦାର୍ଜିଲିଂର ସେଣ୍ଟ୍ ପଲ୍ ପରି ସ୍କୁଲକୁ। ଏହି ସବୁ ଷ୍ଟୁଆର୍ଟ ବା କଲିକତାର ଲାମାର୍ଟିନିଅର ବା ଲରେଣ୍ଟୋ ଆଂଗ୍ଲୋ-ଇଣ୍ଡିଆନ୍‌ଙ୍କ ପାଇଁ ହୋଇଥିଲା। ଯଦି ସନ୍ଦେହ ହେଉଛି, ତେବେ କିପ୍ଲିଂଙ୍କର ପ୍ରସିଦ୍ଧ ବହି 'କିମ୍' ପଢି ଦେଖନ୍ତୁ। ସେହି ସ୍କୁଲଗୁଡିକ ଆମେ ଉତ୍ତରାଧିକାର ସୂତ୍ରରେ ପାଇଛୁ। ମୁଁ ଯେତେବେଳେ ସ୍କୁଲରେ ପଢୁଥିଲି, ସେତେବେଳେ ଅର୍ଦ୍ଧାଧିକ ପିଲା ଆଂଗ୍ଲୋ-ଇଣ୍ଡିଆନ୍ ଥିଲେ। କିନ୍ତୁ ବର୍ତ୍ତମାନ ଅବସ୍ଥା ଭିନ୍ନ। ତେବେ ସ୍କୁଲ ଅଛି ଏବଂ ସେହି ସ୍କୁଲରେ ପିଲାଙ୍କୁ ଦେବା ପାଇଁ ବାପା ମା'ଙ୍କର କି ଦୁରବସ୍ଥା !

ଭାରତରେ ଧର୍ମଶାସ୍ତ୍ରର ଶତ ବାଧା ସତ୍ତ୍ୱେ ବହୁ ବର୍ଣ୍ଣଶଙ୍କର ଗୋଷ୍ଠୀ ସୃଷ୍ଟି ହୋଇଛି। କାରଣ ସମାଜ ପସନ୍ଦ ନ କଲେ ମଧ୍ୟ ତାହା ପ୍ରାକୃତିକ କାରଣରୁ ଘଟିଯାଏ। ମହାଭାରତ ବା ତା' ପୂର୍ବରୁ ମଧ୍ୟ ଭାରତୀୟ ସମାଜକୁ ବର୍ଣ୍ଣଶଙ୍କର ଭୟ ଗ୍ରାସି ଥିଲା। ତଥାପି ଏମାନେ ଏହି ମାଟିକୁ ଗ୍ରହଣ କରିବାରୁ ଏ ସମାଜରେ ସେମାନେ ଗୋଟିଏ ଗୋଟିଏ ଜାତି ହୋଇ ଗୃହୀତ ହୋଇଗଲେ। ନଚେତ୍ ଏପରି ଅସଂଖ୍ୟ ଜାତି ହେଲା କିପରି ? ଖ୍ରୀଷ୍ଟାନ୍ ତ ଭାରତରେ ପ୍ରାୟ ଯୀଶୁଙ୍କ ସମୟରୁ ଅଛନ୍ତି। ମହାରାଷ୍ଟ୍ରରେ ଇହୁଦୀ ଅଛନ୍ତି, ଯେଉଁମାନେ ପ୍ରାୟ ସେଠି ମିଶି ଯାଇଛନ୍ତି। କିନ୍ତୁ ଆଂଗ୍ଲୋ-ଇଣ୍ଡିଆନ୍ ମାତୃଭୂମିକୁ ଅସ୍ୱୀକାର କରିଛନ୍ତି। ତାହାର ଫଳ ସେମାନେ କେଉଁଠାରେ ନୁହଁନ୍ତି। ସେମାନଙ୍କ ଲାଗି ଇଂଲଣ୍ଡ ମଧ୍ୟ ଘର ହୋଇପାରିଲା ନାହିଁ। ଏଣୁ ଅଧିକାଂଶ ଅଷ୍ଟ୍ରେଲିଆ ବା କାନାଡା ଗଲେ, ଯେଉଁଠାରେ କି ପ୍ରାୟ ସମସ୍ତେ ଜନତା ଆଗନ୍ତୁକ ବା ତାଙ୍କର ବଂଶଧର। ଏହି ନୂତନ ଦେଶରେ ସେମାନେ ବେଶୀ ପରିମାଣରେ ଅଛନ୍ତି। ଭଗବାନଙ୍କୁ ପ୍ରାର୍ଥନା ଯେ ସେମାନେ ସେଠି ମାତୃଭୂମି ପାଆନ୍ତୁ।

କଟକ ନଗର

କଟକର ସହସ୍ର ବର୍ଷ ପୂର୍ତ୍ତି ଉତ୍ସବ ଆଦିରୁ ମୁଁ ବହୁତ ଦୂରରେ। ମୋତେ କ'ଣ ଆସେ ଯେ ଐତିହାସିକଙ୍କ ମେଳାରେ ମୁଁ ମୁହଁ ଖୋଲିବି ! ଏ ଦିଗରେ ନୀତିଶାସ୍ତ୍ର ଯେଉଁ ନୀରବତାର ଉପଦେଶ ଦେଇଛି, ତାହା ଅବଶ୍ୟ ପାଳନୀୟ। ତା' ଛଡା ତା'ର ବୟସ ସାଥୀରେ ଯାଏ କେତେ ଆସେ କେତେ ? ମୋର ଓ ପାଠକ ପାଠିକାଙ୍କ ଆଗରୁ ଏହି ନଗର ଥିଲା ଓ ଆମ ପରେ ମଧ୍ୟ ରହିବ। ଏଣୁ ଆମର ନେଣ ଦେଣ ଯାହା କାନରେ ଶୁଣିଛୁ ଓ ଆଖିରେ ଦେଖିଛୁ। ଅର୍ଥାତ୍ ନିକଟ ଅତୀତ ଓ ବର୍ତ୍ତମାନ ନେଇକରି କାରବାର। ଏ ଦିଗରୁ କଟକର ମଧ୍ୟ ଉର୍ବଶୀ ପରି ବୟସଟା ଅବାନ୍ତର। ପ୍ରକୃତରେ ଓଡ଼ିଶାରେ କଟକ ଏକମାତ୍ର ନଗର ଥିଲା। ପୁରୀକୁ ବାଦ୍ ଦେଉଛି। କାରଣ ପୁରୀ ତୀର୍ଥରାଜ, ସାଧାରଣ ନଗର ନୁହେଁ। ଏହି ଧାର୍ମିକ ନଗରଗୁଡିକ ସବୁବେଳେ ଅଲଗା। ଏହି ସବୁ ନଗରରେ ଯାତ୍ରୀଙ୍କ ପରକାଳକୁ ଧରି ସେଠାରେ ଲୋକଙ୍କର ଇହକାଳ ଚଳେ। ପୁରୀକୁ ଛାଡି ଏକମାତ୍ର ନଗର କଟକ। ଏଠି ଏକ ନାଗରିକ ସଭ୍ୟତା ବା କୃଷ୍ଟି ଅଛି। ଅନ୍ୟାନ୍ୟ ନଗର ନାମଧେୟ ସ୍ଥାନ ସବୁ ପ୍ରକୃତରେ ଗ୍ରାମର ସମଷ୍ଟି ମାତ୍ର। ଏଣୁ ସେଠି ନାଗରିକତା ନାହିଁ। ପ୍ରକୃତରେ ଯାହାକୁ Culture ବା କୃଷ୍ଟି କହନ୍ତି, ତା' ସେଠାରେ ନାହିଁ। ହୁଏତ ରାଜାମାନଙ୍କର ରାଜଧାନୀ ସେହିପରି ନଗର ହୋଇ ପାରିଥାଆନ୍ତା, ଯେପରି ପଟିଆଲା ବା ଇନ୍ଦୋର। କିନ୍ତୁ ଓଡ଼ିଶାର ଦେଶୀୟ ରାଜ୍ୟ ଗୁଡିକ ଏଡେ ସାନ ଓ ଗରିବ ଥିଲେ ଯେ ତାଙ୍କର ରାଜଧାନୀଗୁଡ଼ିକରେ ଏକ ନାଗରିକ ସଭ୍ୟତା ଗଢି ଉଠିବାର ସମ୍ଭାବନା ନ ଥିଲା।

କଟକ ଗୋଟିଏ ବିରାଟ ସୁବିଧା ପାଇଥିଲା। ହିନ୍ଦୁ ଓ ମୁସଲମାନ୍ ଉଭୟ ରାଜତ୍ୱରେ ଏହା ରାଜଧାନୀ ଥିଲା। ତା'ଛଡା ମୁସଲମାନ୍ ସଭ୍ୟତା ସବୁବେଳେ ନଗରଭିତ୍ତିକ। ତା'ର ଅନେକ କାରଣ ଅଛି। ପ୍ରଧାନ କାରଣ ହେଲା ଯେ, ମୁସଲମାନ୍

ସଭ୍ୟତା ପଶ୍ଚିମ ଏସିୟାର ମରୁ ପ୍ରଦେଶରେ ଜନ୍ମ ନେଇଥିଲା। ସେଠି ଜନବସତି ମରୁଦ୍ୟାନ ବା Oasisରେ ସୀମିତ। ମରୁଦ୍ୟାନରେ ଅପେକ୍ଷାକୃତ ଘନ ବସତି ହୋଇଥିବାରୁ ସେଗୁଡିକର ସଭ୍ୟତା ନାଗରିକ ସଭ୍ୟତା। ଏପରିକି ଉର୍ଦ୍ଦୁରେ କୁହାଯାଏ 'ଶହର ଅଉର ସହର', ଅର୍ଥାତ୍ ନଗର ଓ ମରୁଭୂମି। ଯେଉଁଠାରେ ମୁସଲମାନ୍ ସଭ୍ୟତାର ଛାପ ପଡିଛି, ସେଠି ନାଗରିକ ଚେତନାର ବିକାଶ ହୋଇଛି। ମୁଁ ଅବଶ୍ୟ ଦିଲ୍ଲୀ ବା ଲକ୍ଷ୍ନୌ ସଙ୍ଗେ କଟକର ତୁଳନା କରିବାକୁ ଯାଉନାହିଁ; ତେବେ କଟକକୁ ମୁସଲିମ୍ ଅବଦାନ ଅନେକ। ସବୁଠାରୁ ବଡ କଥା, ଓଡ଼ିଶା ଚେତନାର କେନ୍ଦ୍ରସ୍ଥଳ ହେଉଛି କଟକ। ଏଠାରେ ଏକ Sophistication ବା ନାଗରିକ ଚଟୁଳତା ଥିଲା। ସେଥିପାଇଁ ଗୋଟିଏ ଢଗ ଅଛି - 'ହେଉ ପଛେ କୁଜି କାଣୀ, ନାଁ ତ କଟକିଆଣୀ !'

ଗୋଟିଏ ନଗରରେ ଯଦି ନାନା ସ୍ଥାନରେ ଲୋକ ନ ଥାନ୍ତି, ଅର୍ଥାତ୍ ତାହା Cosmopolitan ନ ହୋଇଥାଏ, ତା'ହେଲେ ତାହା ନଗର ନୁହେଁ; ବୃହତ୍ ଗ୍ରାମ ମାତ୍ର। ପୁରୀକୁ ବାଦ୍ ଦେଲେ ଏହି ଦୃଷ୍ଟିରୁ ଓଡ଼ିଶାରେ କଟକ ଛଡା ନଗର ନ ଥିଲା। ଅବଶ୍ୟ ବାଲେଶ୍ୱର ମଧ୍ୟ ବନ୍ଦର ଥିବା ତକ କସ୍‌ମୋପଲିଟାନ୍ ନଗର ଥିଲା। କିନ୍ତୁ ତାହା ତ ଅନେକ ଦିନ ହେଲା ଗଲାଣି ! କଟକରେ କିଏ ନ ଥିଲେ ? ଉର୍ଦ୍ଦୁଭାଷୀ ମୁସଲମାନ୍, ବଙ୍ଗାଳୀ, ତେଲେଙ୍ଗା, ବିହାରୀ ଭଗତ ମହାରାଜ ଏପରିକି ଅଳ୍ପ କେତେକ ମହାରାଷ୍ଟ୍ରୀୟ। ପରେ ଆସିଲେ ମାରୱାଡୀ ବ୍ୟବସାୟୀ। ମାରୱାଡୀମାନେ ନୂତନ। କାରଣ ଫକୀର ମୋହନ ସେମାନଙ୍କୁ କୌଣସି ଜାଗାରେ ଉଲ୍ଲେଖ କରିନାହାନ୍ତି। ତା' ସାଥୀରେ ଆସିଲେ ଗୁଜୁରାଟୀ, ଯେଉଁମାନଙ୍କୁ ଆଗେ କିଛି କୁହାଯାଉଥିଲା। ନିଶ୍ଚୟ କେତେକ ପରିବାର କଚ୍ଛରୁ ଆସିଥିଲେ।

ମାରୱାଡୀମାନଙ୍କ ବ୍ୟବସାୟ ସହିତ ଜନମାନସ ଏତେ ଘନିଷ୍ଠ ଭାବେ ସମ୍ପୃକ୍ତ ଯେ, ଆମେ ମାରୱାଡୀ ଓ ବ୍ୟବସାୟୀ ଉଭୟକୁ ସମଅର୍ଥବ୍ୟଞ୍ଜନ ବୋଲି ଧରି ନେଇଛୁ। କିନ୍ତୁ ପ୍ରକୃତରେ ବ୍ୟବସାୟ କ୍ଷେତ୍ରରେ ସେମାନେ ନବ ଆଗନ୍ତୁକ। ଭାରତର ଅନ୍ତପ୍ରାଦେଶିକ ଓ ଆନ୍ତର୍ଜାତିକ ବାଣିଜ୍ୟ କ୍ଷେତ୍ରରେ ଯେଉଁ ସମ୍ପ୍ରଦାୟସବୁ ଚିରକାଳ ଥିଲେ, ତାଙ୍କ ଭିତରେ ପ୍ରଧାନ ହେଲେ ପଞ୍ଜାବୀ, ଖତ୍ରୀ, ଗୁଜରାଟୀ ହିନ୍ଦୁ ଓ ମୁସଲମାନ୍ ଉଭୟ ଏବଂ ତାମିଲ୍ ଚେଟ୍ଟିୟାର। ଇତିହାସ ପ୍ରସିଦ୍ଧ ବଙ୍ଗଳାର ଜଗତ୍ ଶେଠ୍ ଓ ଓମିଚାନ୍ଦ ମାରୱାଡୀ ନ ଥିଲେ। ଏହି ମାରୱାଡୀମାନେ ପ୍ରାୟ ଦେଢଶହ ବର୍ଷ ହେବ ବ୍ୟବସାୟକୁ ପଶିଛନ୍ତି। ଏଣୁ ଫକୀର ମୋହନ ଏମାନଙ୍କ ବିଷୟରେ କିଛି କହି ନ ଥିବା ଆଶ୍ଚର୍ଯ୍ୟ କଥା ନୁହେଁ।

ସ୍ୱାଧୀନତା ପ୍ରାପ୍ତିର କିଛିକାଳ ପର୍ଯ୍ୟନ୍ତ କଟକ ଓଡ଼ିଶାର ରାଜଧାନୀ ଥିଲା।

ଓଡ଼ିଶା ପ୍ରଦେଶ ହେବା ଆଗରୁ ମଧ୍ୟ ଓଡ଼ିଶା ଡିଭିଜନର ମୁଖ୍ୟାଳୟ ଥିଲା। ଓଡ଼ିଶାର ସମସ୍ତ ରାଜନୈତିକ ଓ ସାଂସ୍କୃତିକ କାର୍ଯ୍ୟକଳାପର ସ୍ଥାନ ଥିଲା କଟକ। ଏଣୁ ସେ ବିଷୟରେ ଉତ୍କଳ ସାହିତ୍ୟ, ନବଭାରତ ପ୍ରେସ୍, ପ୍ରଜାତନ୍ତ୍ର ପ୍ରଚାର ସମିତି, ଉତ୍କଳମଣିଙ୍କର ସମାଜ ଇତ୍ୟାଦି ଅନୁଷ୍ଠାନ ଦ୍ୱାରା ଅନେକ କିଛି ଲେଖାଯାଇ ସାରିଛି ଓ ଭବିଷ୍ୟତରେ ମଧ୍ୟ ଲେଖାଯିବ।

ଓଡ଼ିଶା ଓ ଓଡ଼ିଶା ଲାଗି କିଏ କ'ଣ କରିଛନ୍ତି, ସେ ବିଷୟରେ ଅନେକ କିଛି ଲେଖା ହେବ। ଏହା ସବୁ ସଦର ଦରଜା ଓ ବୈଠକଖାନାର କାରବାର। ସେ ସବୁ Formal ବା ପୋଷାକ କାରବାର ଓ ତାହାର ଭାଷା ମଧ୍ୟ ପୋଷାକୀ। କିନ୍ତୁ ଏଥିରେ ବାଡ଼ି ଦୁଆର, ଅଗଣା ଇତ୍ୟାଦିର ଖବର ମିଳିବ ନାହିଁ। ତାହା ମଧ୍ୟ ଏକ ସଂସ୍କୃତି। ଏବେ Sociology ବା ସମାଜ ବିଜ୍ଞାନ ଶାସ୍ତ୍ରରେ ଗୋଟିଏ କଥା ବାହାରିଛି - Subaltern Culture। ଏହାର ଠିକ୍ ଓଡ଼ିଆ ନାହିଁ। ଇଂରାଜୀଟା ମଧ୍ୟ ହଠାତ୍ ବୋଧଗମ୍ୟ ନୁହେଁ। ଇଂରାଜୀ ଶବ୍ଦଟା ସେନାରେ ସେକେଣ୍ଡ୍ ଲେଫ୍ଟନାଣ୍ଟ୍ ଓ ଲେଫ୍ଟନାଣ୍ଟ୍‌ମାନଙ୍କ ପ୍ରଯୁଜ୍ୟ। ସେ ବିଚରାଙ୍କର Culture ବା ସଂସ୍କୃତି ସହିତ କ'ଣ ସମ୍ପର୍କ ? କିନ୍ତୁ ପଣ୍ଡିତଗଣ ଏହାକୁ ଜନସାଧାରଣଙ୍କ ସଂସ୍କୃତି, ଏପରିକି ଜନସାଧାରଣଙ୍କର ଏକ ବିଶେଷ ବର୍ଗର ସଂସ୍କୃତି ଅର୍ଥରେ ବ୍ୟବହାର କରୁଛନ୍ତି। ଏହିଭଳି ସଂସ୍କୃତି ବିଷୟରେ ବିଶେଷ କିଛି ଲେଖା ହୋଇନାହିଁ। କାଁ ଭାଁ ମହାପାତ୍ର ନୀଳମଣି ସାହୁଙ୍କ ଗପରେ ଗୋଟିଏ ଝଲକ ମିଳିଯାଏ।

ମୁଁ ଯେଉଁ କଟକର କଥା କହିବାକୁ ଯାଉଛି, ତାହା ଚାଳିଶ ଓ ପଚାଶ ଦଶକର କଟକ। ଆଜି ଯେ, ସେ କଟକ ମରିଯାଇଛି ତା' ନୁହେଁ। ସେତେବେଳେ କଟକରେ ଏତେ ବାହାରର ଲୋକ ନଥିଲେ। ଯେଉଁମାନେ କଟକ କାମ ଦାମରେ ଆସୁଥିଲେ ସେମାନେ ପ୍ରାୟ କଟକରେ ରହିଯାଉଥିଲେ। ଏଣୁ ସହର ସହିତ ସେମାନଙ୍କର ସମ୍ପର୍କ ନିବିଡ଼ ଥିଲା। ତାଙ୍କର ନିଜର ପରିଚିତି ବା Identityରେ କଟକ ସହର ଓ ତାଙ୍କ ସାହି ସାମିଲ ଥିଲା। କଟକରେ ରାଜଧାନୀ ଓ ବହୁ ଅଫିସ ଥିବାରୁ କଟକିଆ ଟୋକାଙ୍କୁ କଟକରେ ହିଁ ଚାକିରୀ ମିଳିଯାଉଥିଲା। ଯଦି କପାଳର ଗର୍ଦ୍ଦିଶରୁ ତା'ର ବଦଳି ହୋଇଗଲା ତଥାପି କଟକରେ ମୁଖ୍ୟାଳୟ ଥିବାରୁ କଟକକୁ ଫେରିଆସିବାର ସମ୍ଭାବନା ଉଜ୍ଜ୍ୱଳ। ଠିକଣା ସମୟରେ ତଦ୍‌ବିର୍ କଲେ ହେଲା। ଏଣୁ କଟକିଆ ଟୋକା ପକ୍ଷରେ କଟକ ବାହାର ଯେ ସଂସାର ଅଛି ତା' ଭାବିବା କିଞ୍ଚିତ କଷ୍ଟକର ଥିଲା। ହଁ, କଟକ ଛଡ଼ା ଆଉ ଗୋଟିଏ ସହରକୁ କଟକିଆ ସ୍ୱୀକାର କରୁଥିଲେ। ତା ହେଲା କଲିକତା। କଟକର ବ୍ୟବସାୟୀ ବର୍ଗ ତ ମାଲ କଲିକତାରୁ ଆଣୁଥିଲେ।

ଏପରିକି ବାହାଘରର ସଉଦାପତ୍ର, ଲୁଗାପଟା କିଣିବା ଲାଗି ଲୋକେ କଲିକତା ଚାଲି ଯାଉଥିଲେ। ବଙ୍ଗାଳୀମାନଙ୍କର ବେଶୀ ସମ୍ପର୍କ ରହିବା ସ୍ୱାଭାବିକ। ପୁଣି ଓଡ଼ିଶା ବହୁକାଳ ବିହାର ରହିଲା। ପଢ଼ାପଢ଼ି, ଚାକିରି, କୋର୍ଟ କଚେରୀ ଆଦି କାମରେ କଟକରୁ କେତେକଙ୍କୁ ତ ପାଟନା ଯିବାକୁ ପଡୁଥିଲା। ପାଟନା ଯିବାକୁ ହେଲେ ମଧ୍ୟ ସେହି କଲିକତା ଯିବାକୁ ପଡ଼ିବ।

କଟକିଆର ପରିଚୟ ତା' ସାହି ବା ବଜାର ନେଇ। ସେଥିରେ ସେ ସମ୍ପୂର୍ଣ୍ଣ ସେକ୍ୟୁଲାର। ତା'ର ସାହି ପ୍ରତି ଆନୁଗତ୍ୟ ଧର୍ମ ବା ସମ୍ପ୍ରଦାୟ ଭିତ୍ତିରେ। କଟକ କେବେ ଶାନ୍ତିଶିଷ୍ଟ ସହର ନ ଥିଲା। ଏଠି ଗୁଣ୍ଡା, ଅସାମାଜିକ ବ୍ୟକ୍ତି ସବୁବେଳେ ଥିଲେ। ଝଗଡା - ମାର୍‌ପିଟ୍ ମଧ୍ୟ ପ୍ରାୟ ହେଉଥିଲେ। କିନ୍ତୁ ତାହା ସାମ୍ପ୍ରଦାୟିକ ନ ଥିଲା। ଗୋଳମାଳ ହେଉଥିଲା, ସାହି ସାହି ଭିତରେ। ସାହିରେ ଟୋକାମାନେ ଏକ ଆଖଡାରେ ସଂଗଠିତ ହେଉଥିଲେ। ସେହି ଆଖଡାରେ Chief Instructer କହନ୍ତୁ ବା Commandant କହନ୍ତୁ, ସେ ହେଲେ ସାହି ଖଲିଫା। ମୁସ୍‌ଲିମ୍ ଦୁନିଆର ମୁଖ୍ୟଙ୍କୁ ଖଲିଫା କୁହାଯାଏ। ତୁର୍କୀର ସୁଲତାନ୍ ୧୯୧୮ ପୂର୍ବରୁ ଖଲିଫା ଥିଲେ। ତାଙ୍କର ଖଲିଫା ପଦ ଶେଷ କରିଦେବା ଯୋଗୁଁ ଭାରତରେ ଖିଲାଫତ୍ ଆନ୍ଦୋଳନ ହୋଇଥିଲା। କଟକରେ ଏହି ଜନସଂସ୍କୃତି ଅନେକ ଉର୍ଦ୍ଦୁ-ଫାର୍ସୀ ଶବ୍ଦର ଅର୍ଥ ସୀମିତ ଓ ପରିବର୍ତ୍ତିତ କରିଦେଇଛି। ଏହି ଖରିଫ ଶବ୍ଦ ହିଁ ନିଅନ୍ତୁ। ସେହିପରି ପୀର ଶବ୍ଦ। ଏହା ଫାର୍ସୀ ଶବ୍ଦାର୍ଥରେ ସୟସ୍କ ଓ ରୁଢାର୍ଥରେ ଧର୍ମଗୁରୁ। କିନ୍ତୁ କଟକ ସାହିରେ ପୀର (ଉଚ୍ଚାରଣ ପିର) ଶବ୍ଦର ଅର୍ଥ ଚାଲୁ, ଭଣ୍ଡ ଇତ୍ୟାଦି। କଥାର ଅର୍ଥଠାରୁ ବ୍ୟଞ୍ଜନା ଅନେକ ବେଶୀ।

ଆଗରୁ କହିଛି ଯେ ସେତେବେଳେ କଟକର ସାହିମାନଙ୍କର ବାସିନ୍ଦା ପ୍ରାୟ ସ୍ଥାୟୀ ହେଉଥିଲେ। ଉଡନ୍ତା ଚଢେଇ ବହୁତ କମ୍। ଯେ କେତେଜଣ ଭଡାଟିଆ ଥିଲେ, ସେମାନେ ମଧ୍ୟ ପ୍ରାୟ ସ୍ଥାୟୀ ବାସିନ୍ଦା। ଯଦିଚ କଟକରେ ସେକ୍ରେଟେରୀଏଟ୍ ଥିଲା, କିନ୍ତୁ ସେହି କିରାଣୀ ଶ୍ରେଣୀ ପାଇଁ କଟକରେ ସରକାରୀ କ୍ୱାର୍ଟର ପ୍ରାୟ ନ ଥିଲା। ଏଣୁ ଏହି କିରାଣୀମାନେ ପ୍ରାୟ ସ୍ଥାୟୀ ଭଡାଘରେ ରହୁଥିଲେ ଓ ସାହିଲୋକ ହୋଇ ଯାଇଥିଲେ। ଅଳ୍ପଦିନର ଭଡାଟିଆଙ୍କୁ କୁହାଯାଉଥିଲା ପରଦେଶୀ। ଏଣୁ ସାହି ଟୋକା, ସାହି ଦୋକାନୀ ଇତ୍ୟାଦିଙ୍କୁ ସାହିର ସବୁ ଖବର ଜଣା ଥିଲା। ଜଣେ ଅପରିଚିତ ଲୋକକୁ ସାହିରେ ଦେଖିଲେ ତତ୍‌କ୍ଷଣାତ୍ ତାକୁ ପଚାରି ଦିଆଯାଉଥିଲା। ଏହା ନୂଆ ଲୋକ ପକ୍ଷରେ ସୁବିଧାଜନକ ଥିଲା। କାରଣ ସେ ତା'ର ଗନ୍ତବ୍ୟ ସ୍ଥଳକୁ ସହଜରେ ଯାଇ ପାରୁଥିଲା।

ସାହି ପରିଚିତ ଓ ସାହି ଆନୁଗତ୍ୟ ସବୁଠାରୁ ବେଶୀ ପ୍ରକାଶ ପାଉଥିଲା ଉତ୍ସବରେ। ସେହି ଉତ୍ସବରେ ଶୋଭାଯାତ୍ରା ଥିବା ଆବଶ୍ୟକ, ଯାହାଦ୍ୱାରା ସାହିର ପରିଚିତି ସାରା ସହରରେ ଉପସ୍ଥାପିତ କରିହେବ। ଏଥିରେ ଶରତ ଋତୁର ହିନ୍ଦୁପର୍ବ ଅର୍ଥାତ୍ ଦଶହରା, କାଳୀପୂଜା, କାର୍ତ୍ତିକେଶ୍ୱର ଓ ମୁସଲମାନ୍ ପର୍ବ ମହରମ ପ୍ରଧାନ। ବର୍ତ୍ତମାନ ଅନେକ ପୂଜା ହେଉଛି, ଆଗେ ତା' ନ ଥିଲା। ମହରମ୍ ମୁସଲମାନ୍ ପର୍ବ ହୋଇଥିବାରୁ ତା'ର ଋତୁ ଠିକ୍ ନାହିଁ। ହିନ୍ଦୁ ପର୍ବମାନଙ୍କରେ ବିସର୍ଜନ ଲାଗି ମେଢ ବାହାରିବା ଓ ମହରମ୍‌ର ତାଜିଆ ବାହିରିବା ଲାଗି ସାହି ଆଖଡା ଶୋଭାଯାତ୍ରା ବାହାର କରେ। ଏହି ଶୋଭାଯାତ୍ରାରେ ଖଲିଫାଙ୍କ ଉପସ୍ଥିତି ଅପରିହାର୍ଯ୍ୟ। ସାଙ୍ଗରେ ଦୁଇ ଚାରିଜଣ ମୁରବୀ ମଧ୍ୟ ଥାଆନ୍ତି। ପ୍ରଧାନ ଉଦ୍ଦେଶ୍ୟ ହେଲା ଟୋକାଙ୍କୁ ଥଣ୍ଡା ରଖିବା, ଯଦିଚ ସେଥିରେ ସେମାନେ ପ୍ରାୟ ଅସଫଳ ହୁଅନ୍ତି। ମେଢ ଓ ମୂର୍ତ୍ତି ବିଷୟରେ ହିନ୍ଦୁ ମୁସଲମାନ୍ ନିର୍ବିଶେଷରେ ସମସ୍ତଙ୍କର ବିଶେଷ ଉତ୍ସୁକତା ଥାଏ। ତାହା ଆଜି ବି ଅଛି। ଫଳତଃ କଟକର ମୂର୍ତ୍ତି ଦେଖିଲେ ବିଶ୍ୱାସ ହୁଏ ଯେ ଏହି ଜାତି ହିଁ କୋଣାର୍କ, ଭୁବନେଶ୍ୱର ଗଢିଥିଲା।

ସାହି ସାହି ମଧ୍ୟରେ ବୈମନସ୍କ ପ୍ରାୟ ପୁରୁଷାନୁକ୍ରମିକ। ଯେପରି ଧରନ୍ତୁ ବାଲୁବଜାର ଓ ଚଉଧୁରୀ ବଜାର। ଗୋଟିଏ ସାହିର ମେଢ ଯେତେବେଳେ ତା'ର ପ୍ରତିଦ୍ୱନ୍ଦୀ ସାହିରେ ପହଞ୍ଚିବ, ସେତେବେଳେ ସାହିରେ ଥିବା ପୁଲିସ୍‌ବାଲା ଭଗବାନଙ୍କୁ ପ୍ରାର୍ଥନା କରୁଥିବେ - "ହେ ପ୍ରଭୁ, ଏ ଉତ୍ପାତକୁ ସର୍ବଶୁଭରେ ପାର କରିଦିଅ।" ସେତେବେଳେ ମେଢ ଉପରେ ଢେଲାମାଡ ଏବଂ ତା'ପରେ ଉଭୟ ପକ୍ଷର ଯୁଜୁଧାନ ଥାଟଙ୍କ ମଧ୍ୟରେ ସଂଘର୍ଷ ଏଡ଼ାଇବା ସହଜ ନ ଥିଲା। ଉଭୟ ପକ୍ଷ ଆଗରୁ ପ୍ରସ୍ତୁତ। ମେଢ ତା'ର ପ୍ରତିଦ୍ୱନ୍ଦୀ ସାହିର ଛକରେ ପହଞ୍ଚିବା କ୍ଷଣି ସାଥୀରେ ଥିବା ଏକ ପହିଲମାନ ଲିଜାମ (ଗୋଟିଏ ବାଡି, ଯେଉଁଥିରେ ବହୁତ ଶିକୁଳି ଝୁଲୁଥାଏ ଓ ଫଳତଃ ଉତ୍କଟ ଝମ ଝମ ଶବ୍ଦ କରେ) ଝମ ଝମ କରି ଚାଲେଂଜ୍ ଡାକିବ, "ବୋଲାରେ ଆରେ ଆରେ"। ତା'ର ଉତ୍ତରରେ ଆସିଯିବ ଢେଲା। ତା'ପରେ ଉଭୟ ପକ୍ଷର ଯୁଦ୍ଧ, ଯାହାକୁ କି ପୁଲିସ୍ ନିର୍ଦ୍ଦୟତାର ସହ ଦମନ କରିବ। କିନ୍ତୁ ଅନେକ ସମୟରେ ପୁଲିସ୍ ମଧ୍ୟ ପାରେନାହିଁ। ଯଦି ଆପଣ ପଚାରନ୍ତି, "କିଓ ବାବୁ, ସେ ତ ମେଢ ନେଇ ମେନ୍ ରାସ୍ତାରେ ଯାଉଥିଲେ। ସେଇଟା ତ ସର୍ବସାଧାରଣ ସ୍ଥାନ। ତୁମେ କାହିଁକି ଢେଲା ମାରିଲ?" ଆପଣ ଉତ୍ତର ପାଇବେ, "ସେମାନେ ଆମ ଛାତି ଉପରେ ନାଚିଯିବେ, ଆମେ ସହିଯିବୁ! ଆମେ କ'ଣ ମରଦ ନୋହୁଁ?"

କଟକର ସଂସ୍କୃତି, କଟକର ଭାଷା ହିନ୍ଦୁ ମୁସଲମାନ୍‌ଙ୍କର ମିଳିତ ଚେଷ୍ଟାର

ଫଳ। ସେ ଭାଷା ଅତି ଅଦ୍ଭୁତ। ତା'ର ଓଡ଼ିଆ ଓ ଉର୍ଦ୍ଦୁ ଦୁଇଟା ସଂସ୍କରଣ ଅଛି। ଖାଣ୍ଟି କଟକିଆ ଏକବଚନ ବ୍ୟବହାର କରେନାହିଁ। ମୁଁ ଜାଗାରେ ଆମେ। ତା' ମଧ୍ୟ ପ୍ରାୟ ଉଚ୍ଚାରିତ ହୁଏ 'ହାମେ'– ହିନ୍ଦ-ଉର୍ଦ୍ଦୁର 'ହମ'ର ଓଡ଼ିଆ ସଂସ୍କରଣ। ଅନେକ ସମୟରେ 'ଉ' କାରଟା ଉହ୍ୟ ହୋଇଯାଏ। କଥାରେ ହିନ୍ଦୁସ୍ଥାନୀ ଶବ୍ଦର ବଘାର ଦିଆ ହେଇଥାଏ। ଖାନ୍‌ଦାନୀ କଟକୀ ଓଡ଼ିଆ ଘରେ ଶୁଣିଛି – "ତରକାରିଟାରୁ ବଢିଆ ଖୁସ୍‌ବାଇ ବାହାରୁଛି"– 'ଖୁସବାଇ' ହିନ୍ଦୁସ୍ଥାନୀ 'ଖୁସ୍‌ବୁ' ଅର୍ଥାତ୍ ସୁଗନ୍ଧ। କଟକରେ ଆପଣ ଘରେ ବସିଛନ୍ତି, ଦଳେ ଲୋକ ଆସି ପହଞ୍ଚିଲେ। ଉଦ୍ଦେଶ୍ୟ ପୂଜାଚାନ୍ଦା। ଆପଣଙ୍କୁ ନିଜର ପରିଚୟ ଦେଇ କହିଲେ – "ହମେ ବଜାରୀ ଅଛ।" ମୁଁ ପ୍ରଥମେ ବୁଝିପାରୁ ନ ଥିଲି। କାରଣ ଓଡ଼ିଆରେ 'ବଜାରୀ' ଶବ୍ଦଟାର ଅର୍ଥ ଭଲ ନୁହେଁ। ଏହାକୁ ଏମାନେ ଏତେ ଗର୍ବର ସହିତ କହୁଛନ୍ତି କାହିଁକି ? ପରେ ଜାଣିଲି ଯେ ଖାଣ୍ଟି ଫାରସୀ ଭାଷାରେ ଏହା ଅତ୍ୟନ୍ତ ସମ୍ମାନଜନକ ଶବ୍ଦ ଓ ବ୍ୟବସାୟୀ ଶ୍ରେଣୀକୁ ବୁଝାଏ। ଏଣୁ କଟକିଆ ଏଠି ବଜାରୀକୁ ଓଡ଼ିଆ ଚଢାର୍ଥରେ ନ ନେଇ ଖାନ୍‌ଦାନୀ ଅଭିଜାତ ଫାର୍ସୀ ଅର୍ଥରେ ନେଇଛି। ବାକ୍ୟ ବିନ୍ୟାସଟାକୁ ମଧ୍ୟ ଦେଖନ୍ତୁ। 'ଅଛ' ଟା ପ୍ରକୃତରେ 'ଅଛୁ' । ଉକାର କଟକିଆ ପ୍ରୟୋଗରେ ଉହ୍ୟ। ବାକ୍ୟଟା ହେଲା 'ଆମେ ବଜାରୀ ଅଛୁ'। ଏହା ତ ମୋଟେ ଓଡ଼ିଆ ଶବ୍ଦ ବିନ୍ୟାସ ନୁହେଁ। ଏହା ହିନ୍ଦୁସ୍ତାନୀ "ହମ୍ ବଜାରୀ ହେଁ"ର ଆକ୍ଷରିକ ଅନୁବାଦ।

ଦୁର୍ଗାପୂଜାରେ ସବୁଠାରେ ଦୁର୍ଗାମୂର୍ତ୍ତି ତିଆରି ହୁଏ। କିନ୍ତୁ କଟକରେ ଦୁର୍ଗାମୂର୍ତ୍ତି ଛଡା ମହାଦେବ ମୂର୍ତ୍ତି ତିଆରି କରିବାର ଐତିହ୍ୟ ଅଛି। ସେହି ବିଷୟ ଜଣେ ସାହିବାଲା ଅନ୍ୟ ସାହିବାଲାକୁ କହୁଛି –

"ହାମ୍ ସାହିରେ ଯେମ୍‌ତି ମାଦେବ ବନାଉଛନ୍ତି, କଟକ ସହରରେ ନାହିଁ। ହାମେ ମାନୁଛ, ତମ୍ ସାହିରେ ଭି ବନଉଛ। ତେବେ ହାମ୍ ସାହି ପରି ନାଇଁ, ମାଫିକ୍ ହବନି।"

ମୋର ଏକ ପରିଚିତ ଟୋକା ଉପରେ ଦିନେ ମୁଁ ତା'ର ଦାୟିତ୍ୱହୀନତା ଲାଗି ବିରକ୍ତ ହୋଇଥିଲି। କାରଣ ତା'ର ସେତେବେଳେକୁ ପୁଅଟିଏ ମଧ୍ୟ ହୋଇ ଯାଇଥିଲା। ସେ ଖାଣ୍ଟି କଟକିଆ ଓଡ଼ିଆରେ ଉତ୍ତର ଦେଲା, 'ଆଜ୍ଞା, ହାମେ ସିନା ବାଲୁଙ୍ଗା ହେଇ ଗଲ, ଟୋକାଟାକୁ ବାଗେଇ ଲବାନି!'

ଏହି ଭାଷାରେ ଉର୍ଦ୍ଦୁ ସଂସ୍କରଣ ମଧ୍ୟ ସେହିପରି ବିଚିତ୍ର। 'ଗୟା ଥା', 'ଖାୟା ଥା' ହୋଇଯାଏ, 'ଗଇସ୍', 'ଖାଇସ୍'। ମାନ୍ୟାର୍ଥରେ ହେବ 'ଗଇନ୍', 'ଖାଇନ୍'। ଏହି ଭାଷାକୁ କେତେକ ଅଏନ୍ ଗଏନ୍ ଭାଷା ମଧ୍ୟ କହନ୍ତି – ଅବଶ୍ୟ ଉର୍ଦ୍ଦୁ ଜାଣିବା

ଲୋକେ। ଅଇନ୍ ଗଇନ୍ ହିନ୍ଦୁସ୍ଥାନୀର ଆୟେ ଥେ ଗୟେ ଥେ ର କଟକିଆ ସଂସ୍କରଣ। କିନ୍ତୁ ଅଏନ୍ ଗଏନ୍ ଉର୍ଦ୍ଦୁ ବର୍ଣ୍ଣମାଳାର ଦୁଇଟି ଅକ୍ଷର। କଟକିଆ ଉର୍ଦ୍ଦୁରେ ଅନେକ ଓଡ଼ିଆ ଶବ୍ଦ ମିଶି ଯାଇଥାଏ। କଟକ ଓଡ଼ିଆରେ ମଧ୍ୟ ଆଉ ଏକ ପ୍ରକୃତି ଅଛି। ଲକୁନ୍ କରିବା ଓଡ଼ିଆରେ ସ୍ୱଭାବସିଦ୍ଧ। କିନ୍ତୁ କଟକିଆର ନକଲ କରିବାର ପ୍ରକୃତି। ତା'ଛଡା ନକାରାନ୍ତ ଶବ୍ଦରେ ମଝିରେ ହଲନ୍ତ ଲଗାଇ ଦେବା। ଯେପରି ପବନ ହେଲା ପବନ୍, ଜୀବନ ହେଲା ଜିବ୍‌ନ।

କଟକିଆର ପ୍ରକୃତ ନାଗରିକ ସ୍ୱଭାବ। ଏକରେ ସେ ସୌଖୀନ୍ ମିଜାଜର ଲୋକ ଏବଂ ଖେଳୁଆଡ ବା ସ୍ପୋର୍ଟସ୍‌ମାନ। ଓଡ଼ିଆ ଭିତରେ ଫୁଟବଲ୍ ସଉକ ହେଉଛି କଟକର। ଫଳତଃ ଅନେକ ଟିମ୍ କଟକରୁ ବାହାରିଛନ୍ତି। ତାକୁ ଛଡନ୍ତୁ। ବୁଲ୍‌ବୁଲ୍, ଗୋବରା ଚଢେଇ, ପାରା ଇତ୍ୟାଦି ପାଳିତ ଏବଂ ତାଙ୍କ ଭିତରେ ପ୍ରତିଯୋଗିତା କରାଇବା କଟକର ମଜ୍ଜାଗତ। ତା'ପରେ ଗୁଡି ଉଡାଇବା ଏବଂ ଖାଣ୍ଟି ସହରିଆ ପରି ବାଜି ଧରିବା। କାରଣ ଏହାଦ୍ୱାରା ପ୍ରତିଯୋଗିତାରେ ଜାନ୍ (ପ୍ରାଣ) ଆସିଯାଏ। ଆଉ ଏକ ପ୍ରକୃତି ଯେ କଟକ ଡେରିରେ ଶୁଏ। ପୁରୁଣା କଟକରେ ସାହିରେ ରସଗୋଲା, କଞ୍ଚାଗୋଲା ବିକିବାକୁ ରାତି ଦଶଟାରେ ମଧ୍ୟ ଫେରିବାଲା ଆସୁଥିଲା। ଦୋକାନ ବଜାର ତ ରାତି ଦଶଟା ଯାଏ ଖୋଲା ରହୁଥିଲା! ଏଣୁ ସନ୍ଧ୍ୟା ଓ ବେଶ୍ ରାତି ଯାକେ ବଜାର ଗରମ, ଲୋକବାକ ଚଳପ୍ରଚଳ ଚାଲିଥାଏ। ଏହି ପ୍ରକୃତି ଏପର୍ଯ୍ୟନ୍ତ କିଛି କିଛି ଅଛି।

ଆଗେ କଟକର ପୁଲିସବାଲାଙ୍କ ପକ୍ଷରେ ଶରତ ଋତୁଟା ଥିଲା ମହା ଭୟର ସମୟ। କାରଣ ସେଥିରେ ଲାଗ ଲାଗ ପଡୁଚି ଦୁର୍ଗା ପୂଜା, କାଳୀ ପୂଜା ଓ ବାଲିଯାତ୍ରା। ସାହି ସାହି ଯୁଦ୍ଧଂ ଦେହି। ବର୍ତ୍ତମାନ ତ ପ୍ରାୟ ସବୁବେଳେ ପୂଜା। ଆଗେ ଗଣେଷ ଓ ସରସ୍ୱତୀ ପୂଜା କେବଳ ସ୍କୁଲ କଲେଜରେ ହେଉଥିଲା, ବର୍ତ୍ତମାନ ତ ସାହି ସାହିରେ। ତା' ଛଡା ବିଶ୍ୱକର୍ମା ପୂଜା, ଖୁଦୁରୁକୁଣୀ ଆଉ କେତେ କ'ଣ। କିନ୍ତୁ କଟକରେ ଅସଲ ପର୍ବ ହେଲା ବାଲିଯାତ୍ରା। ଏହା କଟକର ନିଜର। ସମସ୍ତ ସହରଟା ଗୋଟେ ଫୁର୍ତ୍ତି ବା ପିକ୍‌ନିକ୍ ଲାଗି ବାହାରି ପଡେ। ସେ ଦୋକାନ ବଜାର, ସେ ଜୌଲୁସ୍ ସେ ଚାଟ୍‌ଖିଆ ଆଉ କୌଣସି ପର୍ବରେ ନାହିଁ।

ବାଲିଯାତ୍ରା ପ୍ରକୃତରେ ଡଙ୍ଗାର ପର୍ବ। ବର୍ତ୍ତମାନ ଆମେ ଭୁଲି ଯାଉଛୁ ଯେ କଟକ ଗୋଟିଏ ବନ୍ଦର। ଠିକ୍ କଥା। ଏହା ସମୁଦ୍ରଗାମୀ ଜାହାଜର ବନ୍ଦର ନୁହେଁ; କିନ୍ତୁ ନଦୀ ଓ କେନାଲର ଏକ ବୁଢୀଆଣି ଜାଲର ମଧ୍ୟ ସ୍ଥଳରେ। କଟକରୁ ମହାନଦୀ ଦେଇ ସୋନପୁର, ସମ୍ବଲପୁର ଓ କେନାଲ ବାଟରେ କୁଜଙ୍ଗ ବତୀଘର। ଆଗେ

(ଉନବିଂଶ ଶତାବ୍ଦୀ) ସେଠାରୁ କଲିକତାକୁ ଜାହାଜ ସର୍ଭିସ ଥିଲା । ଅନ୍ୟାନ୍ୟ କେନାଲ ବାଟେ କେନ୍ଦ୍ରାପଡା ଓ ତା' ଆଗକୁ ଚାନ୍ଦବାଲି ଏବଂ ସେଠାରୁ କଲିକତା । ଯୋବ୍ରାଠାରୁ ମାତାମଠ ପର୍ଯ୍ୟନ୍ତ ମହାନଦୀ କୂଳ ଡଙ୍ଗାରେ ଜମ ଜମାଟ । ଆପଣ ଲାଞ୍ଚ ଅର୍ଥରେ କିଳାପୋତେଇ ଶବ୍ଦ ଅବଶ୍ୟ ଶୁଣିଥିବେ । ଏହାର ବ୍ୟୁତ୍‌ପତ୍ତି ଅତି ଚିତାକର୍ଷକ । ଡଙ୍ଗା ବାନ୍ଧିବାକୁ କୂଳରେ ଗୋଟିଏ କିଳା ପୋତିବା ଦରକାର । ଯଦିଚ ନଈକୂଳ କାହାର ନୁହେଁ, ସେଠି ଦଳେ ଦାଦା ବାହାରି କିଳା ପୋତିବା ପାଇଁ ପଇସା ଅସୁଲ କଲେ । ଯେଉଁଠି ଘାଟର ଇଜରାଦାର ଥିଲେ, ସେମାନେ ମଧ୍ୟ ଡଙ୍ଗା ବାନ୍ଧିବାକୁ ଅଗ୍ରାଧିକାର ଦେବା ପାଇଁ ହାତଗୁଞ୍ଜା ନେଲେ । ଏଣୁ କଟକରେ ସବୁ ବେଆଇନ୍ ପାଉଣା କିଳାପୋତେଇ ନାମରେ ଅଭିହିତ ହେଲା ।

ଏଇ ନଈକୂଳ ସହିତ କଟକବାସୀଙ୍କର ଆଉ ଏକ ବିଚିତ୍ର ଅନୁଷ୍ଠାନ ଜଡିତ । ତାହା ହେଉଛି ନଈବଢି ଦେଖା । ପ୍ରତି ବର୍ଷ ଅତି କମରେ ଥରେ ବଡ ବଢି ଆସେଯାଏ । ସେତେବେଳେ ସାରା କଟକ ସହରର ଆବାଳବୃଦ୍ଧବନିତା କାଠଯୋଡି କୂଳକୁ ମାଡିଆସନ୍ତି । ସାଙ୍ଗେ ସାଙ୍ଗେ ଆସନ୍ତି ଚାଟ୍ ଦୋକାନୀ, ବେଲୁନ୍‌ବାଲା ଇତ୍ୟାଦି । ଏକ ବିରାଟ ସାମୂହିକ ପିକ୍‌ନିକ୍ । ଏହି ବଢି ଯେ କଟକ ସହରକୁ ଭସାଇ ଦେଇପାରେ, ସେ ବିଷୟରେ କାହାର ତିଳେ ହେଲେ ଭ୍ରୁକ୍ଷେପ ନାହିଁ । ଏପରିକି ଯେତେବେଳେ କଟକ ସତରେ ବିପନ୍ନ ହୋଇଥାଏ, ସେତେବେଳେ ମଧ୍ୟ ନୁହେଁ । କଟକ ନାଗରିକଙ୍କର ଦୃଢ ବିଶ୍ୱାସ ଯେ ଯଦି ଅବସ୍ଥା ଅସମ୍ଭାଳ ହୁଏ, ତେବେ ତଳମାଳରେ ସରକାର ରାତିରେ ବନ୍ଧ କାଟି ଘାଇ କରିଦେବ । ମଫସଲିଆ ସିନା ଭାସି ଯିବେ, କଟକ ନିଶ୍ଚୟ ବଞ୍ଚିଯିବ ।

ତେବେ କଟକର ଅବସ୍ଥା ବର୍ତ୍ତମାନ ଆଉ ଭଲ ନୁହେଁ । ଉଚ୍ଚ ସାମାଜିକ ସ୍ତରରେ ଅଧିକାଂଶ ଓଡ଼ିଆ ଭୁବନେଶ୍ୱର ଚାଲି ଗଲେଣି । ହାଇକୋର୍ଟ ଥିବାରୁ ଅବଶ୍ୟ ଆଇନ୍ ବ୍ୟବସାୟ ରହିଛି । କିନ୍ତୁ ତା'ର ବି ତ ସୀମା ଅଛି ! କଟକ କ୍ରମଶଃ କେବଳ ଏକ ବଜାର ହୋଇଯାଇଛି ଏବଂ ସେହି ବଜାରରେ ଓଡ଼ିଶା ପ୍ରାୟ ଅପାଂକ୍ତେୟ । କଟକରେ ଓଡ଼ିଆମାନଙ୍କର ଖାନ୍‌ଦାନୀ ଘର ବିକ୍ରି ହୋଇଯାଇଛି ଏବଂ ତା' କିଣୁଛନ୍ତି ମାରୱାଡୀମାନେ । ଫଳତଃ କଟକଟା କଲିକତା ଗୋଟିଏ ବଡ ବଜାର ପରି ହୋଇ ଆସୁଛି । ଧରନ୍ତୁ କଲିକତା ଯଦି କେବଳ ବଡ ବଜାର ହୋଇଥାଆନ୍ତା ଓ ସେଥିରେ ଶ୍ୟାମ ବଜାର ବା ବାଲିଜଞ୍ଜ ନ ଥାଆନ୍ତା, ତେବେ କଲିକତା କ'ଣ ହୋଇ ଥାଆନ୍ତା ? ତାଙ୍କର ସଂସ୍କୃତିର ପ୍ରଭାବ ଧୀରେ ଧୀରେ ଦେଖାଗଲାଣି ଓ ଆହୁରି ଦେଖାଯିବ । ତୁଳସୀ ରାମାୟଣ ପାରାୟଣ ବେଶୀ ହେଲାଣି । ଉତ୍ତର ଭାରତର ଗୋଟିଏ ଲୋକାଚାର

ହେଲା - ଶ୍ରାବଣ ମାସରେ ଗଙ୍ଗାରୁ ଜଳ ଆଣି ଚାଲି ଚାଲି କୌଣସି ଶିବସ୍ଥାନରେ ଚଢାଇବା। ବର୍ତ୍ତମାନ କାଠଯୋଡି ମହାନଦୀ ଜଳ ଭାର ହୋଇ ଚାଲିଛି ଲିଙ୍ଗରାଜଙ୍କ ଠାକୁ। ଏପରି ଆହୁରି ଅନେକ କିଛି ଘଟିବ। କିନ୍ତୁ କଟକରେ ଯେଉଁ ପରିଚିତ ବା Identity ଥିଲା, ତା କ୍ରମଶଃ ହଜି ଯାଉଛି। ଏପରିକି କଟକ ଆଉ ଓଡ଼ିଶାର ବୃହତ୍ତମ ସହର ନୁହେଁ। ଗତ ଜନଗଣନାରୁ ଜଣାପଡେ ଯେ, କଟକର ଜନସଂଖ୍ୟା ୪୦୨,୩୯୦ - ଯେତେବେଳେ କି ଭୁବନେଶ୍ୱରର ଜନସଂଖ୍ୟା ହେଲା ୪୧୧,୫୪୨। ଭୁବନେଶ୍ୱରକୁ ଅନେକ ଖାନ୍‌ଦାନୀ କଟକିଆ ବାବୁ 'ଗୋଲାମ ନଗର' ବୋଲି କହିବାର ଶୁଣିଛି। କିନ୍ତୁ କଟକ ପ୍ରତି ଯେତେ ମମତା ଥିଲେ ମଧ୍ୟ ମୁଁ ସ୍ୱୀକାର କରିବାକୁ ବାଧ୍ୟ ହେଇଛି ଯେ, ଭବିଷ୍ୟତ ଭୁବନେଶ୍ୱର ହାତରେ। ବଡ ଆଶା ଥିଲା ଯେ ଦିନେ କଟକ ଓ ଭୁବନେଶ୍ୱର ମିଶିଯାଇ ଥାଆନ୍ତା ଏବଂ ଉଭୟ ଗୋଟିଏ ମହାନଗର ବା ମେଟ୍ରୋପଲିସ୍‌ରେ ପରିଣତ ହୋଇଥାଆନ୍ତା। କିନ୍ତୁ ତା'ର ତ ବିଶେଷ ଲକ୍ଷଣ ଦେଖା ନାହିଁ! ବୋଧହୁଏ ତା' ଓଡ଼ିଶା ଭାଗ୍ୟରେ ନାହିଁ। ତେବେ ଏପର୍ଯ୍ୟନ୍ତ ଭୁବନେଶ୍ୱରର ନିଜସ୍ୱ ସଂସ୍କୃତି ବାହାରି ନାହିଁ। ହୁଏତ ସେଥିଲାଗି ଆଉ କେତେକ ଦଶନ୍ଧି ଅପେକ୍ଷା କରିବାକୁ ହେବ।

■

ଆମେରିକା, ଆମେରିକା

ଅନେକ ପ୍ରଶ୍ନ ଉଠାଇ ଥାଆନ୍ତି ଯେ ଆମେରିକା ବିଶ୍ୱ ସଂସ୍କୃତିକୁ ଅବଦାନ କ'ଣ ? କୋକାକୋଲା, ହଟ୍‌ଡଗ୍ ଏବଂ ପରମାଣୁ ବୋମା ଛଡା ଆମେରିକା ଆଉ କିଛି ଦେଇଛି କି ? ଆଜ୍ଞା, ମୋ ପେଟରେ ଏତେ ଇଲମ୍ ନାହିଁ ଯେ ଏପରି ଗୁରୁଗମ୍ଭୀର ବିଷୟରେ ମୁଁ କୌଣସି କଥା କହି ପାରିବି । ମୋର ବିଦ୍ୟା ଠିକ୍ ଶ୍ରୀଅକ୍ଷର । ବରୁଣେଇ ପର୍ବତ ନ ହେଲେ ମଧ୍ୟ ଗର୍ବ କରିବାର ବିଷୟ ମଧ୍ୟ ନୁହେଁ । ତେବେ ପ୍ରଭୁ କୃପାରୁ ଯାହା ଅଭିଜ୍ଞତା ହୋଇଛି ଏବଂ ଯେଉଁସବୁ ଗୁଣୀ, ଜ୍ଞାନୀ ଲୋକଙ୍କର ସଙ୍ଗେ ଏବଂ ଅହେତୁକ ପ୍ରସାଦ ଲାଭ କରିଛି, ତାହା ଉପରେ ନିର୍ଭର କରି ଆପଣମାନଙ୍କ ଆଗରେ କିଛି ପେଶ୍ କରୁଛି । ଗୋଟିଏ ଜିନିଷର ଗ୍ୟାରେଣ୍ଟି ଦେଇପାରେ । ଏହା ପାଣ୍ଡିତ୍ୟପୂର୍ଣ୍ଣ ତଥ୍ୟ ସମ୍ବଳିତ ପ୍ରାମାଣିକ ରଚନା ନୁହେଁ । ପ୍ରଭୁ ମୋତେ ଜ୍ଞାନ ବା ଅଜ୍ଞାତସାରରେ ସେପରି ପାପ କରିବାକୁ ରକ୍ଷା କରନ୍ତୁ । ମୋର ପ୍ରଧାନ ଉଦ୍ଦେଶ୍ୟ ଆପଣଙ୍କର ମନୋରଞ୍ଜନ । ସେଥିରେ ମଧ୍ୟ ଯଦି କିଛି ତତ୍ତ୍ୱ ରହିଥାଏ, ତାହା ଏକାନ୍ତ ଅନିଚ୍ଛାକୃତ ।

ମୋର ଏକ ବନ୍ଧୁ ବିଶ୍ୱବିଦ୍ୟାଳୟରେ ଦର୍ଶନଶାସ୍ତ୍ରର ଅଧ୍ୟାପନା କରେ । ଏଣୁ ଯଦି ତାହା ମୁଣ୍ଡରେ ଦୁଇ ଚାରିଟା ପେଞ୍ଚ ଢିଲା ଥାଏ, ତାହାହେଲେ ଆଶ୍ଚର୍ଯ୍ୟ ହେବାର କଥା ନୁହେଁ; ବରଂ ଏହା ତ ସ୍ୱାଭାବିକ । ତାହାର ଅନ୍ୟାନ୍ୟ ପାଗଳାମୀ ମଧ୍ୟରେ ବର୍ଣ୍ଣାଶ୍ରମ ଧର୍ମରେ ଅଗାଧ ବିଶ୍ୱାସ ଅନ୍ୟତମ । ତାହା ମତରେ ବ୍ରାହ୍ମଣ ଓ କ୍ଷତ୍ରୀୟ ପ୍ରକୃତରେ ଗୋଟିଏ ଜାତି ଏବଂ ତାଙ୍କର କୁଳଧର୍ମ ହେଲା ଅଧ୍ୟୟନ, ଅଧ୍ୟାପନା, ଯୁଦ୍ଧ ଓ ଶାସନ । ଚିକିତ୍ସା ମଧ୍ୟ ଏଥିରେ ସାମିଲ କରାଯାଇପାରେ । ଅନ୍ୟ ସବୁ ଚାକିରି ଯଥା ବ୍ୟାଙ୍କ ଇଂଜିନିୟରିଂ, ଆକାଉଣ୍ଟାନ୍‌ସି, ମ୍ୟାନେଜ୍‌ମେଣ୍ଟ ଇତ୍ୟାଦି ସବୁ ବୈଶ୍ୟବୃତ୍ତି । ଏଣୁ ସେ ସ୍ପଷ୍ଟ କରି ଦେଇଥିଲେ ଯେ ଭବିଷ୍ୟତରେ ତା'ର ପୁଅ ଓ ଜୋଇଁମାନେ ହେବେ ହୁଏତ ଅଧ୍ୟାପକ, ନ ହେଲେ ପ୍ରଶାସନିକ,

ସେନାରେ ଅଫିସର ବା ଅତି କମ୍‌ରେ ଡାକ୍ତର । ଅନ୍ୟ କୌଣସି ଚାକିରୀ ଗ୍ରହଣଯୋଗ୍ୟ ନୁହେଁ । ଫଳତଃ ତା'ର ଗୋଟିଏ ପୁଅକୁ ସେ ସୈନିକ ସ୍କୁଲକୁ ପଠାଇଥିଲା, ଯେ କି ଯଥା ସମୟରେ ନାନାଦି ଟ୍ରେନିଂ ସଂସ୍ଥା ହୋଇ ସେନାରେ କମିଶନ୍ ପାଇଲା । ମୁଁ ସେତେବେଳେ ସିଲିଗୁଡ଼ିରେ ଥାଏ । ତାହାର ପ୍ରଥମ ପୋଷ୍ଟିଂ ଶିଲଂ । ସିଲିଗୁଡ଼ି ତ ସମସ୍ତ ଉତ୍ତର ପୂର୍ବ ଭାରତର ଦ୍ୱାର । ଏଣୁ ବାଟରେ ପଡୁଥିବାରୁ ଦୁଇଦିନ ବ୍ରେକ୍‌ଜର୍ନି କରି ଦେଖାସାକ୍ଷାତ କରିଯିବ ବୋଲି ସେ ଏଠି ଓହ୍ଲାଇଲା ।

କୁଶଳକାମ ପ୍ରଶ୍ନୋତ୍ତର ପରେ ସେ ଅତି ଗର୍ବର ସହିତ କହିଲା, "ମଉସା, ମୁଁ ଫାଇଭ୍ ଗୋରଖା ରାଇଫଲସ୍‌ରେ ଜଏନ୍ କରୁଛି ।" ଗର୍ବର କାରଣ ଅବଶ୍ୟ ଅଛି । ଏହା ଭାରତୀୟ ସେନାର ଏକ ଅତି ପ୍ରସିଦ୍ଧ ପଦାତିକ (Infantry) ରେଜିମେଣ୍ଟ୍ । ମୁଁ ପଚାରିଲି, 'ଅଭିଜିତ୍, ରାଇଫଲସ୍ ମାନେ କ'ଣ ? ସେନାରେ ତ କେହି ଠୁସା ବନ୍ଧୁକ ବ୍ୟବହାର କରନ୍ତି ନାହିଁ । ପୁଲିସ୍ ମଧ୍ୟ ରାଇଫଲ୍ ବ୍ୟବହାର କରେ ।' ସେ କହିଲା, "ନାହିଁ ମଉସା ଏହା ଗୋଟିଏ ନାଁ, ଯାହାକି ପ୍ରସିଦ୍ଧ ପଦାତିକ (Infantry) ରେଜିମେଣ୍ଟ୍‌ମାନଙ୍କୁ ଦିଆଯାଏ । ଆମର ଡ୍ରେସ୍ ସବୁ ସବୁଜ ଏବଂ କଳା । ଏପରିକି ରାଙ୍କବ୍ୟାଜ ମଧ୍ୟ କଳା ହୁଏ ।" ଏହିପରି ଆଉ ବହୁତ କଥା ବଖାଣିଲା । ଫଳତଃ ମୋର କୌତୂହଳ ବୃଦ୍ଧି ହେଲା ଏବଂ ମୋର ଗବେଷଣା ଫଳରେ ମୁଁ ଭାରତର ଆମେରିକା ସାଥୀରେ ଏକ ଅଦ୍ଭୁତ ଓ ଅପ୍ରତ୍ୟାଶିତ ସମ୍ପର୍କ ଆବିଷ୍କାର କଲି ।

ରାଇଫଲସ୍ ରେଜିମେଣ୍ଟ୍ ବା ଲାଇଟ୍ ଇନ୍‌ଫାଣ୍ଟ୍ରି ରେଜିମେଣ୍ଟ୍ ଆମେରିକାର ଅବଦାନ ଏବଂ ଏହି ନାମ ପଛରେ ଅନେକ ଇତିହାସ, ଅନେକ ସମାଜତତ୍ତ୍ୱ ଏବଂ ଅନେକ ଅଶ୍ରୁ ଲୁକ୍‌କାୟିତ । ଆମେରିକାର ଆଦିମ ଅଧିବାସୀ, ଯାହାଙ୍କୁ ରେଡ୍ ଇଣ୍ଡିଆନ୍ କୁହାଯାଏ, ବହୁତ ରକ୍ତ ଏବଂ ବହୁତ ଲୁହ ଢାଳିଛନ୍ତି । ପ୍ରଥମେ ତ ଜାହାଜ ବୋଝେଇ ଉପନିବେଶକାରୀ ଆମେରିକାର ପୂର୍ବ ଉପକୂଳରେ ପହଞ୍ଚିଥିଲେ । ତାହାପରେ ସେଠାରେ ଆଦିମ ଅଧିବାସୀଙ୍କ ସହ ଯାହା ବ୍ୟବହାର କଲେ, ତାହାଠାରୁ ବେଶୀ ବେଦନାଦାୟକ ଓ କଳଙ୍କମୟ ଅଧ୍ୟାୟ ମାନବ ଇତିହାସରେ ଅଛି କି ନାହିଁ ସନ୍ଦେହ । ଏକ ପ୍ରକାର ପାଇକାରୀ ନରସଂହାର ଚାଲିଲା । ସେତେବେଳେ ଆମେରିକାର ଗୋରାମାନେ କହୁଥିଲେ "A good Indian is a dead Indian." ହେଲେ ଧର୍ମ ସହିଲାନି । ଆଦିବାସୀ ଗଣ କୂଳରୁ ଦୂରକୁ ଏବଂ ଗଭୀର ଅରଣ୍ୟ ମଧ୍ୟକୁ ଚାଲିଗଲେ । ସେଠି ଯଦିଚ କୃଷିର ସମ୍ଭାବନା କମ, ତଥାପି ସେହି ଜଙ୍ଗଲ ସବୁ କୋକି ଶିଆଳି, ଓଧ ଓ ଅନ୍ୟାନ୍ୟ ଜାତିର ଜନ୍ତୁ ଦ୍ୱାରା ପୂର୍ଣ୍ଣ । ସେହି ଜନ୍ତୁମାନଙ୍କ ଶରୀରରେ ଘନ ଓ ନରମ ଲୋମ ଏବଂ ସେହି ଲୋମ ଦରକାର ୟୁରୋପର ଆଭିଜାତ୍ୟ ମହଲର

ଫେଶନେବଲ୍ ମହିଳାମାନଙ୍କର ଓ ସେଥିଲାଗି ସେମାନେ ଚଢା ଦାମ୍ ଦେବାକୁ ପ୍ରସ୍ତୁତ। ଏଣୁ କେତେକ ଗୋରା ଆଦିବାସୀମାନଙ୍କ ସହ ମିଶି ଏହି ଲୋମ ବା Furର ବ୍ୟବସାୟ ଆରମ୍ଭ କଲେ। ଦାମ୍‌ରେ ଦେଲେ ବନ୍ଧୁକ। ତାହାଦ୍ୱାରା ଶିକାରର ସୁବିଧା ତ ହେଲା, ତାହା ଛଡା ସେମାନେ ଔପନିବେଶମାନଙ୍କର ମୁକାବିଲା କରିବାକୁ କେତେଟା ସମର୍ଥ ହେଲେ।

କିଛିଦିନ ପରେ ଉତ୍ତର ଆମେରିକାରେ ଇଂଲଣ୍ଡ ଓ ଫ୍ରାନ୍‌ସ ମଧ୍ୟରେ ଯୁଦ୍ଧ ଲାଗିଗଲା। ଉଭୟପକ୍ଷ ଏହି ଆଦିବାସୀ ଓ ୟୁରୋପୀୟ ଶିକାରୀମାନଙ୍କୁ ବ୍ୟବହାର କଲେ। ତାଙ୍କର କାମ ହେଲା ଗୁପ୍ତରେ ଯାଇ ଶତ୍ରୁ ଛାଉଣି ଉପରେ ଆକ୍ରମଣ କରିବା। ଏହି ସେନାମାନଙ୍କୁ 'ରାଇଫଲସ୍' କୁହାଗଲା।

ଏମାନେ ସାଧାରଣ ବନ୍ଧୁକ ବା ମସ୍‌କେଟ୍ ବ୍ୟବହାର ନ କରି ରାଇଫଲ୍ ବ୍ୟବହାର କରୁଥିଲେ। ପାଠକ ହୁଏତ ତାଙ୍କ ଶିକାରୀ ସାଙ୍ଗମାନଙ୍କ ଠାରୁ ଶୁଣିଥିବେ ଯେ ତାଙ୍କ ବନ୍ଧୁକ 'Twelve Boxe'. ଏପରି ବନ୍ଧୁକ ସାଧାରଣ ଶିକାର ଲାଗି ବ୍ୟବହାର କରାଯାଏ। ଏହାର ନଳ ମସୃଣ। କିନ୍ତୁ ଏ ବନ୍ଧୁକର ଗୁଳି ବେଶୀ ଦୂର ଯାଇପାରେ ନାହିଁ। ହାତୀ, ଅରଣା ମଇଁଷି ପରି ବଡ ଓ ଶକ୍ତିଶାଳୀ ଶିକାର ଲାଗି ଏହା ବ୍ୟବହାର କରିବାକୁ ହୁଏ। ରାଇଫଲ୍‌ର ନଳୀ ଭିତରେ ଏପରି ନାଳୀ କଟା ହୋଇଥାଏ ଯେ ଗୁଳି ବୁଲିବୁଲି ଅତ୍ୟନ୍ତ ବେଗରେ ବାହାରେ ଏବଂ ବହୁଦୂର ଯାଏ। ସେତେବେଳେ ପଦାତିକ ସେନା ସାଧାରଣ ବନ୍ଧୁକ ବା ମସ୍‌କେଟ୍ ବ୍ୟବହାର କରୁଥିଲେ। ସେମାନଙ୍କ ପୋଷାକ ଥିଲା ଲାଲ୍। କିନ୍ତୁ ରାଇଫଲ ବାହିନୀର ପୋଷାକ ଥିଲା ସବୁଜ। ସେମାନଙ୍କ ଡ୍ରିଲ୍ ଭିନ୍ନ ଥିଲା। ସେମାନେ ଖୁବ୍ ଶୀଘ୍ର ଶୀଘ୍ର ଚାଲୁଥିଲେ। ବର୍ତ୍ତମାନ ସେ ସବୁ ଫରକ୍ ଆଉ ନାହିଁ। ତେବେ ନାଁଟା ବଜାୟ ରହିଛି। ଭାରତ ସହିତ ଆମେରିକାର ଏହା ଏକ ଲୋକଲୋଚନରୁ ଗୁପ୍ତ ରହିଯାଇଥିବା ଯୋଗ ସୂତ୍ର, କାରଣ ଭାରତୀୟ ସେନାରେ ଅନେକ ରାଇଫଲ୍ ବାହିନୀ।

ଏକା ଭାରତକୁ ନୁହେଁ, ସମଗ୍ର ବିଶ୍ୱକୁ ଆମେରିକାର ଏକ ଅବଦାନ ହେଲା ଅଶ୍ୱାରୂଢ କାଓ ବଏ (cow boy) ଏବଂ ଅକାରଣରେ ଢିଷୁମ୍ ଢିଷୁମ୍। କିନ୍ତୁ ଆମେରିକାର ଏହି ଅଶ୍ୱାରୋହୀ ଏବଂ ତା'ର ଅଶ୍ୱର ଇତିହାସର ଅଧ୍ୟାୟ ଅତ୍ୟନ୍ତ ଚିତାକର୍ଷକ। ଯୁଦ୍ଧରେ ଘୋଡା ଆଦିମକାଳରୁ ବ୍ୟବହୃତ ହୋଇ ଆସୁଛି। କିନ୍ତୁ ଆମେରିକାରେ ଆଗରୁ ଘୋଡା ନ ଥିଲା। ତାହା ୟୁରୋପୀୟମାନେ ଆଣିଥିଲେ। ପ୍ରଥମେ ତ ଆଦିବାସୀମାନେ ଅଶ୍ୱାରୂଢ ମନୁଷ୍ୟକୁ ଦେବତା ବୋଲି ଭାବିଥିଲେ। କିନ୍ତୁ ଶୀଘ୍ର ସେ ଭ୍ରମ ଦୂର ହୋଇଗଲା। ଉତ୍ତର ଆମେରିକାର ମଧ୍ୟବର୍ତ୍ତୀ ଅଞ୍ଚଳ ଏକ

ବିରାଟ ସମତଳ ଭୂମି। ଏହି ଅଞ୍ଚଳ ପୃଥିବୀ ମଧ୍ୟରେ ପଶୁପାଳନ ଲାଗି ବୋଧହୁଏ ସବୁଠାରୁ ଉପଯୁକ୍ତ ସ୍ଥାନ। କିନ୍ତୁ ଉତ୍ତର ଆମେରିକାରେ କୌଣସି ଗୃହପାଳିତ ପଶୁ ନ ଥିଲେ। ଗାଈ, ଛେଳି, ମେଣ୍ଢା ଓ ଘୋଡା ଅପରିଚିତ। କିନ୍ତୁ ଘୋଡା ଆସିବା ପରେ ସମସ୍ତଙ୍କ ଜୀବନ ଅଦ୍ଭୁତ ଭାବେ ପରିବର୍ତ୍ତିତ ହୋଇଗଲା। ଯେଉଁ ୟୁରୋପୀୟମାନେ ହଜାର ହଜାର ବର୍ଷ ଧରି ଗ୍ରାମରେ ରହି କୃଷିକର୍ମ କରି ଆସୁଥିଲେ, ସେମାନେ ପାଲଟିଗଲେ ଯାଯାବର। ଗାଈଗୋଠ ପଛରେ ଘୋଡାରେ ଚାଲିଲେ, ଶୋଇଲେ ମୁକ୍ତଆକାଶ ତଳେ। ପରସ୍ପରର ଗୋଠରୁ ଗୋରୁ ଚୋରି ଏବଂ ଢୋ-ଢୋ, ଢିଷୁମ୍-ଢିଷୁମ୍ ଏବଂ ଜହ୍ନ ରାତିରେ ମୁକ୍ତ ଆକାଶ ତଳେ ଗିଟାରର ଟୁଂ ଟୁଂ। ଅଦେଖା ମେରୀଆନ୍ ପ୍ରତି ପ୍ରଣୟ ନିବେଦନ, ଏହି କାଓ ବଏ ଗୀତିକା (Ballad) ଅନେକ ସମୟରେ ଅତ୍ୟନ୍ତ ଭାବମୟ। ପ୍ରକୃତି ସଙ୍ଗେ ଏକ ଗଭୀର ଅନ୍ତରଙ୍ଗତା, ମାନବିକ ସ୍ୱାଧୀନତା ବିଷୟରେ ସଚେତନତା ଏବଂ ଭାବପ୍ରକାଶରେ ଏକ ମଧୁର ସାରଲ୍ୟ ଏଥିରେ ଦେଖାଯାଏ। ସତେ ଯେପରି ୟୁରୋପର ଗ୍ରାମର ସାଁବାଲୁଆ ପୋକ ଟେକ୍ସାସ୍‌ର ଓ କୋଲୋରାଡୋର ଗୋଚାରଣ ଭୂମିରେ ଏକ ବର୍ଣ୍ଣାଢ୍ୟ ପ୍ରଜାପତିରେ ପରିଣତ ହେଲା। ଯାଯାବର ପଶୁପାଳକ ଆସ୍ତେ ଆସ୍ତେ ସ୍ଥାୟୀ ଗ୍ରାମବାସୀ କୃଷକ ହେବାର ଦୃଷ୍ଟାନ୍ତ ତ ଅନେକ। କିନ୍ତୁ ଆମେରିକାରେ ଏହାର ଓଲଟା ହେବାର ଦୃଷ୍ଟାନ୍ତ ତ ଅନେକ।

କିନ୍ତୁ କେବଳ ୟୁରୋପୀୟ ଔପନିବେଶିକ ନୁହେଁ, ଆଦିବାସୀ ମଧ୍ୟ ଘୋଡା ଚଢା ଶିଖିଗଲା ଏବଂ ତା'ର ଜୀବନ ମଧ୍ୟ ସମ୍ପୂର୍ଣ୍ଣ ବଦଳିଗଲା। ଆମେରିକାର ତୃଣ ଭୂମିରେ ପ୍ରଚୁର ଜନ୍ତୁ ଥିଲେ। ସେମାନଙ୍କ ମଧ୍ୟରେ ଅରଣା ମଇଁଷି ଓ ହରିଣ ପ୍ରଧାନ। ଏମାନଙ୍କୁ ଶିକାର କରି ଅନେକ ଆଦିବାସୀ-ଉପଜାତି ବଞ୍ଚୁଥିଲେ। କିନ୍ତୁ ଏମାନେ ପାଦରେ ଚାଲି ଚାଲି ଶିକାର କରୁଥିଲେ। ଘୋଡା ପାଇବା ପରେ ଏମାନଙ୍କର ଶିକାରର ସୁବିଧା ତ ହେଲା; ତା'ଠାରୁ ବଡ କଥା, ସେମାନେ ତାଙ୍କ ସ୍ୱାଧୀନତା ଫେରି ପାଇଲେ। ଘୋଡା ଓ ବନ୍ଧୁକ ଥିବାରୁ ବହୁକାଳ ଯାଏ ଏମାନେ ୟୁରୋପୀୟ ଔପନିବେଶିକ ପଶୁ ପାଳକ କାଓ ବଏ ସହିତ ଲଢି ଆସିଲେ। ଏହାଦ୍ୱାରା ଏମାନେ ପ୍ରାୟ ଦୁଇଶହ ବର୍ଷ ପର୍ଯ୍ୟନ୍ତ ନିଜର ସ୍ୱାଧୀନତା ରକ୍ଷାକରି ପାରିଥିଲେ। କାଓ ବଏ ଏବଂ ରେଡ୍ ଇଣ୍ଡିଆନମାନଙ୍କର ଦୀର୍ଘକାଳ ସ୍ଥାୟୀ ସଂଘର୍ଷ ଅନେକ ବହି, ଅନେକ ଗୀତ ଓ ଅନେକ ଚଳଚ୍ଚିତ୍ରକୁ ଜନ୍ମ ଦେଇଛି। ଏ ସବୁ କଳାକୃତିକୁ ସାଧାରଣତଃ Western କୁହାଯାଏ। ଆଦିବାସୀମାନେ ଊନବିଂଶ ଶତାବ୍ଦୀର ଶେଷଭାଗ ପର୍ଯ୍ୟନ୍ତ ଲଢି ଚାଲିଥିଲେ। ସେ ହାରି ନ ଥାନ୍ତେ, ଯଦି ଘୋଡାମାନେ ହାରି ନ ଥାନ୍ତେ।

ଘୋଡାକୁ ରେଳଗାଡି ହରାଇ ଦେଲା। ରେଳଗାଡି ଦ୍ୱାରା ପ୍ରଚୁର ପଦାତିକ ସୈନ୍ୟ ଆଣିହେଲା, ତୋପର ବ୍ୟବହାର କରିହେଲା। ଘୋଡାର ମଧ୍ୟ ଅନ୍ୟ ପଶୁଙ୍କ ପରି ପାଣି ଦରକାର। ପାଣିକୁ ଆସିବାର ରାସ୍ତା ବନ୍ଦ କରିହେଲା। ଏଣୁ ଅଶ୍ୱାରୋହୀ ଆଦିବାସୀ ଯୋଦ୍ଧାର ସମୟ ସରିଲା। କିନ୍ତୁ ଆଦିବାସୀ ରେଡ୍ ଇଣ୍ଡିଆନ୍ ବୀରତ୍ୱରେ ହେଳା କରିନାହିଁ। ରେଡ୍ ଇଣ୍ଡିଆନ୍ ଯୁବକକୁ କୁହାଯାଉଥିଲା Brave ବା ସାହସୀ।

ସେହି ବ୍ରେଭ୍ ସିନା କାଓ ବଏ ସାଥୀରେ ଲଢି ପାରୁଥିଲେ; କିନ୍ତୁ ପୁଞ୍ଜିପତି, ତା'ର ରେଳଗାଡି, ତା'ର କଳ-କାରଖାନା ସାଥୀରେ ଲଢିବାର ସମ୍ଭାବନା ନ ଥିଲା। କ୍ରମଶଃ ମଧ-ଆମେରିକାର ସମତଳ ଭୂମିରୁ ସେମାନେ ବିତାଡିତ ହେଲେ ଏବଂ ପାର୍ବତ୍ୟ ଓ ମରୁଭୂମି ଅଞ୍ଚଳରେ ଏକପ୍ରକାର କଇଦି ହୋଇ ରହିଗଲେ। ଏମାନଙ୍କ ରହିବା ସ୍ଥାନକୁ କୁହାଯାଏ Reservation। ଫଳତଃ ଏମାନଙ୍କ ସଂଖ୍ୟା ମଧ୍ୟ କମିଗଲା। ଏବେ କେବଳ ଏକପ୍ରକାର ପର୍ଯ୍ୟଟକଙ୍କ ଦର୍ଶନୀୟ ଜୀବ ଭାବେ ସେମାନେ Tourist Attraction ହୋଇ ରହିଛନ୍ତି।

ଆଗରୁ କହିଛି ଯେ ଏହି କାଓ ବଏ ଜୀବନ ମଧ୍ୟରୁ ବହୁ ମଧୁର ଗୀତ ଜନ୍ମ ନେଇଛି। ସେଥିରୁ ସେ ଜୀବନର ସ୍ୱାଦ ମିଳେ। ଏହିପରି ଗୋଟିଏ ଗୀତର ଓଡ଼ିଆ ଅନୁବାଦ ଦେଇ ଶେଷ କରୁଛି -

ବାୟୁର ଗୀତିକା (Wind Song)
"ବାୟୁ ଧରିତ୍ରୀ ମାତାର ମୃଦୁଭାଷା
ବାୟୁ ଆକାଶ ପିତାର ହାତର ସ୍ପର୍ଶ।
ବାୟୁ ଦେଖୁଛି ଆମର ସଂଘର୍ଷ ଓ ଆନନ୍ଦ
ବାୟୁ ସୁସମ୍ବାଦ ଓ ଦୁସମ୍ବାଦର ବାହକ।
ବାୟୁ ଆଣେ ବୃଷ୍ଟି ଓ ତାହା ପରେ ଆଙ୍କିଦିଏ
ଆକାଶରେ ଇନ୍ଦ୍ରଧନୁ
ବାୟୁ ହିଁ ସୃଷ୍ଟିର ପ୍ରଥମ ଗାୟକ।"

ଗୌରୀପୁରର ହଜରତ

ଅନେକ ଦିନ ତଳର କଥା। ଓଡ଼ିଶାର ଗଡଜାତ ଅଞ୍ଚଳର ଗୋଟିଏ ଅଧା ସହର, ଗୌରୀପୁର। ଶାନ୍ତ ପରିବେଶ। ଜୀବନ ତା'ର ଗତାନୁଗତିକ ପଥରେ ଗଡି ଚାଲିଥାଏ। ନିୟମ ମୁତାବକ ମଙ୍ଗଳବାର ଓ ଶନିବାର ଦିନ ହାଟ ବସେ। ସେଦିନ ମଧ୍ୟ ନିୟମ ମୁତାବକ କିଛି ପରିମାଣରେ ଦଙ୍ଗା-ହଙ୍ଗାମା ହୁଏ। କାରଣ ହାଟ ପାଲି ଦିନ ଭାଟିରୁ ସାଙ୍ଗସାଥୀଙ୍କ ମେଳରେ ମାଲପାଣି ଖାଇ ନିଜ ବ୍ୟକ୍ତିତ୍ୱର ବିକାଶ କରିହୁଏ। ଯେହେତୁ ସମସ୍ତେ ନିଜ ନିଜ ବ୍ୟକ୍ତିତ୍ୱର ବିକାଶ ପ୍ରତି ଏକାଗ୍ରଚିତ୍ତ, ଏଣୁ ନାନା ମତବାଦର ସଂଘର୍ଷ ଓ ଦଙ୍ଗା। କିନ୍ତୁ ସନ୍ଧ୍ୟା ସୁଦ୍ଧା ସବୁ ଠିକ୍ ହୋଇ ଯାଏ। ମାରୁଆଡୀ ଓ ଗୁଜୁରାଟୀ ବ୍ୟବସାୟୀମାନେ ସବୁବେଳେ ବଜାର ମାନ୍ଦା କଥା କହୁଥିବା ସତ୍ତ୍ୱେ ବେଶ୍ ଚେର ମାଡି ବସିଥାନ୍ତି। ମାରୁଆଡୀମାନେ ହିନ୍ଦୁ ଓ ଗୁଜୁରାଟୀମାନେ ମୁସଲମାନ୍। ତା'ଛଡା ମଧ୍ୟପ୍ରଦେଶରୁ ଆସି କେତେ ଘର ମୁସଲମାନ୍ ମଧ୍ୟ ଥିଲେ, ଯେଉଁମାନଙ୍କ ମାତୃଭାଷା ଉର୍ଦ୍ଦୁ। ସେମାନେ ନାନା ପ୍ରକାରର କାରିଗର ଓ ଚମଡା ବ୍ୟବସାୟୀ। ମୁସଲମାନ୍ଙ୍କ ସଂଖ୍ୟା ଅତି କମ୍ ଓ ସେମାନଙ୍କର ହିନ୍ଦୁମାନଙ୍କ ସହିତ ସମ୍ପର୍କ ଅତି ସୌହାର୍ଦ୍ଦ୍ୟପୂର୍ଣ୍ଣ। ଏପରି ଗୁଜବ ଶୁଣା ଯାଉଥିଲା ଯେ ମୁସଲମାନ୍‌ମାନେ ଗୋରୁ ଖାଆନ୍ତି। କିନ୍ତୁ ଗୌରୀପୁରର କୌଣସି ମୁସଲମାନ୍‌ର ଗୋମାଂସ ଭକ୍ଷଣର କୌଣସି ଉଦାହରଣ ନ ଥିଲା। ଏଣୁ ଏ କଥାକୁ କେହି ବିଶ୍ୱାସଯୋଗ୍ୟ ବୋଲି ମନେକରୁ ନ ଥିଲେ। ଉର୍ଦ୍ଦୁଭାଷୀ ମୁସଲମାନ୍ଙ୍କ ଠାରୁ ବେଳେବେଳେ ଶୁଣା ଯାଉଥିଲା ଯେ ଗୁଜୁରାଟୀ ମୁସଲମାନ୍ ଖାଣ୍ଟି ନୁହନ୍ତି। କାରଣ ସେମାନେ ଆଗା ଖାଁଙ୍କ ଭକ୍ତ। କିନ୍ତୁ ଏ ବିଷୟରେ କେହି ଅମୁସଲମାନ୍ କୌଣସି ଉତ୍ସୁକତା ଦେଖାଉ ନ ଥିଲେ। କାରଣ ସବୁ ଖାଁ ତ ଖାଁ। ତା' ଛଡା ଜଣେ କାବୁଲବାଲା ଥିଲା। ତା'ର ବ୍ୟବସାୟ ହେଲା ଟଙ୍କା ଧାରଦେବା ଓ ସୁଧ ଅସୁଲ କରିବା। ଯଦିଚ ତା'ର ସୁଧହାର ଖୁବ୍ ଚଢା, ତଥାପି

ଅନ୍ୟ ମହାଜନଙ୍କଠାରୁ ଖୁବ୍ ବେଶୀ ନୁହେଁ। ସେ ଏଠାରେ ଏକ ସ୍ତ୍ରୀକୁ ବିବାହ କରି ରହୁଥିଲେ।

ଏକ ଶାନ୍ତ ପୁଷ୍କରିଣୀରେ ଟେକାଟିଏ ପଡିଲା ପରି ଦିନେ ହଠାତ୍ ଏକ ମୌଲାନାଙ୍କ ଆବିର୍ଭାବ। ବିରାଟ ବପୁ, ପ୍ରାୟ ଛ'ଫୁଟ ଉଚ୍ଚା। ମୁଣ୍ଡରେ ହାତେ ଉଚ୍ଚ ପଗଡି, ଅବକ୍ଷ ଲମ୍ବିତ ନାଲି ଦାଢି, କିନ୍ତୁ ନିଶ ନାହିଁ। ଆଣ୍ଠୁ ପର୍ଯ୍ୟନ୍ତ ପଡୁଥିବା କୁରୁତା, ପିଠିରେ ଏକ ଜବର ଗଣ୍ଠିଲା। ଏକ ହାତରେ ଢାଳ ଓ ଅନ୍ୟ ହାତରେ ବିରାଟ ଠେଙ୍ଗା। ବସ୍‌ଷ୍ଟାଣ୍ଡ ପାଖରେ ଗୋଟିଏ ଚାନ୍ଦିନୀ ବନ୍ଧେଇ କୂଅ। ଜଣେ ସ୍ତ୍ରୀ ଲୋକ ପାଣି କାଢୁଥିଲା। ମୌଲାନା ତାକୁ ବିଶୁଦ୍ଧ ଉର୍ଦ୍ଦୁରେ ପାଣି ମାଗିଲେ। ସେ ସ୍ତ୍ରୀ ଲୋକଟା କଥା ନ ବୁଝିଲେ ମଧ୍ୟ ଢାଳ ଦେଖେଇବାରୁ ପାଣି ଭରିଦେଲା। ମୌଲାନା ଗୋଡହାତ ଧୋଇ ଚାନ୍ଦିନୀ ଉପରେ ଠିଆ ହୋଇ କାନରେ ହାତ ଦେଇ ଉଚ୍ଚସ୍ୱରରେ ଚିତ୍କାର କଲେ। ଏହାକୁ ପ୍ରକୃତରେ 'ଆଜାନ୍' କୁହାଯାଏ। ଏହା ମୁସଲମାନ୍‌ମାନଙ୍କୁ ନମାଜ ପଢିବାକୁ ଡାକ। ଏହି ଡାକ ସାଧାରଣତଃ ମସ୍‌ଜିଦ୍‌ର ମୀନାର ଉପରୁ ଦିଆଯାଏ। ଗୌରୀପୁରରେ ଅବଶ୍ୟ ଏକ ମସଜିଦ୍ ଥିଲା। କିନ୍ତୁ ସେଠି କେହି ନିୟମିତ ଲୋକ ନ ଥିଲେ। ଶୁକ୍ରବାର ଦିନ ମୁସଲମାନ୍‌ମାନେ ସେଠାକୁ ଯାଆନ୍ତି। କିନ୍ତୁ ଆଜିର ଏ ପ୍ରକାର ଡାକ ଗୌରୀପୁରର ଜନସାଧାରଣ ଆଗରୁ ଶୁଣି ନ ଥିଲେ - ବିଶେଷ କରି ବସ୍‌ଷ୍ଟାଣ୍ଡ ଭଳି ଜାଗାରେ। ଏଣୁ ତାମସା ଦେଖିବାକୁ ବେଶ୍ କିଛି କୌତୁହଳୀ ଜନତା ଏକାଠି ହୋଇଗଲା। ଆଉ କୌଣସି ମୁସଲମାନ୍ ଆସିଲେ ନାହିଁ। କାରଣ ସେମାନେ କାମ ଧନ୍ଦାରେ ବ୍ୟସ୍ତ। ଏଣୁ ଅଗତ୍ୟା ମୌଲାନା ଏକାକୀ ନମାଜ ପଢିଲେ। ଦେଖଣାହାରୀ ତ ଆଗରୁ କେହି ନମାଜ ପଢୁଥିବା ଦେଖି ନ ଥିଲେ। ଏଣୁ ସେମାନେ ଖୁବ୍ ଆଗ୍ରହର ସହିତ ଦେଖୁଥିଲେ ମୌଲାନା ସାହେବ କିପରି ବାରମ୍ବାର ଠିଆ ହେଉଛନ୍ତି, ଆଣ୍ଠୁମାଡି ବସୁଛନ୍ତି ଓ ମୁଣ୍ଡିଆ ମାରୁଛନ୍ତି। ଜଣେ ଦେଖଣାହାରୀ ଅନ୍ୟ ଜଣଙ୍କୁ ପଚାରିଲା, "କ'ଣ କରୁଛେ ହୋ?"ଅନ୍ୟ ଜଣକ ବିଜ୍ଞ ଲୋକ ପରି ଉତ୍ତର ଦେଲା, "ଆଲ୍ଲା କେ ଜୁହାର କରୁଛେ।" ପ୍ରଥମ ଜଣକ ସନ୍ତୁଷ୍ଟ ହୋଇ ଉତ୍ତର ଦେଲା, "ହଏ ତେନେ।"

ନମାଜ ସରିଲା। ମୌଲାନା ବଜ୍ରଗମ୍ଭୀର କଣ୍ଠରେ ଘୋଷଣା କଲେ, "ମସ୍‌ଜିଦ୍ କାହାଁ ହୈ?" ସମସ୍ତେ ପରସ୍ପର ମୁହଁକୁ ଚାହୁଁଛନ୍ତି। ମସ୍‌ଜିଦ୍ କଥାଟା ସହିତ ସମସ୍ତେ ଅପରିଚିତ। ଲୋକମୁଖରେ ଉକ୍ତ ସ୍ଥାନ 'ଆଲ୍ଲାଘର' ବୋଲି ପ୍ରଚାରିତ। ହଠାତ୍ ଲାଏକ ଅଲି ଡ୍ରାଇଭର ଆସୁଥିଲେ। ସେ ମୌଲାନାଙ୍କୁ ନେଇଗଲେ। ମୌଲାନା ରହିଲେ ମସ୍‌ଜିଦ୍‌ରେ। ସବୁ ମୁସଲମାନ୍‌ଙ୍କ ଘରୁ ଖାଇବାକୁ ଆସି ଯାଉଥିଲା। ବର୍ତ୍ତମାନ

ସେ ମସ୍‌ଜିଦ୍‌ରେ ପାଞ୍ଚ ଥର ଆଜାନ ଦିଅନ୍ତି। ଅନ୍ୟ ସମୟରେ ବଜାରରେ ବୁଲୁଥାନ୍ତି। ବସ୍‌ଷ୍ଟାଣ୍ଡ ପାଖ କୂଅ ଚାନ୍ଦିନୀ ଉପରେ ଛିଡା ହୋଇ ଉର୍ଦ୍ଦୁ ବକ୍ତୃତା ଦିଅନ୍ତି, ଯାହା ଅବଶ୍ୟ କେହି ବୁଝି ପାରେ ନାହିଁ। କିନ୍ତୁ ତାଙ୍କ ଅଙ୍ଗଭଙ୍ଗୀ ଓ ବିଚିତ୍ର ଉଚ୍ଚାରଣ ଜନସାଧାରଣଙ୍କୁ ଆକୃଷ୍ଟ କରୁଥିଲା। ମୌଲାନା ହୁଏତ ଭାବୁଥିବେ ଯେ ସେ ଇସ୍‌ଲାମ୍‌ର ପବିତ୍ର ବାର୍ତ୍ତା ପ୍ରଚାର କରୁଛନ୍ତି। ଖୁବ୍‌ଶୀଘ୍ର ଛତରା ଟୋକାମାନେ ଆବିଷ୍କାର କଲେ ଯେ ମୌଲାନା ଅତ୍ୟନ୍ତ ଚିଡା ପ୍ରକୃତିର। କେଉଁ ଅମୃତ ଲଗ୍ନରେ ଏକ ଧୀମାନ୍ ବାଳକ ଆବିଷ୍କାର କଲା ଯେ ମୌଲାନା ସାହେବ "ଡବଲ୍ ରୋଟି ଗରମ ଚା" କହିଲେ ଅତ୍ୟନ୍ତ ରାଗିଯାଆନ୍ତି ଓ ମାରିବାକୁ ଗୋଡାନ୍ତି। ତା'ପରେ ପିଲାଙ୍କୁ ଆଉ ପାରେ କିଏ ? ମୌଲାନାଙ୍କ ବକ୍ତୃତାଟା ଯେତେବେଳେ ପଞ୍ଚମକୁ ଉଠିଥିବ, ପଛରୁ ହେବ ଚିତ୍କାର - "ଡବଲ୍ ରୋଟି ଗରମ ଚା"। ତତ୍‌କ୍ଷଣାତ୍ ମୌଲାନା ଦୋଷୀକୁ ଧରିବାକୁ ଧାବମାନ, ତା' ସାଙ୍ଗେ ସାଙ୍ଗେ ବାଳକଗଣଙ୍କର ଘୂର୍ଣ୍ଣିବାତ୍ୟା ସଦୃଶ ପଳାୟନ। ଲାଭ ଭିତରେ ମୌଲାନାଙ୍କଠାରୁ ଟୋକାତକ ଅନେକ ଉର୍ଦ୍ଦୁଗାଳି ମଧ୍ୟ ଶିଖିଗଲେ। କ୍ରମେ କ୍ରମେ ଲୋକେ ମୌଲାନା ସାହେବଙ୍କୁ ଗ୍ରହଣ କରିଗଲେ। ତାଙ୍କ ନାଁ ହେଲା ସାମ୍‌ନାରେ ମୌଲାନା ସାହେବ ଓ ପଛରେ ଡବଲ୍ ରୋଟି ଗରମ ଚା।

ମୌଲାନା ନିଜ କାମରେ କେବେ ଅବହେଳା କରନ୍ତି ନାହିଁ। ମସ୍‌ଜିଦ୍‌ରେ ରୀତିମତ ନମାଜର ବ୍ୟବସ୍ଥା ହୋଇ ସାରିଲା ପରେ ଗୌରୀପୁରର କ୍ଷୁଦ୍ର ମୁସଲମାନ୍ ସମାଜକୁ ଶାସ୍ତ୍ରସମ୍ମତ ପଥରେ ଆଣିବାକୁ ଲାଗିପଡି ଚେଷ୍ଟା କରୁଥାଆନ୍ତି। ତେବେ ସେ ଗୁଜୁରାଟୀ ମୁସଲମାନ୍‌ଙ୍କ ପାଖକୁ ଯାଉ ନ ଥିଲେ। କାରଣ ସେମାନଙ୍କର ଆଗା ଖାଁ ସମ୍ପ୍ରଦାୟ। ଅନ୍ୟମାନେ ମୌଲାନାଙ୍କ କଥା ଶୁଣୁଥିଲେ। ମୌଲାନା ଦୁଇଟା ହରାମ୍ ଅର୍ଥାତ୍ ନିଷିଦ୍ଧ କାର୍ଯ୍ୟ ବିରୁଦ୍ଧରେ ଜେହାଦ୍ ଅର୍ଥାତ୍ ଧର୍ମଯୁଦ୍ଧ ଘୋଷଣା କଲେ। ପ୍ରଥମ ମଦ୍ୟପାନ ଓ ଦ୍ୱିତୀୟ ସୁଧ ନେବା। ପ୍ରଥମଟାରେ ମୌଲାନାଙ୍କୁ ଉଲ୍ଲେଖଯୋଗ୍ୟ ସଫଳତା ମିଳିଲା। ଅର୍ଥାତ୍ ସମସ୍ତେ ହାଁ-ହାଁ କରିଦେଲେ। ଜଣେ ଅଧେ ମାତାଲଙ୍କୁ ମଧ୍ୟ ମୌଲାନା ତାଙ୍କ ପ୍ରସିଦ୍ଧ ଠେଙ୍ଗାରେ ଦୁଇ ପ୍ରହାର ପକାଇଲେ। ଫଳତଃ ପାନ କର୍ମଟା ଟିକିଏ ଲୋକଲୋଚନ ଅଗୋଚରରେ କରାଗଲା।

ତା'ପରେ ମୌଲାନା ଲକ୍ଷ୍ୟ ହେଲା ବିଚରା ମଜିଦ୍ ଖାଁ କାବୁଲି। କାରଣ ସେ ସୁଧରେ ଟଙ୍କା ଦେଉଥିଲା ଯାହାକି ଇସ୍‌ଲାମ୍ ଧର୍ମ ମତରେ ହରାମ୍। ଚଢା ଦରରେ ସୁଧ ନେବା ଯେ ଖରାପ ଏବଂ ଏହା ପୁଂଜିବାଦୀ ଶୋଷଣର ଉତ୍କୃଷ୍ଟ ଉଦାହରଣ, ତାହା ବିଲ୍‌କୁଲ୍ ଖାଣ୍ଟି କଥା। କିନ୍ତୁ ସେ କର୍ମ ଏକା ମଜିଦ୍ ଖାଁ କରୁ ନ ଥିଲା,

ଅନ୍ୟମାନେ ଯଥା ବଦର ମାରୱାଡୀ ଓ ପଞ୍ଚକ ସାହୁ ମଧ୍ୟ ଚଢା ହାରରେ ଟଙ୍କା ଦେଉଥିଲେ। ତେବେ ଅନ୍ୟମାନଙ୍କର ଆଉ ବ୍ୟବସାୟ ଥିବାରୁ ସୁଧଖୋରିଟା ଏତେ ଆଖିରେ ପଡୁ ନ ଥିଲା। ମୌଲାନା ଏହି କାବୁଲି ବିଷୟରେ ମୁସଲମାନ୍ ମହଲରେ ବେଶ୍ ଉତ୍ତେଜନା ସୃଷ୍ଟି କଲେ। ଚାରିଆଡେ ପ୍ରଚାର କରିବାକୁ ଲାଗିଲା ଯେ 'ମଜିଦ୍ ଖାଁ ମହାପାପୀ ଏବଂ ତା' ସହିତ ସମ୍ପର୍କ ରଖିବା ମଧ୍ୟ ଯେକୌଣସି ଲୋକ ପକ୍ଷରେ ଖରାପ ଓ ମୁସଲମାନ୍ ପକ୍ଷରେ ଗୁନାହ୍ ଅର୍ଥାତ୍ ପାପ।' ସାଧାରଣ ମୁସଲମାନ୍ ସମାଜ ଏ ଜିନିଷକୁ କେବେ ଏତେ ଗୁରୁତ୍ୱ ଦେଇ ନ ଥିଲେ। କିନ୍ତୁ ମୌଲବୀ ସାହେବ ସି.ଆଇ.ଡି. ଠୁ ବଳି ତୀକ୍ଷ୍ଣ ଦୃଷ୍ଟି ରଖିବା ଆରମ୍ଭ କଲେ। ଯେ ମଜିଦ୍ ଖାଁ ସାଙ୍ଗେ କଥାବାର୍ତ୍ତା ହେଲା ବା ଦୋକାନରେ ବସି ଚା ପାନ କଲା, ତା' ଆରଦିନ ମୌଲାନା ତା' ଘରେ ହାଜିର। ଚିତ୍କାର କରି ପଚାରନ୍ତି, "ତୁମେ କାହିଁକି ସେ ଗୁନହାଗାର ଅର୍ଥାତ୍ ପାପୀ ସାଙ୍ଗରେ ବସି ଚା ପିଉଥିଲ ? ତୁମେ ମଧ୍ୟ ଗୁନାହାଗାର"। ରାସ୍ତାରେ ଦେଖିଲେ ପାଟି କରନ୍ତି, "ମଜିଦ୍ ଖାଁ ହରାମ୍ ଖୋର୍ !" କ'ଣ ବା ମଜିଦ୍ ଖାଁ କରନ୍ତା ! ଚୁପ୍ ଚାପ୍ ଅପମାନ ସହ୍ୟ କରିବା ଛଡା ଉପାୟ ମଧ୍ୟ କିଛି ନାହିଁ। ମୌଲାନାଙ୍କ ସଙ୍ଗେ ବଚସା କଲେ ଫଳ ହେବ ଓଲଟା। କାରଣ ମୌଲାନା ସାହେବ ପେଶାଦାର ବକ୍ତୃତାବାଜ୍।

ତେବେ ମଜିଦ୍ ଖାଁ ମଧ୍ୟ ପଠାନ୍, ଯୋଦ୍ଧା ଜାତି। ଏତେବଡ ଅପମାନ ଚୁପ୍‌କରି ସହିଯିବ କିପରି ? ଯଦି ତା' ଘର ୱାଜିରିସ୍ତାନ ହୋଇଥାନ୍ତା, ସେ ଅବଶ୍ୟ ଏହାର ଜବାବ୍ ରାଇଫଲ୍‌ର ଗୁଳିରେ ଦେଇଥାନ୍ତା। କିନ୍ତୁ ଅଫସୋସ୍। ଏହି କାଫିର ମୁଲୁକ୍ ହିନ୍ଦୁସ୍ତାନରେ ତା' କରିବା ସମ୍ଭବ ନୁହେଁ। ଦିନକୁ ଦିନ ବ୍ୟାପାର ଅସହ୍ୟ ହୋଇ ଉଠୁଛି। ଏଥିରେ ତା'ର ପ୍ରତିଦ୍ୱନ୍ଦୀ ଅର୍ଥାତ୍ ବଦରି ଶେଠ୍ ଓ ପଞ୍ଚୁ ସାହୁ ଖୁସ୍। ମଜିଦ୍ ଯଦି ମୌଲାନାଙ୍କ ସାଙ୍ଗେ ବଚସା କରେ ତ ହାତାହାତି ହୋଇ ଯିବାର ସମ୍ଭାବନା। କାରଣ ମୌଲାନା ବଦ୍‌ରାଗୀ ଓ ତାଙ୍କ ଠେଙ୍ଗା ଦ୍ୱାରା ସେ ତାଙ୍କ ଯୁକ୍ତିକୁ ଜୋର୍ ଦେବାର ଚେଷ୍ଟା କରି ପାରନ୍ତି। ତା'ପରେ ପାଲଟା ଆକ୍ରମଣ ନିଶ୍ଚିତ। କାରଣ ପଠାନ୍ ଯେତେ ଥଣ୍ଡା ହେଲେ ମଧ୍ୟ ପଠାନ୍। ଏଣୁ ପୁଲିସ୍‌ର ହସ୍ତକ୍ଷେପ ସୁନିଶ୍ଚିତ। ଏଣେ ପୁଲିସ୍ ତା'ର ପ୍ରତିଦ୍ୱନ୍ଦୀ ବଦରି ଶେଠ୍ ଓ ପଞ୍ଚୁ ସାହୁ ହାତରେ। ଏଣୁ ପ୍ରଥମ ଫଳ ହାଜତ ବାସ ଓ ତା'ପରେ ଗୌରୀପୁରରୁ ବହିଷ୍କାର ମଧ୍ୟ ହୋଇପାରେ। ବ୍ୟବସାୟ ଖତମ୍, ପରିବାର ମାଟି, ସବୁ ରକମର ବିପତ୍ତି। ଏ ପରିସ୍ଥିତିରେ କୌଣସି ସମାଧାନ ବିଚରାର ମୁଣ୍ଡକୁ ଆସୁ ନାହିଁ।

ଦିନେ ପ୍ରାୟ ଏଗାରଟା ବେଳେ ମଜିଦ୍ ଖାଁ ତା'ର ଖାତକ ଘରମାନଙ୍କରୁ

ରାଉଣ୍ଡ୍ ମାରି ଫେରୁଛି, ହଠାତ୍ ରାସ୍ତାରେ ହରିଲାଲ୍ ସାଙ୍ଗରେ ଦେଖା ହୋଇଗଲା। ହରିଲାଲ୍ ଗୌରୀପୁରରେ ବାସ କରେ। ତା'ର ମାତୃଭାଷା ହିନ୍ଦୀ ଏବଂ ମାଉସୀ ଭାଷା ଓଡ଼ିଆ। ସେ କ'ଣ କରେ, କିପରି ପେଟ ପୋଷେ; ସେ ବିଷୟରେ ଅଟକଳର ଶେଷ ନାହିଁ। ଅଥଚ ମୋଟାମୋଟି ଭଲ ଅଛି। ହରିଲାଲ୍ ଅବିବାହିତ, କିନ୍ତୁ ଏକ ବିଶେଷ ନାରୀମହଲରେ ଖୁବ୍ ପ୍ରିୟ ବୋଲି ଗୁଜବ। ଚାରିଦଉଡ଼ି କଟା। ଏଣୁ ସମାଜର ପ୍ରତିଷ୍ଠିତ ବ୍ୟକ୍ତିମାନଙ୍କର ଚକ୍ଷୁଶୂଳ ଏବଂ କିଞ୍ଚିତ୍ ଭୟର କାରଣ।

ହରିଲାଲ୍ ପଚାରିଲା, "ଖାଁ ସାହେବ୍, ଆଜିକାଲି କାହିଁକି ଏମିତି ମନମରା ଦିଶୁଛ ? ତବିୟତ୍ (ସ୍ୱାସ୍ଥ୍ୟ) ଠିକ୍ ତ ?" ମଜିଦ୍ ଖାଁ ଉତ୍ତର ଦେଲା, "ହରିଲାଲ୍ ଭାଇ, ତବିୟତ୍ ଠିକ୍ ଅଛି। କିନ୍ତୁ ଏତେ ତ ରହିବା ମୁସ୍କିଲ ହେଲାଣି। ମୌଲାନା ତ ବାଟ ଚଲାଇ ଦେଉନାହିଁ।" ହରିଲାଲ୍ର କୌଣସି ବ୍ୟସ୍ତତା ନାହିଁ। କହିଲା, "ଖାଁ ସାହେବ! କ'ଣ ହେଉଛି ? ମୋତେ ଟିକିଏ ବୁଝେଇ କରି କହ।" ମଜିଦ୍ ଖାଁ ସବୁ କଥା ବୁଝେଇ କରି କହିଲା। ହରିଲାଲ୍, "ଖାଁ ସାହେବ ବ୍ୟସ୍ତ ହେବାର କିଛି ନାହିଁ। ମୁଁ ଜାଣିବାରେ ତୁମ ମୁସଲମାନ୍ ସମାଜରେ ମଧ୍ୟ ମୌଲାନା ସାହେବ ଖୁବ୍ ବେଶୀ ଜନପ୍ରିୟ ନୁହନ୍ତି। ସେଦିନ ଲାଏକ ଅଲି ସାଙ୍ଗେ ଦେଖା ହେଲା। ସେ କହୁଥିଲା ଯେ ସେ ମୌଲାନାଙ୍କୁ ଆଶ୍ରୟ ଦେଇ ଭୁଲ୍ କରିଛି। ଏ ମୌଲାନା ମଦ ପଛରେ ଏପରି ଲାଗିଛି ଯେ ଜୀବନ ବ୍ୟତିବ୍ୟସ୍ତ ହୋଇଗଲାଣି। ଆରେ ମଟର ଇଞ୍ଜିନ୍ ଲାଗି ଯେମିତି ପେଟ୍ରୋଲ୍ ଦରକାର, ମଣିଷ ଇଞ୍ଜିନ୍ ଲାଗି ମଧ୍ୟ ମଦ। ବାଟଘାଟରେ ଅପମାନ କରି ଦେଉଛି। ହଉ ଚାଲ ଚାଲ, କାନ୍ତି ଭାଇ ଦୋକାନରେ ବସି କଥାବାର୍ତ୍ତା ହେବା। ତେବେ ତୁମକୁ ମୋର ଗୋଟେ କାମ କରି ଦେବାକୁ ହେବ। ତୁମ କାମ ହୋଇ ସାରିଲା ପରେ କହିବି।"

ଦୁଇ ତିନି ଦିନ ପରେ ଗୌରୀପୁର ବଜାରରେ ଏକ ଜନ ମନୋରଞ୍ଜନ ଥିଏଟର ଆରମ୍ଭ ହେଲା। ଏଥିରେ ମୁଖପାତ୍ର ଦି'ଜଣ। ମୌଲାନା ଓ ମଜିଦ୍ ଖାଁ। ମୌଲାନା ସାହେବ ଓ ଖାଁ ସାହେବ ନୀରବ। ଗୌଣପାତ୍ର ଅନେକ। ସେମାନେ ବଜାରର ନାନାଦି କାମ କରୁଥିବା ବାଳକ ସମ୍ପ୍ରଦାୟ। ଖାଁ ସାହେବଙ୍କୁ ଦେଖିବା ମାତ୍ରେ ମୌଲାନା ସାହେବ ତାଙ୍କ ଠେଙ୍ଗା ଉଠାଇ ପାଟି କରିବା ଆରମ୍ଭ କରିବେ - "ସୁଦ୍‌ଖୋର୍ ହରାମଖୋର୍। ବ୍ୟାଙ୍କ ଖାତା, ହରାମ୍ ଖାତା" ହଠାତ୍ ପଛଆଡୁ ବାଳକ ସମ୍ପ୍ରଦାୟଙ୍କ ଚିତ୍କାର - "ଡବଲ୍ ରୋଟି ଗରମ ଚା"। ତତ୍‌କ୍ଷଣାତ୍ ମୌଲାନା ଏହି ଦୁର୍ବିନୀତ ମାଙ୍କଡଙ୍କ ପଛରେ ଧାବମାନ। ମୁହଁରୁ ଖାଲି ଖାନ୍‌ଦାନୀ ମୋଗଲାଇ ଗାଳି ବାହାରୁଛି। ଏ ସମୟରେ ଅନ୍ୟ ଦିଗରୁ ଆଉ ଏକ ଦଳ ସ୍ଲୋଗାନ ଛାଡିଲେ,

"ଡବଲ୍ ରୋଟି ଗରମ ଚା" ମୌଲାନା ସେ ପଟକୁ ଧାଇଁଲେ। ବୃଦ୍ଧଲୋକଟି କିଛି ସମୟ ସଂଗ୍ରାମଭୂମି ଅଶ୍ୱସତ୍ ନୃତ୍ୟ କରିସାରିଲା ପରେ ବାଧ୍ୟ ହୋଇ ବିଶ୍ରାମ ନେଲେ। ୟା' ଭିତରେ ମଜିଦ୍ ଖାଁ ଚାଲିଗଲାଣି। ଏଣୁ ମୌଲାନା ନିରାଶ ହୋଇ ମସ୍‌ଜିଦ୍‌କୁ ଫେରିଗଲେ। ଏହି ଖେଳ କିଛିଦିନ ଚାଲିଲା। ତା'ପରେ ଦେଖାଗଲା, ଆଉ ମୌଲାନା ବଜାର ଆଡେ ବେଶି ଆସୁନାହାଁନ୍ତି। ତାଙ୍କର ଆଉ ପାପ ଓ ହରାମ୍ ବିରୁଦ୍ଧରେ ରାସ୍ତାଘାଟରେ ସଂଗ୍ରାମ ଚଳାଇବାର ଆଗର ଆଗ୍ରହ ନାହିଁ। ବର୍ତ୍ତମାନ କେବଳ ମସ୍‌ଜିଦ୍‌ରେ ନମାଜ ପରେ ଉପଦେଶ ଦିଅନ୍ତି।

କେତେଦିନ ପରେ ପୁଣି କାନ୍ତିଭାଇ ଦୋକାନରେ ମଜିଦ୍ ଖାଁ ହରିଲାଲ୍‌ଙ୍କୁ ଏକାଠି ଦେଖା ଗଲା। ହରିଲାଲ୍ କହିଲା, "କ'ଣ ଖାଁ ସାହେବ, ଏଥର ମୋ କାମଟା କର। ତୁମଠାରୁ ବରଜୁ ଗଉଡ କୋଡିଏ ଟଙ୍କା ଧାର ନେଇଥିଲା। ସେଇଟା ମାଫ୍ କର।" ଖାଁ ସାହେବ ପଚାରିଲେ, "କାହିଁକି ?" ହରିଲାଲ୍ କହିଲା, "ତୁମେ ଆଗ କରିବ କି ନାହିଁ କହ। ନ ହେଲେ ମସଜିଦ୍ ଆଡେ ଯିବିଟି !" ଖାଁ ସାହେବ କହିଲେ, "ନାହିଁ ବାବା, ମାଫ୍ କଲି। ମୁଁ ଜବାନ୍‌ର ଖିଲାଫ କରିବି ନାହିଁ। ତେବେ ଅସଲ କଥାଟା କହ।"

ହରିଲାଲ୍ କହିଲା, "ମୋର ତ କେହି ନାହିଁ। ବରଜୁର ସ୍ତ୍ରୀ ଗୁରୁବାରୀ ମୋ ଧର୍ମଭଉଣୀ।"

■

ଭୋଜନମ୍ ଯତ୍ରତତ୍ରଶ୍ଚ (ଚାଇନିଜ୍)

ଚାରିବେଦ ପରି ପୃଥିବୀର ରନ୍ଧନକଳା ମଧ୍ୟ ଚାରିଜାତିର । ୟୁରୋପୀୟ, ମଧ୍ୟପ୍ରାଚ୍ୟ, ତନ୍ଦୁରି, ଭାରତୀୟ - ଯାହାର ଶୀର୍ଷ ସ୍ଥାନରେ ମୋଗଲାଇ ଏବଂ ଚୈନିକ । ଏଠି ସେହି ମହାଚୀନର ରସରଳତା ବିଷୟରେ କିଞ୍ଚିତ୍ ଆଲୋଚନା କରାଯାଉଛି । ଖାଦ୍ୟ ବିଷୟରେ ଆଲୋଚନା କଦାପି ଖାଦ୍ୟରେ ସୀମିତ ରହେନାହିଁ । ଯେଉଁମାନେ ଖାଆନ୍ତି ଅର୍ଥାତ୍ ସେ ଜାତିର ଇତିହାସ, ସମାଜତତ୍ତ୍ୱ ଏ ସବୁ ତ କିଛି କିଛି ଖିଅ ଧରି ଚାଲି ଆସିବ । ଆଜିକାଲି ଯେଉଁଠିକି ଯାଅ, ଏକ ଚାଇନିଜ୍ ରେଷ୍ଟୋରାଁ ନିଶ୍ଚୟ ମିଳିବ । କିନ୍ତୁ ସେଠାରେ ଖାଦ୍ୟକୁ ଚାଇନିଜ୍ କହିବା ଦୁଷ୍କର । କାରଣ ତାହା ଖରିଦ୍‌ଦାରଙ୍କ ଜିଭକୁ ସୁହାଇଲା ପରି ଏତେ ପରିବର୍ତ୍ତନ କରାଯାଇଥାଏ ଯେ ତାକୁ ଚାଇନିଜ୍ କହିବା କଷ୍ଟ । ଏପରି ପରିବର୍ତ୍ତନ ବହୁ କାଳରୁ ହେଉଛି । ଚାଇନିଜ୍ ଚପ୍‌ସୁଇ ନାମକ ଖାଦ୍ୟ ଚାଇନିଜ୍ ହିଁ ନୁହେଁ; ତାହା ଆମେରିକାନ୍ । ଅଧିକାଂଶ କ୍ଷେତ୍ରରେ ରାନ୍ଧୁଣିଆ ମଧ୍ୟ ଚୀନା ନୁହନ୍ତି । ଅବଶ୍ୟ କଲିକତାରେ ଖାଣ୍ଟି ମାଲ୍ ମିଳେ । କିନ୍ତୁ ସେଥିଲାଗି କେତେକ ନିର୍ଦ୍ଦିଷ୍ଟ ଜାଗା ଅଛି । ଅଧିକାଂଶ ସୁଦୃଶ୍ୟ ରେଷ୍ଟୋରାଁରେ କେବଳ ଭେଜାଲ୍ । ବରଂ ଏ ନେତି ନେତି ପଦ୍ଧତି ନ ଧରି ସିଧା ମୂଳକୁ ଯିବା ଅର୍ଥାତ୍ ଚୀନ୍ ଦେଶକୁ । ବିରାଟ ଦେଶ । ଭାରତର ଦୁଇଗୁଣ । କିନ୍ତୁ ଜନସଂଖ୍ୟା ସମସ୍ୟା ଉତ୍କଟ । ଅତଏବ ସବୁଥିରେ, ଏପରିକି ବିଶେଷ କରି ଆହାରରେ ମିତବ୍ୟୟିତା ଆବଶ୍ୟକ । କିଛି ନଷ୍ଟ କରାଯିବ ନାହିଁ । ଦେଶରେ ଚାଷଜମିର ଅଭାବ । ଏଣୁ କେବଳ ନିରାମିଷ ଉପରେ ନିର୍ଭର କରି ହେବନାହିଁ । ଯେଉଁଠାରୁ ଯାହା ମିଳୁଛି, ତାହା ବ୍ୟବହାର କରିବାକୁ ହେବ । ଗାଈ, ଛେଳି ଇତ୍ୟାଦିଙ୍କ ଲାଗି ବେଶି ଚରିବା ସ୍ଥାନ ଦରକାର । ଏଣୁ ସେ ସବୁର ସ୍ଥାନ ନାହିଁ । ହଳ କରିବା ଲାଗି ମଇଁଷି ଓ ଗୃହପାଳିତ ପଶୁ ଭିତରେ ପ୍ରଧାନ ଘୁଷୁରି । କାରଣ ଯାହା ଆଉ କେହି ନ ଖାଏ, ତା' ସେ ଖାଇବ ଓ ସେଥିରେ ମଧ୍ୟ

ମୋଟା ହେବ। ତେବେ ବିଷ୍ଠା ନୁହେଁ। ତା'ର ଅନେକ ମୂଲ୍ୟ, କାରଣ ତାହା ଅତି ଉତ୍ତମ ସାର ଏବଂ ଜମିରେ ଦେବାକୁ ହେବ। ସନ୍ତସନ୍ତିଆ ଜଳାଜମିକୁ ପୋଖରି କରିବାକୁ ହେବ। ଅନ୍ୟ ଦେଶରେ ମଧ୍ୟ ପୋଖରୀ କରାଯାଏ ମାଛଚାଷ ପାଇଁ। ଚୀନରେ ମାଛଚାଷ ତ ହୁଏ, ତା' ସାଙ୍ଗେ ସାଙ୍ଗେ ହଂସ ଚାଷ। ହଂସ ମାଂସ ଓ ହଂସର ଅଣ୍ଡା ଚୀନରେ ଖୁବ୍ ଜନପ୍ରିୟ। ଆଉ ଏକ ପ୍ରଧାନ ଫସଲ ସୋୟାବିନ୍। ଏଥିରେ ଯେ ଚୀନାମାନେ କ'ଣ ନ କରନ୍ତି ଏପରି ନାହିଁ। ସୋୟାବିନ୍‌ର ଦୁଧ, ଛେନା, ମାଂସ, ମସ୍ ଇତ୍ୟାଦି ନାନା ଜିନିଷ ଖାଇବାକୁ ମିଳିବ। ଏହା ତାଙ୍କର ଦୁଧ ଓ ଦୁଗ୍ଧଜାତ ପଦାର୍ଥର ସ୍ଥାନ ନେଇଥାଏ।

ପ୍ରକୃତରେ ଚୀନର ରନ୍ଧା ଆମିଷ ଓ ନିରାମିଷର ମିଶ୍ରଣ। ପରିବା ରାନ୍ଧିବାକୁ ହେଲେ ସେଥିରେ କିଛି ଆମିଷ ଦେବାକୁ ହେବ। ଖାଣ୍ଟି ଚୀନା ନିରାମିଷ ରନ୍ଧା ଅବଶ୍ୟ ଅଛି, କିନ୍ତୁ ପାଇବା କଷ୍ଟ। ଏହାକୁ ବୌଦ୍ଧ ଭିକ୍ଷୁମାନେ ଆରମ୍ଭ କରିଥିଲେ। ଏଥିରେ ମାଛ ମାଂସ ଜାଗାରେ ସୋୟାବିନ୍‌ର ଛେନା ବ୍ୟବହାର କରାଯାଏ ଏବଂ ସେଥିରେ ପ୍ରାୟ ମାଛ ମାଂସର ସ୍ୱାଦ ଆସିଥାଏ। ସେ ମ୍ୟାଜିକ୍ ଯେ କିପରି ସମ୍ଭବ ହୁଏ, ତାହା ଅତି ଗୁଢ ରହସ୍ୟ। ଅଧମର ଶାସ୍ତ୍ରାଧିକାର ନ ଥିବାରୁ ସେ ବିଷୟରେ ଆଲୋକପାତ କରିବାକୁ ଅକ୍ଷମ।

ପାଠକ ହୁଏତ ଶୁଣି ଆଶ୍ଚର୍ଯ୍ୟ ହେବେ ଯେ ଚୀନା ରନ୍ଧାରେ ରନ୍ଧା ଅତି କମ୍। କଟାକଟି ଓ ରାନ୍ଧିବାର ଆଗର କାମ ସବୁ ହିଁ ବେଶୀ ସମୟ ନିଏ। ରାନ୍ଧିବାଟା ଅତି ହାଲୁକା। କେବଳ ସୁପ୍ ଛାଡିଦେଲେ ପ୍ରତ୍ୟେକ ଡିସ୍‌ର ରନ୍ଧା ସମୟ ଦଶ ବା ବେଶୀ ହେଲେ ପନ୍ଦର ମିନିଟ୍। ଅନେକ ସମୟରେ ତା'ଠାରୁ ମଧ୍ୟ କମ୍। ଚିନା ଖାଦ୍ୟ ଛୋଟ ଛୋଟ ଖଣ୍ଡରେ କଟା ହୁଏ। କାରଣ ସେଗୁଡିକ ଦୁଇଟି କାଠି ଦ୍ୱାରା ଉଠାଇ ଖାଇବାକୁ ହୁଏ। ଭାରତବର୍ଷ ବା ୟୁରୋପ ତୁଳନାରେ ଚୀନା ପରିବେଷଣ ଅତି ଭିନ୍ନ। ଭାରତ ବର୍ଷରେ ଥାଳି ବା ପତ୍ରରେ ସବୁ ଜିନିଷ ପ୍ରାୟ ଏକାଠି ବଢା ହୋଇଥାଏ, ଗିନାମାନଙ୍କରେ ବିଭିନ୍ନ ବ୍ୟଞ୍ଜନ ବଢା ହୁଏ। ପ୍ରତ୍ୟେକଙ୍କର ଥାଳି ଗିନା ଅଲଗା। କାରଣ ଆମେ ସାଧାରଣତଃ ଅଇଁଠାର ବିଶେଷ ବିଚାର କରିଥାଉ। କେବଳ ବଙ୍ଗଳାର ଖାନ୍‌ଦାନୀ ଖିଆରେ ଏକାଠି ସବୁ ଦିଆଯାଏ ନାହିଁ। ଭାତ ତ ଥାଏ, କିନ୍ତୁ ଥରକରେ ଗୋଟିଏ ଗୋଟିଏ କରି ବ୍ୟଞ୍ଜନ ଦିଆଯାଏ। ୟୁରୋପୀୟ ବିଧି ମଧ୍ୟ ପ୍ରାୟ ଏକା। ଥରକରେ ଗୋଟିଏ ଗୋଟିଏ ପଦ। ପ୍ରଥମେ ସୁପ୍, ପରେ ମାଛ, ତା'ପରେ ମାଂସ ଓ ଶେଷରେ ମିଠା। ମଧ୍ୟପ୍ରାଚ୍ୟରେ ବିଧି ହେଲା ଗୋଟିଏ ଦସ୍ତରଖ୍ୱାନ ବା ଖାଦ୍ୟ ରଖିବା ଚାଦର ପଡିବ, ତା ମଝିରେ ଖାଦ୍ୟ ରଖି ଦିଆଯିବ।

ସମସ୍ତେ ଚାରିପଟେ ବସିଯିବେ ଓ ଇଚ୍ଛା ଅନୁଯାୟୀ ଖାଇବା ନେବେ। ଅବଶ୍ୟ ବର୍ତ୍ତମାନ ସବୁଠି ପଶ୍ଚିମ ପଦ୍ଧତି ଚଳିଲାଣି। ୟୁରୋପର ଛୁରୀ, କଣ୍ଟା ଚାମଚ ମଧ୍ୟ ସର୍ବତ୍ର ବ୍ୟାପିଗଲାଣି, କିନ୍ତୁ ଚୀନ୍‌ରେ ନୁହେଁ। ସେଠି ଅବଶ୍ୟ ଟେବୁଲରେ ଖାଇବା ବିଧି। କିନ୍ତୁ ସେମାନେ ହାତରେ ବା କଣ୍ଟା ଚାମଚରେ ଖାଆନ୍ତି ନାହିଁ। ତାଙ୍କର ପଦ୍ଧତି ହେଲା ପ୍ରାୟ ବାରଇଞ୍ଚ ଲମ୍ବା ଦୁଇଖଣ୍ଡ କାଠିରେ ଖାଦ୍ୟ ଉଠାଇବା। ଦୁଇଟିଯାକ କାଠି ଡାହାଣ ହାତରେ ହିଁ ଧରାଯାଏ। ଏହାକୁ ଇଂଲିଶ୍‌ରେ Chopsticks କହନ୍ତି। ଏହା ପ୍ରତ୍ୟେକ ଲୋକର ଅଲଗା। ରେଷ୍ଟୋରାଁରେ ଏହାକୁ ପାଣିରେ ସିଝାଇ ରଖା ହୋଇଥାଏ, ଯେପରି ସ୍ୱାସ୍ଥ୍ୟ ପ୍ରତି ବିପଦ ନ ହୁଏ।

ଚୀନ୍ ରାନ୍ଧିବା ପଦ୍ଧତି ମଧ୍ୟ ଏହି ଖାଇବା କାଠିର ଆବଶ୍ୟକତାକୁ ଲକ୍ଷ କରି ଗଢି ଉଠିଛି। ରନ୍ଧା ଶୁଖିଲା ବା ଜୁକୁଜୁକିଆ। କାରଣ କାଠିରେ ଝୋଳ ତ ଖାଇହେବ ନାହିଁ, ସେହି କାହାଣୀର ବଗ ଓ କୋକିଶିଆଳିଙ୍କ ଡିନର ପାର୍ଟି କଥା ହୋଇଯିବ। ପୁଣି ଖଣ୍ଡ ଗୁଡିକ ଛୋଟ ହେବା ଦରକାର, ନ ହେଲେ କାଠିରେ ଉଠିବ ନାହିଁ। ଏଣୁ ୟୁରୋପ ବା ମଧ୍ୟପ୍ରାଚ୍ୟ ପରି ଗୋଟେ କୁକୁଡା ରୋଷ୍ଟ୍ ନାହିଁ ବା ଭାରତର ହାପୁଡିବା ଝୋଳ ନାହିଁ। ତରଳ ପଦାର୍ଥ ହେଲା ସୁପ୍। କିନ୍ତୁ ଚୀନ୍‌ରେ ଏହା ଖାଦ୍ୟ ଶେଷରେ ଖିଆଯାଏ।

ଚୀନ୍‌ର ପ୍ରଧାନ ଖାଦ୍ୟ ଭାତ। ଚୀନା ଯେ କିପରି ଭାତ ଖାଆନ୍ତି, ତାହା ଯିଏ ନ ଦେଖିଥିବ ସେ ବିଶ୍ୱାସ କରିପାରିବ ନାହିଁ। ଗୋଟିଏ ଚୀନାମାଟି ଗିନାରେ ଭାତ ନେଇ ମୁହଁ ପାଖରେ ରଖାଯାଏ। ତା'ପରେ ଚପଷ୍ଟିକ୍ କାଠି ଦୁଇଟି ଇଂଜିନର ପିଷ୍ଟନ୍ ପରି ଫୁଲ ସ୍ପିଡ୍‌ରେ ଆଗକୁ ପଛକୁ ହୁଏ। ଭାତଗୁଡିକ ଛାଟି ହୋଇ ସିଧା ମୁହଁ ଭିତରେ। ଏହି ଭାତ ସାଧାରଣତଃ ଗଳାଯାଏ ନାହିଁ। ଏହାର ଅନ୍ୟାନ୍ୟ ରୂପ ହେଲା ନାନାପ୍ରକାର ଫ୍ରାଏଡ୍ ରାଇସ୍। ଚୀନ୍‌ରେ ରୁଟି ତିଆରି ପ୍ରାୟ ନାହିଁ। ଗହମ ଯଥେଷ୍ଟ ହୁଏ। କିନ୍ତୁ ସାଧାରଣତଃ ତାକୁ ନୁଡୁଲ୍‌ରେ ପରିଣତ କରି ଦିଆଯାଏ। ଉତ୍ତର ଚୀନରେ ନୁଡୁଲ୍ ହିଁ ବେଶୀ ଖିଆଯାଏ। ଭାତକୁ ଭାଜି, ସେଥିରେ ଅନ୍ୟାନ୍ୟ ଜିନିଷ ମିଶାଇ (ଯଥା ମାଂସ, ପରିବା, ଅଣ୍ଡା) ଫ୍ରାଏଡ୍ ରାଇସ୍ କଲା ପରି ନୁଡୁଲ ଭାଜି ନାନା ପ୍ରକାର ଚୌମିନ୍ ତିଆରି ହୁଏ।

ମାଂସ ଭିତରେ ପ୍ରଧାନ ଘୁଷୁରି ଏବଂ କୁକୁଡା। ଅବଶ୍ୟ ଚୀନା କୌଣସି ମାଂସ ଛାଡିବାକୁ ରାଜି ନୁହେଁ। ତେବେ ଶୁକର ତା'ର ପ୍ରିୟ ମାଂସ। ମଙ୍ଗୋଲିଆ, ସିଂଚ୍ୟାଂ ଅଞ୍ଚଳରେ ଅବଶ୍ୟ ଛେଳି ମେଣ୍ଢା ମାଂସର ବ୍ୟବହାର ଅଛି। କିନ୍ତୁ ଖାସ୍ ଚୀନାଙ୍କୁ ତା ଗନ୍ଧାଏ। ଗୋମାଂସର ବ୍ୟବହାର ଅଛି। କାରଣ ଚୀନ୍‌ରେ ଗାଈ ଗୋରୁ

କମ୍। ଦୁଗ୍ଧଜାତ ପଦାର୍ଥର ବ୍ୟବହାର ତ ନାହିଁ। ଖାଲି ଦୁଗ୍ଧମାନେ ମା’ କ୍ଷୀର। ଯଦି ଚା’ରେ ଦୁଧ ଦରକାର ତ ନ୍ୟୁ ନାଓ ବା ଗାଈ କ୍ଷୀର ମାଗିବାକୁ ହେବ। ଅଣ୍ଡାର ବ୍ୟବହାର ପ୍ରଚୁର। ଚୀନାମାନଙ୍କର ପ୍ରିୟ ପରିବା ହେଲା କାକୁଡ଼ି ଓ ନାନାପ୍ରକାର ପତ୍ର ପରିବା - ଯେପରି ବନ୍ଧାକୋବି, ପାଳଙ୍ଗ, ଲେଟୁସ୍ ଇତ୍ୟାଦି। ମୂଳ ପରିବା ମଧ୍ୟରେ ଗାଜର ଓ ମୂଳା ଅତ୍ୟନ୍ତ ଜନପ୍ରିୟ। ପାଣି ଶିଙ୍ଗଡ଼ାର ସ୍ଥାନ ଚୀନା ରନ୍ଧାରେ ଅତି ଉଚ୍ଚ।

କିନ୍ତୁ ଚୀନାମାନେ ଜଳରୁ ପାଉଥିବା ଖାଦ୍ୟର ତାଲିକା ଦେଖିଲେ ଆଶ୍ଚର୍ଯ୍ୟ ହେବାକୁ ହୁଏ। ମାଛ, ଚିଙ୍ଗୁଡ଼ି, କଙ୍କଡ଼ା ଗେଣ୍ଡା, କଇଁଚ ଇତ୍ୟାଦି ତ ଅଛି; ତା’ଛଡ଼ା ପାଣିରେ ହେଉଥିବା ଅନେକ ଘାସକୁ ବ୍ୟବହାର କରାଯାଏ। ଫଳତଃ ସମୁଦ୍ରରୁ ଆମିଷ ଓ ନିରାମିଷ ଉଭୟ ପ୍ରକାର ଖାଦ୍ୟ ମିଳେ। ଚୀନା ସିମେଇ ଏକ ପ୍ରକାର ସାମୁଦ୍ରିକ ଘାସ। ଚିନା ରନ୍ଧାର ରହସ୍ୟ କିଛିନାହିଁ। ଏଥିରେ ବିଭିନ୍ନ ଖାଦ୍ୟମାନଙ୍କର ନିଜର ଗୁଣ ପ୍ରକାଶ କରାଇବା ହେଲା ପ୍ରଧାନ ଲକ୍ଷ୍ୟ ଏବଂ ଏଥିଲାଗି ମସଲା ହେଲା ଏକପ୍ରକାର ଲୁଣ ଜାତୀୟ ଦ୍ରବ୍ୟ (ମନୋସୋଡ଼ିୟମ୍ ଗ୍ଲୁଟାମେଟ୍)। ତା’ପରେ ଖାଦ୍ୟର ସ୍ୱାଦ ନିର୍ଭର କରେ ସୋୟାସସ୍ ଓ ଭିନେଗାର ଉପରେ। କିନ୍ତୁ ଏଥିରେ ମଧ୍ୟ ମିତାଚାର। ଖାଦ୍ୟ, ବିଶେଷ କରି ପରିବା ଟିକିଏ ଟାଣ ଥିବା ଦରକାର। ହାଡ଼ରୁ ମାଂସ କାଟି ନିଆଯାଏ। କାରଣ ହାଡ଼ରେ ସୁପ୍ ତିଆରି ହେବ।

ଚୀନରେ ମାଛ ମାଂସ ସମସ୍ତଙ୍କ ଭାଗ୍ୟରେ ପ୍ରତିଦିନ ନ ଥାଏ। ଅଳ୍ପ କେତେ ବର୍ଷ ତଳେ ପେଚିଂ ନଗରର ନାଗରିକମାନଙ୍କୁ ମାଂସ ପନ୍ଦର ଦିନରେ ଥରେ ମିଳୁଥିଲା। ବର୍ତ୍ତମାନ ରେଶନିଂ ନାହିଁ, କିଣିବାକୁ ମିଳୁଛି; କିନ୍ତୁ ଦାମ୍ ଆକାଶଛୁଆଁ। ଏଣୁ ଚୀନ୍‌ର ଖାଦ୍ୟ ଭାତ ବା ନୁଡୁଲ୍ ଏବଂ କିଛି ପରିବା। ମାଛ ମାଂସଟା ଅତି ଅଳ୍ପ। ପ୍ରାୟ ଚଟଣି ଭଳିଆ। ଆପଣ ଏକ ଚୀନା ହୋଟେଲରେ ଖାଇ ସାଧାରଣ ଏବଂ ସ୍ୱଚ୍ଛଳ ଚୀନାର ଖାଦ୍ୟ ବିଷୟରେ ଧାରଣା କରି ପାରିବେ ନାହିଁ। ଅବଶ୍ୟ ଭାରତରେ ମଧ୍ୟ ସେହି କଥା। ଏଣୁ ହିନ୍ଦୀରେ ପ୍ରବାଦ ଅଛି “ହାତୀ କା ଦାନ୍ତ ଖାନେ କୋ ଔର, ଦିଖାନେ କୋ ଔର।” ତେବେ ଚୀନା ଖାଦ୍ୟ ସନ୍ତୁଳିତ। ସେଥିରେ ଚର୍ବି ଜାତୀୟ ଦ୍ରବ୍ୟ କମ୍। ତେଲ କେବଳ ଚିନାବାଦାମ ତେଲ। ଖାଦ୍ୟ ଖୁବ୍ ଗରମ ଖିଆଯାଏ। ଖାଇବା ସାଙ୍ଗେରେ ପାଣି ନ ଥାଏ। କାରଣ ଖାଇବା ପରେ ସୁପ୍ ଖିଆଯିବ। ଲୋକେ କହନ୍ତି ଯେ, ଚୀନାମାନେ ଅସରପା, ଝିଟିପିଟି ଇତ୍ୟାଦି ଖାଆନ୍ତି। କେଉଁଠି ଯେ କିଏ ଖାଉ ନ ଥିବ ତା ଗ୍ୟାରେଣ୍ଟି ଦେବା ସମ୍ଭବ ନୁହେଁ। ତେବେ ସାଧାରଣ ଖାଦ୍ୟରେ ତା’ ସାମିଲ ନୁହେଁ। କିନ୍ତୁ ଦକ୍ଷିଣ ଚୀନ୍‌ରେ ସାପ ଖାଇବାର ପ୍ରଥା ଅଛି। ସାପର ପିତ୍ତକୁ

ବ୍ରାଣ୍ଡିରେ ମିଶାଇ ପିଇଲେ କୁଆଡେ ରକ୍ତ ଶୁଦ୍ଧ ହୁଏ। ସାପର ସୁପ୍ ସ୍ୱାସ୍ଥ୍ୟ ପକ୍ଷରେ ଅତି ଉପାଦେୟ ଏବଂ ସୁସ୍ୱାଦୁ ବୋଲି କୁହାଯାଏ। ସବୁ ସାପ ମଧ୍ୟରେ କୁଆଡେ ନାଗ ସାପର ସ୍ୱାଦ ଭଲ। କେତେକ ବିଶେଷ ରେସ୍ତୋରାଁ ଏଥିରେ ବିଶେଷଜ୍ଞ। ଏକ ବିରାଟ ଦେଶ ଚୀନ୍, ଭାରତର ଦୁଇଗୁଣ। ଏଣୁ ଯଦିଚ ଏକ ସର୍ବସାଧାରଣ ଗ୍ରହଣଯୋଗ୍ୟ ଚୀନା ରନ୍ଧନ ପଦ୍ଧତି ଅଛି, ତଥାପି ତା'ର ଉତ୍ତର-ଦକ୍ଷିଣ, ପୂର୍ବ-ପଶ୍ଚିମର ପ୍ରଭେଦ ତ ରହିବ। ଭାରତରେ ବି ତ ଅଛି। ପ୍ରଥମ ରନ୍ଧା ହେଲା ଉତ୍ତର ଚୀନ୍, ପୈଚିଂ ରାଜଧାନୀ ନାମରେ ବିଖ୍ୟାତ ପୈଚିଂ ପଦ୍ଧତି। ପାଠକଙ୍କୁ ଏଇଠି କହିରଖେ ଯେ, ଏହି ନଗରର ଉଚ୍ଚାରଣ ୟୁରୋପୀୟମାନେ ଭୁଲ୍ କରନ୍ତି ଏବଂ ତାହା ଅନ୍ୟଙ୍କ ଉପରେ ଚପାଇ ଦିଅନ୍ତି। ଆଗେ ଏହି ସହରକୁ ୟୁରୋପୀୟମାନେ କହୁଥିଲେ ପେକିନ୍। ତା'ପରେ ପେକିଂ। ବର୍ତ୍ତମାନ କେତେକେ ଲେଖୁଛନ୍ତି ବେଇଜିଙ୍ଗ୍। ପ୍ରକୃତ ଉଚ୍ଚାରଣ ପୈଚିଂ ବା ଉତ୍ତର ରାଜଧାନୀ। ଚୀନ୍‌ରେ ଆଉ ଏକ ସହର ଅଛି ନାନ୍‌ଚିଂ ବା ଦକ୍ଷିଣ ରାଜଧାନୀ। ଉତ୍ତର ଚୀନ୍ ଯେତେବେଳେ ବିଦେଶୀ ଶକ୍ତି ଦ୍ୱାରା ଅଧିକୃତ ହୋଇଛି, ଚୀନ୍ ତା'ର ରାଜଧାନୀ ନାନ୍‌ଚିଂ ସହରକୁ ଉଠାଇ ଆଣିଛି। ପୈଚିଂ ପଦ୍ଧତିରେ ଭାତ ଅପେକ୍ଷା ନୁଡୁଲ୍‌ର ବ୍ୟବହାର ବେଶୀ। ଖାଦ୍ୟ ସନ୍ତୁଳିତ। ମସଲା, ଖଟା, ମିଠା ଇତ୍ୟାଦି କମ୍। ବାଷ୍ପର ରନ୍ଧା ବେଶି। ଅନ୍ୟ ପଦ୍ଧତି ହେଲା ଦକ୍ଷିଣ ଚୀନ୍‌ର କ୍ୱାଂଚଉ ବା କାଣ୍ଟନ୍ ପଦ୍ଧତି। ଏଥିରେ ମାଛ ଚିଙ୍ଗୁଡି ଓ ଅନ୍ୟାନ୍ୟ ଜଳଜାତ ଦ୍ରବ୍ୟର ପ୍ରାଚୁର୍ଯ୍ୟ ଅଧିକ। ଭାତ ପ୍ରଧାନ ଖାଦ୍ୟ। ଚାଉଳରୁ ମଧ୍ୟ ଏକ ପ୍ରକାର ନୁଡୁଲ୍ ବା ସିମେଇ ତିଆରି ହୁଏ, ଯାହାକୁ ମିଫୁ କୁହାଯାଏ। ଏଥିରେ ମସଲାର ବ୍ୟବହାର ଅନେକ ବେଶୀ। ତା'ଛଡା ଆଉ ଏକ ପ୍ରଧାନ ପଦ୍ଧତି ହେଲା ସିଚୁଆନ୍ ପଦ୍ଧତି। ଏହା ଦକ୍ଷିଣ ପଶ୍ଚିମ ଚୀନ୍‌ରେ ବିଶେଷ କରି ସିଚୁଆନ୍ ପ୍ରଦେଶରେ ପ୍ରଚଳିତ। ଏହା କାଣ୍ଟିନ୍ ପଦ୍ଧତି ପରି କିନ୍ତୁ ରାଗ ଅନେକ ବେଶୀ। ଏଣୁ ଭାରତୀୟଙ୍କୁ ସାଧାରଣତଃ ଏହା ମୁଖରୋଚକ ହୁଏ। ଏହାଛଡା ଅନେକ ଗୌଣ ପଦ୍ଧତି ଅଛି।

ଚୀନ୍ ଦେଶର ଏକ ସାଧାରଣ ଖାଦ୍ୟ ଏକପ୍ରକାର ଏଣ୍ଡୁରୀ। ଏହା ହୋଟେଲ୍‌ମାନଙ୍କରେ ସାଧାରଣତଃ ମିଳେ ନାହିଁ। ଉପରଟା ମଇଦା ବା ଚାଉଳ ଚୁନାର ହୁଏ; କିନ୍ତୁ ପୁରଟା କିମା କରା ହୋଇଥିବା ମାଂସର। ଚୀନା ରନ୍ଧାରେ ଅଦାର ମହତ୍ତ୍ୱ ଅନେକ ବେଶୀ। ପିଆଜ, ଅଦା, ଭିନେଗାର ଓ ସୋୟାସସ୍ ହିଁ ମସଲା। ବେଳେବେଳେ କଞ୍ଚାଲଙ୍କା। ତିବତୀୟମାନଙ୍କ ରନ୍ଧା ମଧ୍ୟ ତାଙ୍କର ପଡୋଶୀ ସିଚୁଆନ ପ୍ରଦେଶ ପରି। କିନ୍ତୁ ପରିବା ଭିତରେ ମୂଳାର ବ୍ୟବହାର ଟିକିଏ ବେଶୀ।

କାରଣ ତିବ୍‌ବତରେ ସେହି ପରିବାଟା ହିଁ ଭଲ ହୁଏ। ଯଦି କେବେ ଆପଣ ଦାର୍ଜିଲିଂ ଆଡେ ଯାଆନ୍ତି, ତେବେ ତିବ୍‌ବତୀୟଙ୍କର ମୋମୋ ନାମକ ଜିନିଷ ଚାଖିବେ। ଏହା ହିଁ ସେହି ଚୀନ୍ ମାଂସଏଣ୍ଡୁରୀ। ଧରନ୍ତୁ ଆପଣ କୌଣସି ଭାରତୀୟ ରେଷ୍ଟୋରାଁକୁ ଗଲେ। ସେଠି ଏକ ଥାଳି ମଗାଇଲେ। ଏକ ପ୍ରକାର Table-de-Hote। ସେଥିରେ ବିଭିନ୍ନ ପ୍ରକାର ଖାଇବା ପାଇଲେ। ଭାତ, ଡାଲି, ଚିକେନ୍ କରି, ପରିବା ତରକାରୀ, ଦହି ଇତ୍ୟାଦି। ଅବଶ୍ୟ ଆପଣ ଯଦି କେବଳ ରୁଟି ଓ ଚିକେନ୍ ଖାଇବାକୁ ଚାହାନ୍ତି ତା'ହେଲେ ଆପଣ 'A-la Corte' order ଦେଇ ପାରିବେ। ସେହିପରି ୟୁରୋପୀୟ ଖାଦ୍ୟରେ ମଧ୍ୟ 'Table de-Hote' ଓ 'A-la-Corte'ର ବନ୍ଦୋବସ୍ତ ଅଛି। Table-de-Hoteରେ ଆପଣ ପାଇଲେ ଟମାଟୋ ସୁପ୍, ରୋଷ୍ଟ ଚିକେନ୍ ଏବଂ କାରାମେଲ ପୁଡିଂ। ଆପଣଙ୍କର ଯଦି ସେପରି ରୁଚି ନ ଥାଏ, ତାହେଲେ କେବଳ ଗୋଟିଏ ଆଇଟମ୍ ମଗାଇ ପାରନ୍ତି। କିନ୍ତୁ ଚୀନ୍ ହୋଟେଲରେ ସେ ପାଠ ନାହିଁ। ହୋଟେଲ୍‌କୁ ତିନି ଚାରି ଜଣ ୟାର ଦୋସ୍ତ ମିଳି ଯିବା ବିଧି। ଅବଶ୍ୟ ଆପଣଙ୍କୁ ଯଦି ନିର୍ଘାତ୍ ଏକୁଟିଆ ଯିବାକୁ ପଡିଲା, ତାର ମଧ୍ୟ ପନ୍ଥା ଅଛି।

ଗୋଟିଏ ଚୀନା ଭୋଜନରେ ତିନୋଟି ଖାଦ୍ୟ ଓ ଗୋଟିଏ ସୁପ୍ ରହିବା କଥା। ତା'ଛଡା ଭାତ। ଆଗରୁ କହିଛି ଯେ, ଏଠି ଆମିଷରେ ନିରାମିଷ ଓ ନିରାମିଷରେ ଆମିଷ। ଅର୍ଥାତ୍ କୁକୁଡା ମାଂସ ହୋଇଛି ବାଉଁଶ କରଡି ଓ ଛତୁ ସହିତ (Chiken with bamboo shaats and Mushraoms) ଏବଂ ପାଳଙ୍ଗ ଶାଗକୁ ଚୁନି ଚୁନି କରି କଟା ଯାଇଥିବା Ham (ଶୁକର ମାଂସ) ପଡିଛି। ଆମର ଏଠି ଅନେକଙ୍କର ଏହି ମାଂସଟା ପ୍ରତି ଆପତ୍ତି ଅଛି ଏବଂ ମୁସଲମାନ୍ ପକ୍ଷରେ ତ ହାରାମ୍। ଏଣେ ଚୀନା ଖାଦ୍ୟରେ ଏହାର ପ୍ରତିପତ୍ତି ସର୍ବତ୍ର। କିନ୍ତୁ ଭାରତ ବର୍ଷରେ ଏହି ଚୀନା ରେଷ୍ଟୋରାଁଗୁଡିକ ଏ ବିଷୟରେ ସାବଧାନ। ଘୁଷୁରି ମାଂସ କରନ୍ତି ଅବଶ୍ୟ, କିନ୍ତୁ ଅନ୍ୟଥିରେ ମିଶାନ୍ତି ନାହିଁ।

ବର୍ତ୍ତମାନ ଧରନ୍ତୁ ଆମେ ତିନିଜଣ ଚାଇନିଜ୍ ଖାଇବାକୁ ବାହାରିଲୁ। ମୋ ମତରେ ଗୋଟିଏ ଫ୍ରାଏଡ ରାଇସ୍ ବା ଚୌମିନ୍, ଗୋଟିଏ ଫୁୟଂ ଏବଂ ଗୋଟିଏ ମାଂସ ଡିସ୍ ଯଥା ଚିଲି ଚିକେନ୍ ବା ଚିକେନ୍ ବାମ୍ବୁଷାଟସ୍ ଅର୍ଡର ଦିଅନ୍ତୁ। ଚୌମିନ୍‌ଟା ନିରାମିଷ ହେଲେ ଭଲ ହେବ। ଫୁୟଂ ଚୀନା ଆମଲେଟ୍। କିନ୍ତୁ ଏଥିରେ ଅନ୍ୟାନ୍ୟ ଅନେକ ଜିନିଷ ପଡିଥାଏ ଏବଂ ଉପରେ ଏକ ସସ୍ ଢଳା ହୋଇଥାଏ। ସୁପ୍‌ଟା ଚୀନା ପଦ୍ଧତି ଅନୁଯାୟୀ ପଛରେ ନେଲେ ଟିକିଏ ବେଶୀ ତୃପ୍ତି ଲାଗିବ। ତେବେ ଏହା ରୁଚିର କଥା। ଭାରତ ବର୍ଷରେ ତ ସୁପଟା ଲୋକେ ଆଗ ଖାଇଥାନ୍ତି।

ଏ ତ ଗଲା ସାଧାରଣ ଭୋଜନ। ଯଦି ଆନୁଷ୍ଠାନିକ ଚୀନା ଭୋଜି ହୋଇଥାଏ,

ତା' ହେବ ସମ୍ପୂର୍ଣ୍ଣ ଅଲଗା ଜିନିଷ। ଗୋଟିଏ ଭୋଜି ଦୁଇଘଣ୍ଟାରୁ ଅଢେଇ ଘଣ୍ଟା ଲାଗେ। ଭୋଜି ଆରମ୍ଭ ସହିତ ପ୍ରଥମେ କେତେଟା ଥଣ୍ଡା ଜିନିଷ ଦିଆ ହୁଏ। ଯଥା ସିଝା ଅଣ୍ଡା, ଶୁଖୁଆ ଜାତିର ମାଛଭଜା, ଥଣ୍ଡା ମାଂସ, ଚୀନା ସାଲାଡ ଇତ୍ୟାଦି। ଏହି ସମୟଟା ବକ୍ତୃତା ଦେବା ଓ ପାନ କରିବାର ସମୟ। ଯେଉଁମାନେ ମଦ ପିଅନ୍ତି ନାହିଁ, ସେମାନେ ଏହି ସମୟରେ ଗ୍ଲାସ୍‌ରେ ଅନ୍ୟ ପାନୀୟ ଯଥା ଲେମୋନେଡ୍ ବା କୋଲା ଭର୍ତ୍ତି କରିନିଅନ୍ତି। ଧରନ୍ତୁ ଆପଣ ଆପଣଙ୍କ ବନ୍ଧୁଙ୍କ ଜନ୍ମଦିନ ଲାଗି ଏକ ପାର୍ଟି ଦେଉଛନ୍ତି। ପ୍ରଥମେ ଆପଣ, ସମସ୍ତେ ବସିଲା ପରେ, ନିଜ ଜାଗାରେ ଠିଆହେଇ ଆପଣଙ୍କ ବନ୍ଧୁଙ୍କ ଦୀର୍ଘ ଜୀବନ ଓ ସୁଖ କାମନା କରି ଏକ ବକ୍ତୃତା ଦେଲେ। ଏହା ଭିତରେ ସମସ୍ତେ ଗିଲାସ ଭର୍ତ୍ତିକରି ନେଲେ। ବକ୍ତୃତା ଶେଷରେ ଆପଣ ହୁଙ୍କାର କଲେ "କାନ୍‌ପେଲ"! ଅର୍ଥାତ୍ 'ଗିଲାସ ଖାଲି !' ଆପଣଙ୍କ ହୁକୁମ ତତ୍‌କ୍ଷଣାତ୍ ପାଳିତ ହେଲା। ତା'ପରେ ଅନ୍ୟମାନେ ମଧ୍ୟ ବକ୍ତୃତା ଓ କାନପେଲର କ୍ରମ ଚାଲୁ ରଖିଲେ। ଏ ଭିତରେ ସ୍ପ୍ରିଂ ରୋଲ୍ ଏବଂ ଅନ୍ୟାନ୍ୟ ଶୁଖିଲା ଖାଦ୍ୟ ଟେବୁଲ୍‌କୁ ଆସିବା ଆରମ୍ଭ କଲାଣି। ଯଥା ଭଜା ମାଂସ, ଭଜା ଚିଙ୍ଗୁଡି ଇତ୍ୟାଦି। ଏହା ଭିତରେ ସବୁ ଭାଷଣ ସରିଯିବଣି। ତା'ପରେ ଆରମ୍ଭ ହେବ ଗପ, ଥଟ୍ଟା ଏବଂ ପାନ। କିନ୍ତୁ ଧୀରେ ଧୀରେ। ଏହା ମଧ୍ୟରେ ଭିନ୍ନ ଭିନ୍ନ ଖାଦ୍ୟ ଆସିଥିବ। ଶେଷ ଆଡକୁ ଫ୍ରାଏଡ ରାଇସ୍ ଓ ସୁପ୍। ସବା ଶେଷରେ କିଛି ଫଳ। କାରଣ ଚୀନାଙ୍କର ମିଠା ପ୍ରାୟ ନାହିଁ।

ଚୀନାମାନଙ୍କର ଅଫିମ ପ୍ରତି ଦୁର୍ବଳତା ବିଷୟରେ ଇଂରେଜମାନେ ବହୁଳ ପ୍ରଚାର କରିଥିଲେ ଏବଂ ଆମେ ମୋଟାମୋଟି ବିଶ୍ୱାସ ମଧ୍ୟ କରି ଯାଇଥିଲୁ। ପ୍ରକୃତରେ ଚୀନାଙ୍କର ଅଫିମ ସମ୍ବନ୍ଧରେ କୌଣସି ଦୁର୍ବଳତା ନ ଥିଲା ଓ ସେମାନେ ଏହାକୁ ଘୃଣା କରୁଥିଲେ। ଇଂରେଜ ଜୋର ଜବରଦସ୍ତି ଅଫିମ ଚୀନ୍‌ରେ ପୂରାଇଲେ। ଚୀନା ଅଫିମ ଖାଇବାକୁ ରାଜି ନ ହେବାରୁ ଇଂରେଜ ଚୀନ୍ ଆକ୍ରମଣ କଲା। ସେହି ଯୁଦ୍ଧର ନାମ ହିଁ ଅଫିମ ଯୁଦ୍ଧ (Opium War)। ପ୍ରକୃତରେ ଚୀନାର ଦୁର୍ବଳତା ହେଉଛି ମଦ ପାଇଁ। ଚୀନରେ ଫଳରୁ ପ୍ରସ୍ତୁତ ମଦ ବିଶେଷ ଚାଲେ ନାହିଁ। ମଦ ସାଧାରଣତଃ ଚାଉଳ, ବାଜରା ଇତ୍ୟାଦିରୁ ତିଆରି ହୁଏ, ଯଥା ଚାଉଳରୁ ଶାଉଶଂ, ଏକପ୍ରକାର ବାଜରାରୁ କାଓଲିୟାଂ, ଆଉ ଏକ ପ୍ରସିଦ୍ଧ ମଦ୍ୟ ମାଓତାଇ। ଚୀନା କବିତା ମଧ୍ୟ ଉର୍ଦ୍ଦୁ କବିତା ପରି ମଦର ପ୍ରଶଂସାରେ ପୂର୍ଣ୍ଣ। ତେବେ ବିଅର ଜାତୀୟ ହାଲୁକା ମଦର ଚାଲ ବେଶି। ଚୀନରେ ଅତି ଉତ୍ତମ ବିଅର ତିଆରି ହୁଏ। ଯେତେବେଳେ ଊନବିଂଶ ଶତାବ୍ଦୀରେ ପଶ୍ଚିମ ରାଷ୍ଟ୍ରମାନେ ଚୀନ୍‌ର ଖଣ୍ଡେ ଖଣ୍ଡେ

ମାଡି ବସିଲେ, ଜର୍ମାନୀ ମଧ୍ୟ ଶାଂ ଟୁଂ ଦଖଲ କରିନେଲା। ଜର୍ମାନୀ ତ ପୃଥିବୀର ସର୍ବଶ୍ରେଷ୍ଠ ବିଅର ତିଆରି କରେ। ଏଣୁ ସେମାନେ ଶାଂଟୁଂରେ ବିଶେଷ କରି ଚିଂଟାଓ ନଗରରେ ଅତି ଉତ୍ତମ ବ୍ରିଓ୍ୱେରୀ ସ୍ଥାପନ କରିଥିଲେ। ସେଠାରେ ବିଅର ପ୍ରାୟ ଜର୍ମାନ ବିଅର ପରି। କାରଣ ସେଠାର ନଈ ପାଣିର ସ୍ୱାଦ ଖୁବ୍ ଭଲ।

ଏହି ଲେଖାଟିକୁ ଏକ ଚୀନ୍ ବନ୍ଧୁ ମିଳନର କବିତାରେ ଶେଷ କରୁଛି। ଏହି କବିତାଟିର ଲେଖକ ଲିପି ତାଙ୍କ ସମୟର କବି (ଖ୍ରୀଷ୍ଟାବ୍ଦ ୭୦୧-୭୬୨)। ଏହାଙ୍କୁ କବିଙ୍କର ରାଜପୁତ୍ର ବୋଲି କୁହାଯାଏ। ମିଜାଜ୍‌ଟା ମଧ୍ୟ ସେହିପରି।

ନାନ୍‌ଚିଂ ନଗରର ଏକ ମଦ୍ୟଶାଳାରେ ବିଦାୟ।

‘ଉଡି ଆସୁଥିବା ଶିମୁଳିତୁଳା ସବୁ ସୁନ୍ଦର କରି ଦେଉଛି।

‘ଉ’ର ଏକ ତରୁଣୀ ମଦ୍ୟ ଢାଳି ମୋତେ ବନ୍ଧୁମାନଙ୍କୁ ସହ ପିଇବାକୁ ଅନୁରୋଧ କରୁଛି।

ପ୍ରତ୍ୟେକ ବନ୍ଧୁ ତା’ର ପାତ୍ର ଶେଷ କଲା ବେଳକୁ ମୁଁ କହେ ପୂର୍ବଦିଗକୁ ବହୁଥିବା ନଦୀକୁ ପଚାର।

ସେ କ’ଣ ଜଣେ ବନ୍ଧୁର ସ୍ନେହଠାରୁ ବେଶୀ ଦୂରକୁ ଯାଇପାରିବ ?’

(ପୂର୍ବକୁ ବହୁଥିବା ନଦୀ ଚୀନ୍‌ର ସବୁଠାରୁ ବଡ ନଦୀ ୟାଂଜି ନଦୀ, ଯାହା କୂଳରେ ନାନ୍‌ଚିଂ ନଗର ଅବସ୍ଥିତ। ‘ଉ’ ଚୀନ୍‌ରେ ଅନେକ। ଏଣୁ ‘ଉ’ର ତରୁଣୀ କେଉଁଠାର, ତା’ ଚିହ୍ନି ହେବନାହିଁ। କବି ବନ୍ଧୁଙ୍କଠାରୁ ବିଦାୟ ନେବା ସମୟରେ ନିଜକୁ ଉଡି ଯାଉଥିବା ଶିମୁଳିତୁଳା ସହିତ ତୁଳନା କରୁଛନ୍ତି।)

■

ଭୋଜନମ୍ ଯତ୍ରତତ୍ରଷ୍ଟ (ୟୁରୋପୀୟ)

ପୂର୍ବ ଆଲୋଚନାରେ କହିଛି ଯେ ଆମର ଚାରି ବେଦ ପରି ରନ୍ଧନର ମଧ୍ୟ ଚାରି ବେଦ ଅର୍ଥାତ୍ ପଦ୍ଧତି ଅଛି। ବେଦର ବେଦାଙ୍ଗ ଶାଖା ଇତ୍ୟାଦି ଥିଲା ପରି ଏହି ଚାରି ପଦ୍ଧତିର ବହୁ ଶାଖା ପ୍ରଶାଖା ଅଛି। ପ୍ରଥମ ଭାରତୀୟ ପଦ୍ଧତି ପ୍ରଧାନତଃ ମୋଗଲାଇରେ ପ୍ରକାଶମାନ, ଦ୍ୱିତୀୟ ଚୈନିକ, ତୃତୀୟ ମଧ୍ୟ ଏସିଆ ଓ ଆରବ ଦେଶର ରନ୍ଧା ଅର୍ଥାତ୍ ତନ୍ଦୁରୀ ଜାତୀୟ। ତେବେ ଯେତେ ପଶ୍ଚିମକୁ ଯିବେ, ସେତିକି ମସଲାଟା କମି କମି ଯିବ। ଏପରିକି ହଳଦୀଟା ଆଫଗାନିସ୍ଥାନ ପାର କରିନାହିଁ। ସେଠି ତା'ର ନାମ ଜର୍ଦଚୋପ୍। ଅର୍ଥାତ୍ ହଳଦିଆ କାଠି। ଚତୁର୍ଥ ହେଲା ୟୁରୋପୀୟ। ଭାରତୀୟ ରନ୍ଧାରେ ଯେପରି ମୋଗଲାଇର ପ୍ରାଧାନ୍ୟ, ସେହିପରି ୟୁରୋପୀୟ ରନ୍ଧାରେ ଫରାସୀ ବିଶେଷ କରି ପ୍ୟାରିସ୍‌ର ରନ୍ଧାର ପ୍ରାଧାନ୍ୟ। ଏପରିକି କୌଣସି ଭଲ ରେଷ୍ଟୋରାଁକୁ ଗଲେ ଆପଣ ମେନୁଟା ଅନେକ ସମୟରେ ଫରାସୀରେ ଲେଖା ଥିବା ଦେଖିବେ। ତାକୁ ଛାଡିଦେଲେ ମଧ୍ୟ ହୋଟେଲ୍ ବ୍ୟବସାୟରେ ବହୁ ଫରାସୀ ଶବ୍ଦ। ଭଲ ହୋଟେଲରେ ସୁପକାରକୁ ତ cook କୁହାଯାଏ ନାହିଁ। କୁହାଯାଏ Chef। ହେଡ୍ ବେହେରା ମହାଶୟ ଅତି କ୍ଷମତାଶାଳୀ ଲୋକ। ଲୋକଙ୍କୁ ଟେବୁଲ୍‌ରେ ବସାଇବା ଭାର ତାଙ୍କର। ଯେଉଁମାନେ ପଞ୍ଚତାରକା ହୋଟେଲ୍ ରେଷ୍ଟୁରାଁକୁ ଯାଆନ୍ତି, ତାଙ୍କର ପ୍ରଧାନ ଉଦ୍ଦେଶ୍ୟ ଖାଇବା ନୁହେଁ, ନିଜକୁ ଦେଖାଇବା। ଏଣୁ ଏପରି ଟେବୁଲ୍‌ରେ ବସିବା ଦରକାର, ଯେଉଁଠାରେ କି ସମସ୍ତଙ୍କର ଆଖି ପଡିବ। ଉପରୋକ୍ତ ମହାଶୟ ଆପଣଙ୍କୁ ଗୋଟେ ହଲ୍ ମଝିରେ ଟେବୁଲ୍‌ରେ ବସାଇ ପାରନ୍ତି ବା ଗୋଟିଏ କୋଣରେ। ଭଲ ଟେବୁଲ୍ ଖାଲି ଥିଲେ ବି କହିଦେବେ 'ରିଜର୍ଭ ଅଛି'। ଏଣୁ ଏହାଙ୍କୁ ଉପଯୁକ୍ତ ନୈବେଦ୍ୟ, ଅର୍ଥାତ୍ ଟିପ୍‌ସ୍ ଚଢାଇବାକୁ ହୁଏ। ଏହି ମହାଶୟଙ୍କ ଉପାଧି ହେଲା Maitri-d-Hote ବା ଅଳ୍ପ କଥାରେ Maitre-e। ଆପଣ ଯେଉଁ

ରେଷ୍ଟୁରାଁକୁ ଗଲେ ମଧ୍ୟ ହୁଏତ ଗୋଟେ ମିଲ୍ କିଣି ପାରନ୍ତି ବା ନିଜ ରୁଚି ମୁତାବକ ଅର୍ଡର୍ ଦେଇପାରନ୍ତି । ପ୍ରଥମ ବ୍ୟବସ୍ଥାର ନାମ ହେଲା Table-de-Hote ଏବଂ ଦ୍ୱିତୀୟଟିର ହେଲା A-la-Corte ।

ଏହିପରି ଖାନ୍‌ଦାନୀ ଜାଗାରେ ଯଦି ଆପଣଙ୍କୁ ଅର୍ଡର୍ ଦେବାକୁ ପଡେ ତା' ହେଲେ ନିଜର ଫରାସୀ ନ ଜାଣିଥିବାଟା ଲୁଚାନ୍ତୁ ନାହିଁ, ଅଭିଜ୍ଞ ଓଏଟରର ସାହାଯ୍ୟ ନିଅନ୍ତୁ । କେତେକ ରେଷ୍ଟୁରାଁ ପୁଣି ଜର୍ମାନ୍ ବା ଇଟାଲିଆନ୍‌ରେ ମେନୁ ଲେଖିପକାନ୍ତି । ଗୋଟିଏ ଜାଗାରେ ଦେଖିଲେ ଲେଖା ହୋଇଛି - Vienner Schnitzal ଏହା କ'ଣ ନ ପଚାରି ଜାଣିବାର ଉପାୟ ନାହିଁ ? ପ୍ରକୃତରେ ଏହା ବାଛୁରୀ ମାଂସର କଟ୍‌ଲେଟ୍ । ଏଣୁ ଶତକଡା ନବେ ପାଠକ ପାଠିକାଙ୍କ ପକ୍ଷରେ ଏହା ସର୍ବଥା ବର୍ଜନୀୟ ।

ପ୍ରକୃତ କଥାରୁ ବହୁତ ବାଟ ଚାଲି ଆସିଲୁ । ଆମର ଆଲୋଚନାର ବିଷୟ ହେଲା ଯେ ଫରାସୀ ବା ୟୁରୋପୀୟ ରନ୍ଧାର ବିଶେଷତ୍ୱଟା କ'ଣ ? ପ୍ରଥମେ ଏଥିରେ କ'ଣ ନାହିଁ ସେଇଟା ଧରାଯାଉ । ମସଲା ପ୍ରାୟ ନାହିଁ ଏବଂ ଯଦି ବ୍ୟବହାର ହୁଏ, ତା' କେବଳ ଗୋଲମରିଚ । ଖାଦ୍ୟ ସ୍ୱାଦ ବଢାଇବାକୁ ସେମାନେ ନାନାଦି ପତ୍ର (Herb) ମଧ୍ୟ ବ୍ୟବହାର କରିଥାଆନ୍ତି । ଯଦିଚ ଲହୁଣି ରାନ୍ଧିବା ପାଇଁ ବ୍ୟବହାର କରାଯାଏ, କିନ୍ତୁ ତା' ବିଶେଷ ନୁହେଁ । ଆଗେ ଓ ବର୍ତ୍ତମାନ ଭଲ ରନ୍ଧା ଲାଗି ଶୁକର ଚର୍ବି ବା ଲାର୍ଡ (Lard) ବା ଅଲିଭ୍ ତେଲ ବ୍ୟବହାର କରାଯାଏ । ଅବଶ୍ୟ ବର୍ତ୍ତମାନ ଭେଜିଟେବୁଲ୍ ଘିଅ (ଡାଲଡା ଜାତୀୟ) ହିଁ ପ୍ରାୟ ବ୍ୟବହାର କରାହୁଏ । ଏହି ପ୍ରକାର ରନ୍ଧାରେ ଓଭେନ୍‌ର ବ୍ୟବହାର ବହୁଳ । ଏକ ପ୍ରକାର ଓଭେନ୍‌କୁ ପାଶ୍ଚାତ୍ୟ ରନ୍ଧାର ଆତ୍ମା ବୋଲି ଧରାଯାଇପାରେ । କାରଣ ପାଶ୍ଚାତ୍ୟ ରୁଟି ଅର୍ଥାତ୍ ପାଉଁରୁଟି ବା ବ୍ରେଡ୍ ଓଭେନ୍‌ରେ ହିଁ ତିଆରି ହୁଏ । କିନ୍ତୁ ଓଭେନ୍ ତନ୍ଦୁର ନୁହେଁ । ତନ୍ଦୁରରେ କୌଣସି ରସଦାର ଜିନିଷ ତିଆରି କରିହେବ ନାହିଁ । କିନ୍ତୁ ଓଭେନ୍ ଭିତରକୁ ଖାଦ୍ୟ ଥିବା ପାତ୍ରଟି ଭର୍ତ୍ତି କରିଦେଇ ହେବ ଓ ହୋଇଗଲେ ବାହାର କରି ଆଣିହେବ । ଏଥିରେ ରନ୍ଧାଟା ଧୀରେ ଧୀରେ ହୁଏ ଏବଂ ସେଥିଲାଗି ତା'ର ବିଶେଷ ସ୍ୱାଦ ମଧ୍ୟ ହୁଏ ।

ଆମର ଧାରଣା, ସାହେବ ଗୁଡାକ ଅଖାଦ୍ୟ ସିଝା ଖାଆନ୍ତି । ଏପରି ଧାରଣା ଏକା ସାଥୀରେ ଭୁଲ୍ ଓ ଠିକ୍ । ପାଠକ ନିଶ୍ଚୟ କେକ୍ ବା ପେଟିସ୍ ଖାଇଥିବେ । ଏଣୁ ସିଝା, ଅସୁଆଦ ଅଖାଦ୍ୟର ଅପବାଦଟା ଉଚିତ୍ ନୁହେଁ ବୋଲି ବୁଝିଥିବେ । କିନ୍ତୁ ଅପବାଦଟା କେତେକ ପରିମାଣରେ ସତ । ତା'ର କାରଣ, ଆମେ ୟୁରୋପୀୟ ବୋଇଲେ ବୁଝୁ ଇଂରେଜ । ଏମାନଙ୍କ ଖାଦ୍ୟରେ ବହୁତ ବେଶୀ ସିଝା । ଆମେ ତ ଭାରତ ବର୍ଷରେ ତାଙ୍କର ଖାଇବା ହିଁ ଦେଖିଛୁ, କିନ୍ତୁ ଅନ୍ୟତ୍ର ଏପରି ନୁହେଁ । ଖାନ୍‌ଦାନୀ

ଫରାସୀ ରନ୍ଧାରେ ମାଖନ୍, ଅଙ୍ଗୁର ମଦ ଏବଂ ଅନେକ ପ୍ରକାର ପତ୍ରର (Herb) ସମାବେଶ ଥାଏ। ଇଟାଲୀର ରନ୍ଧା ସାଧାରଣତଃ ଅଲିଭ ତେଲରେ ହୁଏ। ଏଣୁ ତା'ର ଏକ ବିଶେଷ ସ୍ୱାଦ ଥାଏ। ତା'ଛଡା ଚିଜ୍ ଓ ଟମାଟୋର ବହୁତ ବ୍ୟବହାର। ଚିଜ୍‌ଟା ଛେନା ବା ପନିର ନୁହେଁ। ଛେନା ବା ପନିର ହେଲା Cottage Cheese। ସବୁଠାରୁ ସରଳ ଚିଜ୍। କିନ୍ତୁ ୟୁରୋପରେ ଶହ ଶହ ରକମର ଭିନ୍ନ ଭିନ୍ନ ସ୍ୱାଦର ଚିଜ୍ ତିଆରି ହୁଏ। ଏହିପରି ଅନେକ ପଦ୍ଧତି ଅଛି। କିନ୍ତୁ ସେ ସବୁ ହେଲା ଗୋଟିଏ ପରିବାରର। ଯେପରି ବଙ୍ଗାଳୀ ରନ୍ଧା ଓ ଉତ୍ତର ପ୍ରଦେଶର ରନ୍ଧା ମଧ୍ୟରେ ଅନେକ ପ୍ରଭେଦ ଥିଲେ ମଧ୍ୟ ତାହା ଗୋଟିଏ ପରିବାରର। ତେବେ ଭାରତୀୟ ପାଟିକୁ ଇଟାଲୀ ରନ୍ଧାଟା ହିଁ ଭଲ ଲାଗେ।

ୟୁରୋପୀୟ ଖାଇବାରେ ଆମ ପକ୍ଷରେ ପ୍ରଧାନ ଅସୁବିଧା ହେଲା ତା'ର ମାଂସ ନେଇ। ଏଥିରେ ଛେଳି-ମେଣ୍ଢା ମାଂସର ବ୍ୟବହାର ସ୍ୱଳ୍ପ। ଖାନ୍‌ଦାନୀ ମାଂସ ହେଲା ଗୋରୁ ବା ଘୁଷୁରି (Beef ବା Pork)। ଗୋଟିଏ ହିନ୍ଦୁ ଲାଗି ପାପ ଓ ଅନ୍ୟଟି ମୁସଲମାନ୍ ଲାଗି ହରାମ୍। ଅଧିକାଶଂ ହିନ୍ଦୁ ମଧ୍ୟ ଘୁଷୁରି ମାଂସ ଖାଇବାକୁ ଭଲ ପାଆନ୍ତି ନାହିଁ। ଏଣୁ କୁକୁଡା ଛଡା ଉପାୟ ନାହିଁ। କିନ୍ତୁ ୟୁରୋପୀୟ ରନ୍ଧାରେ ଏହାର ବିଶେଷ ଉଚ୍ଚସ୍ଥାନ ନାହିଁ। ମାଛର ମଧ୍ୟ ବ୍ୟବହାର ପ୍ରଚୁର। ଏହାର କାରଣ ୟୁରୋପରେ, ବିଶେଷ କରି ପଶ୍ଚିମ ୟୁରୋପରେ ବହୁତ ମାଛ ଧରା ହୁଏ ଏବଂ ମାଛଟା ଜନସାଧାରଣଙ୍କ ଖାଦ୍ୟ ହିସାବରେ ଚଳି ଆସିଛି। ଆଗେ ତ ୟୁରୋପର ଆର୍ଥିକ ଅବସ୍ଥା ଏବ ଭଳି ସ୍ୱଚ୍ଛଳ ନ ଥିଲା। ଏଣୁ ଜନସାଧାରଣ କେବଳ କେତେକ ବିଶେଷ ପର୍ବଦିନ ଛଡା ମାଂସ ପାଉ ନ ଥିଲେ। ସେମାନେ ନିର୍ଭର କରୁଥିଲେ ମାଛ, ଶୁଖୁଆ ବା Kippers ଉପରେ। ବିଶେଷ କରି ହେରଂ ମାଛକୁ ଲୁଣ ଦେଇ ଅନେକ ଦିନ ରଖି ହେଉଥିଲା। କିନ୍ତୁ ଅନେକ ରନ୍ଧାରେ ଆଇଁଷିଣିଆ ଗନ୍ଧ ବହୁତ। ଏଣୁ Poached Fish ଇତ୍ୟାଦି ନ ନେବା ହିଁ ଭଲ। ଫ୍ରାଇ, କଟ୍‌ଲେଟ୍ ଇତ୍ୟାଦି ଆମକୁ ବେଶୀ ସୁହାଏ। ମେୟନେଜ୍ ସସ୍‌ଟା ମାଗିବାକୁ ଭୁଲିବେ ନାହିଁ। ତା'ଛଡା ଅଧିକାଂଶ ଭାରତୀୟଙ୍କୁ ମାଛ ସହିତ ମଷ୍ଟାର୍ଡ ବା ରାଇ ସୋରିଷର ଗୁଣ୍ଡ ଭଲ ଲାଗିଥାଏ।

ତା'ଛଡା ପଶ୍ଚିମ ରନ୍ଧନ ମିଠାରେ ମଧ୍ୟ ପାରଦର୍ଶୀ। କିନ୍ତୁ ତାଙ୍କ ମିଠାଟା ଖାଇବାର ଶେଷ ପର୍ବ। ଯେପରି ଆମର କ୍ଷୀରି। ସାଧାରଣତଃ ଏହାକୁ ପୁଡିଂ ବା Dessert ବୋଲି କୁହାଯାଏ। ଏହା ମଧ୍ୟ ପରିମାଣରେ ବେଶ୍ ଥାଏ। ଏହାର ଅସଂଖ୍ୟ ଭେଦ। ତେବେ ଦୁଧ, ଅଣ୍ଡା ଓ ଚିନି ଏହାର ପ୍ରଧାନ ଉପାଦାନ। ସାଧାରଣତଃ ଏହା ବେଶୀ ମିଠା ନୁହେଁ ଏବଂ ଅତ୍ୟନ୍ତ ରୋଚକ। କିନ୍ତୁ ସାଧୁ ସାବଧାନ! ଏହି

ଦ୍ରବ୍ୟ ଓଜନ ବଢାଇବା ଦିଗରେ ଅତ୍ୟନ୍ତ ଫଳପ୍ରସୂ। ଅତଏବ ଚାଳିଶ ପରେ ଏ ବିଷୟରେ ସାବଧାନତାର ପ୍ରୟୋଜନ। ଯଦି ଆପଣଙ୍କର "ମଧୁରେଣ ସମାପୟେତ୍" ନିହାତି କରିବା କଥା, ତାହେଲେ ଫ୍ରୁଟସାଲାଡ୍‌ର ଆଗକୁ ଯାଆନ୍ତୁ ନାହିଁ (ଚାଳିଶାଧିକଙ୍କ ପାଇଁ କେବଳ)।

ୟୁରୋପୀୟ ଖାଦ୍ୟର ଏକ ପ୍ରଧାନ ବିଶେଷତ୍ୱ ହେଉଛି ସେଠାରେ ଥଣ୍ଡା ଖାଦ୍ୟ। ଅନେକ କାଳ ପର୍ଯ୍ୟନ୍ତ ୟୁରୋପରେ ଗୋଟିଏ ଓଳି ଥଣ୍ଡା ଖାଉଥିଲେ। ଏବେ ଆମେ ଯାହା ଲଞ୍ଚ୍ କହୁଛୁ ତାହା ଚାଲୁ ହୋଇ ନ ଥିଲା। ମଧ୍ୟାହ୍ନ ଭୋଜନକୁ କୁହାଯାଉଥିଲା Dinner। ରାତ୍ରି ଆହାରର ନାମ ଥିଲା ସୁପର (Supper) ଏବଂ Cold Supperର ବହୁତ ଚାଲୁ ଥିଲା। ଏଥିରେ ପ୍ରାୟ ପାଉଁରୁଟି ସାଥୀରେ ଚିଜ୍ ଖିଆ ଯାଉଥିଲା। ଚିରକାଳରୁ ୟୁରୋପରେ ପାଉଁରୁଟି ଓ ଚିଜ୍ ଜନସାଧାରଣଙ୍କ ଖାଦ୍ୟ ବୋଲି ପରିଗଣିତ ଥିଲା। ତା' ସାଥୀରେ ଅଣ୍ଡା, ମାଛ ଓ ମାଂସ। ବିଶେଷ କରି ଶୁକର ମାଂସ ଯଥା ହାମ୍, ସଲାମୀ, ସସେଜ୍ ଆଦି। ତାହା ଛଡା ଯଦି ଡିନର୍‌ରୁ ରୋଷ୍ଟ୍ ବଳି ଯାଇଛି, ତାହା ମଧ୍ୟ ଖିଆ ଯାଇପାରେ। ୟୁରୋପରେ ଉଦ୍ୟୋଗୀକରଣ ଏହି ପ୍ରଥା ଉପରେ ଆଘାତ କଲା। ଖରାବେଳେ ସମସ୍ତେ କାରଖାନା, ଅଫିସ୍ ଇତ୍ୟାଦିରେ। ଘର ବହୁତ ବାଟ। ଏଣୁ ସମସ୍ତେ ସକାଳୁ ବ୍ରେକ୍‌ଫାଷ୍ଟ୍ ଖାଇ କରି ଗଲେ। କର୍ମସ୍ଥଳରେ ହୁଏତ ସାଙ୍ଗରେ କିଛି ନେଇଥିବା ଖାଇବା ଖାଇଲେ ବା ନିକଟସ୍ଥ କାଣ୍ଟିନ୍ ବା ହୋଟେଲ୍‌ରେ ଯତ୍‌ସାମାନ୍ୟ। ଭୁରିଭୋଜନର ଅବକାଶ ନାହିଁ। କାରଣ ଖାଇବା ପରେ ବିଶ୍ରାମ ନେଇ ହେବନାହିଁ। ଏହି ଦ୍ୱିପ୍ରହରର ସ୍ୱଳ୍ପ ଭୋଜନର ନାମ ହେଲା Luncheon (Lunch)। ଏଣୁ ରାତ୍ରି ଭୋଜନଟା ଦିନର ପ୍ରଧାନ ଖାଦ୍ୟ। ଅତଏବ ଡିନରଟା ରାତିକୁ ଗଲା। Supper ପ୍ରାୟ ଉଠିଗଲା। ତେବେ ଖାନ୍‌ଦାନୀ ମହଲରେ ଏହାର କିଞ୍ଚିତ୍ ପ୍ରସାର ଅଛି। ଧରନ୍ତୁ, ଆପଣ ଅଫିସ୍‌ରୁ ଫେରିଲା ବେଳକୁ ପ୍ରାୟ ସାତଟା। ଏଣୁ ଫାଷ୍ଟ ଶୋ ସିନେମା ଯାଇପାରିବେ ନାହିଁ। ଡିନର ଖାଇ ସେକେଣ୍ଡ ଶୋ ସିନେମା ଗଲେ। ଫେରିଲା ପରେ ଟିକିଏ କିଛି ପାଟିରେ ପକାଇଲେ। ଧରନ୍ତୁ ଦୁଇଟା କଟ୍‌ଲେଟ୍। ଏଣୁ ଏହି ଖାଇବାଟାକୁ ହୋଟେଲ ରୋସ୍ତୁରାଁରେ ସପର୍ କୁହାଯାଏ।

ଏହି ସାଥୀରେ ନେବା ଲଞ୍ଚ ବା Pack Lunch ରେ ସାଣ୍ଡଉଇଚ୍ ପ୍ରାୟ ଥାଏ। ସାଣ୍ଡଉଇଚ୍‌ରେ ଦୁଇଖଣ୍ଡ ପାଉଁରୁଟି ମଧ୍ୟରେ କିଛି ଅନ୍ୟ ଖାଦ୍ୟ ଯଥା ମାଂସ, ମାଛ, ଅଣ୍ଡା ବା ପରିବା ଥାଏ। ଏହାକୁ ଥଣ୍ଡା ଖାଇବା କଥା। ଇଂଲଣ୍ଡର ହାମ୍ ସାଣ୍ଡଉଇଚ୍ ପ୍ରସିଦ୍ଧ। ଏହି Sandwich (ସାଣ୍ଡଉଇଚ୍)ର ଉଦ୍ଭବ ବଡ ମଜାଦାର୍।

କୁହାଯାଏ ଯେ କୌଣସି ହିନ୍ଦୀ ପଣ୍ଡିତ ପାରିଭାଷିକ ଶବ୍ଦ ତିଆରି କଲା ବେଳକୁ ସାଣ୍ଡଉଇଚ୍‌ର ତର୍ଜମା କଲେ 'ବାଲୁ ଡାକିନୀ'। ପଣ୍ଡିତଙ୍କ ଇଂରେଜୀ ଜ୍ଞାନ କମ୍। କାରଣ sand ତ ବାଲୁ ବା ବାଲି ହେଲା। କିନ୍ତୁ ଡାକିନୀର ଇଂରେଜୀ wich ନୁହେଁ, witch। ପ୍ରକୃତରେ କଥାଟା ଇଂରେଜ ଆଭିଜାତ୍ୟ ମହଲରୁ ବାହାରିଛି। ଜଣେ ମହାନୁଭବ ଥିଲେ Lord Sandwich। ଏ ମହାଶୟ ତାସ୍, ବିଶେଷ କରି ଜୁଆ ଖେଳକୁ ଭଲପାଉଥିଲେ ଯେ କ୍ଲବ୍‌ର କାର୍ଡ ରୁମ୍‌ରୁ ଉଠି ଡାଇନିଂ ରୁମ୍ ପର୍ଯ୍ୟନ୍ତ ଯିବାକୁ ନାରାଜ ଥିଲେ। ଏଣୁ ତାଙ୍କର ଚାକର ଦୁଇ ସ୍ଲାଇସ୍ ପାଉଁରୁଟି ମଧ୍ୟରେ କିଛି ମାଂସ ରଖି ତାଙ୍କୁ ଖାଇବାକୁ ଦେଲା। ଜିନିଷଟା ସୁବିଧା, ଏଣୁ ଚାଲୁ ହୋଇଗଲା ଏବଂ ତାହାର ନାମକରଣ Lord Sandwich ନାମରେ ସାଣ୍ଡଉଇଚ୍ ହୋଇଗଲା। ମୋତେ ଯେତେଦୂର ଜଣା, ସେ ମହାଶୟ ଜୁଆ ଖେଳିବା ଛଡା ଆଉ କିଛି କରି ନ ଥିଲେ। କିନ୍ତୁ ଭାଗ୍ୟର ବିଡମ୍ବନା ଯେ ତାଙ୍କର ନାମ ପୃଥିବୀ ପ୍ରସିଦ୍ଧ।

ପାଠକ ନିଶ୍ଚୟ Fast Food ବୋଲି ଗୋଟିଏ କଥା ଶୁଣିଥିବେ। ଏହି ସାଣ୍ଡଉଇଚ୍ ହିଁ ପୃଥିବୀର ପ୍ରଥମ Fast food। ଏହି ଶବ୍ଦଟିର ମୋଟାମୋଟି ଅର୍ଥ ହେଲା ଯେ, ଠିଆ ଠିଆ ଖାଇ ହେବ; ପ୍ଲେଟ୍, କଣ୍ଟା ଚାମଚର ଝାମେଲା ନ ଥିବ। କାଗଜ ନାପକିନ୍‌ରେ ଧରି ଖାଇବେ। ଏଣୁ ଦୋକନ କରିବାର ଯେଉଁ ଖର୍ଚ୍ଚ ଅର୍ଥାତ୍ Establishment cost ଅତି କମ୍। ଠେଲାଗାଡି ବା କେବିନ୍ ସବୁଠି ଖୋଲି ଦେଇହେବ। ସାଣ୍ଡଉଇଚ୍ ପରେ ଇଂଲଣ୍ଡରେ ଚାଲୁ ହେଲା Fish'n chips, ମାଛ ଓ ଆଳୁ ଭଜା। ମାଛରୁ ଆଗରୁ କଣ୍ଟା କଢା ହୋଇ ଯାଇଥାଏ। ଏହି ଜିନିଷ ଖବରକାଗଜ ଉପରେ ଦିଆଯାଉଥିଲା। ଗୁଣଗ୍ରାହୀମାନଙ୍କ ମତ ଯେ, ଖବରକାଗଜ ଉପରେ ଖାଇଲେ ଯେଉଁ ସ୍ୱାଦ ଆସେ, ତା' ଟେବୁଲରେ ବସି ପ୍ଲେଟ୍‌ରେ ଖାଇଲେ ମିଳେ ନାହିଁ। ଆପ୍ ରୁଚି ଖାନା, ଆଉ ସେଥିରେ କ'ଣ କହିବା ?

ତେବେ ଏହି ସାଣ୍ଡଉଇଚ୍‌ର ଉତ୍କର୍ଷ ହେଲା ଆମେରିକାରେ। ସେମାନେ ସାଣ୍ଡଉଇଚ୍‌କୁ ଏକ ଗରମ ଖାଦ୍ୟରେ ପରିଣତ କଲେ। ତଥା ହଟ ଡଗ୍ (Hot Dog) ବା ହାମବର୍ଗର। ହାମବର୍ଗର ମାଂସରେ ହୁଏ। ଏଣୁ ନିରାମିଷ ହେଲା ଚିଜ୍ ବର୍ଗର। ଅର୍ଥାତ୍ ମାଂସ ଜାଗାରେ ଚିଜ୍। ତା' ଛଡା ଇଟାଲୀର ପିଜା। ଧୀରେ ଧୀରେ ଫାଷ୍ଟ ଫୁଡ୍ ଠେଲାଗାଡିରୁ ଆସି ରେସ୍ତୁରାଁରେ ପହଞ୍ଚିଲା। ତେବେ ସେ ସବୁ ଜାଗାରେ ଖାନ୍‌ଦାନୀ ରେସ୍ତୁରାଁରେ ମିଜାଜ୍ ବା Ambience ପାଇବେ ନାହିଁ। ଏକ ବ୍ୟସ୍ତ ତରବର ଭାବ। ଅନେକ ଗୁଣୀଙ୍କ ମତ ଯେ ଏହା ଏକ ଅପସଂସ୍କୃତି, ବିଂଶ ଶତାବ୍ଦୀର ସାଂସ୍କୃତିକ ଅବକ୍ଷୟର ପରିମାଣ। ରନ୍ଧନକଳା ମଧ୍ୟ ସଂସ୍କୃତିର ସେହିପରି ଗୁରୁତର

ଅଙ୍ଗ ଯେପରି ସଙ୍ଗୀତ। ଯେପରି ବିଟ୍ ହୋଫେନ୍ ବା ମୋଜାର୍ଟଙ୍କ ସଂଗୀତର ଅବକ୍ଷୟ ହୋଇ ଜାଜ୍, ପପ୍ ଓ ଡିସ୍କୋ ସଙ୍ଗୀତରେ ପହଞ୍ଚିଲା, ସେହିପରି ପ୍ୟାରିସ୍‌ର ଖାନଦାନୀ ରନ୍ଧା ହତ୍ କୁସାଁ (Haute Quisine)ର ଅବକ୍ଷୟ ହୋଇ ଶେଷରେ ଫାଷ୍ଟ୍ ଫୁଡ୍‌ରେ ପହଞ୍ଚିଛି। କିନ୍ତୁ ମୋ ମତରେ ଏଭଳି କହିବା ଠିକ୍ ହେବନାହିଁ। ସଂସ୍କୃତି ଅନେକ ସ୍ତରରେ ଥାଏ। ଉଚ୍ଚାଙ୍ଗ ସଂସ୍କୃତି ଓ ଲୋକ ସଂସ୍କୃତି ପରସ୍ପରର ପରିପୂରକ। ଅମୀର ଖୁସ୍‌ରୋ ଖୟାଲ ଗାୟକୀର ଜନକ ବୋଲି କୁହାଯାଏ। କିନ୍ତୁ ସେ ତ ଶାଶୁ ଘରକୁ ଯାଉଥିବା ଝିଅର ଦୁଃଖକୁ "କାହାକୋ ବ୍ୟାହୋ ବିଦେଶ୍" ନାମକ ଲୋକଗୀତରେ ପ୍ରକାଶ କରିଥିଲେ। ଖୟାଲ ଅନବଦ୍ୟ କାହେକୋ ବ୍ୟାହୋ ବିଦେଶ, ମଧ୍ୟ ଅନବଦ୍ୟ। ସେ ଦୃଷ୍ଟିରୁ ହାମ୍‌ବର୍ଗରକୁ ମୁଁ ଅବକ୍ଷୟ କହିବାକୁ ପ୍ରସ୍ତୁତ ନୁହେଁ।

ପଶ୍ଚିମର ଭୋଜନ ପ୍ରଣାଳୀର ପ୍ରଧାନ କଥା ହେଲା କୋର୍ସ ବା ପଦ ନେଇ ଖାଇବା। ଏହା ପ୍ରାୟ ଅନ୍ୟ ଦେଶରେ ନାହିଁ। ଭାରତୀୟ ଖାଦ୍ୟରେ ତ ସବୁ ଜିନିଷ ପ୍ରାୟ ଏକାଠି ଦିଆ ହୁଏ। ଅବଶ୍ୟ ଖାନଦାନୀ ବଙ୍ଗାଳୀ ଖିଆ ମଧ୍ୟ କୋର୍ସରେ ହୁଏ। ପ୍ରଥମେ ଭାତ ସାଥୀରେ ଚଡ୍‌ଚଡି। ତା'ପରେ ଡାଲି ଓ ଭଜା, ତା'ପରେ ମାଛ। ଯଦି ମାଂସ ଥାଏ, ତାହା ମାଛ ପରେ ଓ ସାଧାରଣତଃ ମାଂସ ଭାତ ସାଙ୍ଗେ ନ ହୋଇ ଲୁଚି ସାଥୀରେ ଖାଇବା କଥା। ଶେଷରେ ମିଠା ଇତ୍ୟାଦି। ଖାନ୍‌ଦାନୀ ୟୁରୋପୀୟ ଖାଦ୍ୟ ମଧ୍ୟ ସେହିପରି। ପ୍ରଥମେ ହେଲା Hord d'Oeuvres। ଏହା ଖାଦ୍ୟର ଛୋଟ ଛୋଟ ଖଣ୍ଡ, ଚାଟ୍ ଭଳି। ଉଦ୍ଦେଶ୍ୟ ଭୋକ ବଢାଇବା। ତା'ପରେ ସୁପ୍। ଏହା ପରେ ମାଛ। ମାଛ ପରେ ମାଂସର ପ୍ରଧାନ ଡିସ୍ ଯଥା ରୋଷ୍ଟ୍। ତାହାପରେ ପୁଡିଂ ବା ଡେସର୍ଟ। ସାଧାରଣତଃ ଏଇଠି ଶେଷ ହେବା କଥା। ତେବେ ଅତି ଖାନ୍‌ଦାନୀ ଖାନାରେ ଶେଷରେ ଏକ Savoury ବା ଲୁଣିଆ ଖାଇବା ଥାଏ। ଯଥା ଚିଜ୍ ଓ ବିସ୍କୁଟ୍।

ଅଭିଜାତ ୟୁରୋପୀୟ ଖାଦ୍ୟ ସହିତ ୱାଇନ୍ ବା ଅଙ୍ଗୁର ମଦ ଅପରିହାର୍ଯ୍ୟ। ତାହା ଏକ ଅକୂଳ ସମୁଦ୍ର। ସାଧାରଣତଃ ମାଛ ବା କୁକୁଡା ସହିତ ହ୍ୱାଇଟ୍ ୱାଇନ୍ ଓ ରୋଷ୍ଟ୍ ଇତ୍ୟାଦି ସହିତ ରେଡ୍ ୱାଇନ୍ ଦିଆଯାଏ। ଖାଇବା ଶେଷରେ ପୋର୍ଟ ବା ଶେରି ଇତ୍ୟାଦି। ତେବେ ଭାରତ ବର୍ଷରେ ୱାଇନ୍‌ର ବିଶେଷ ଚାଲ୍ ନାହିଁ। ଏଠି ତ ରମ୍ ହୁଇସ୍କିର ରାଜତ୍ୱ ! ଏଣୁ କୌଣସି ରେସ୍ତୁରାଁରେ ୱାଇନ୍ ଅର୍ଡର ଦେଇ ହଇରାଣ ହେବାର ସମ୍ଭାବନା ଅତି ଅଳ୍ପ; ଏପରିକି ପଞ୍ଚତାରକାଙ୍କିତ ସ୍ଥାନରେ ମଧ୍ୟ ନୁହେଁ। ଏହି ହ୍ୱାଇଟ୍ ବା ରେଡ୍ ୱାଇନ୍ ଅସଂଖ୍ୟ ଭାଗରେ ବିଭକ୍ତ। ଏପରିକି ପ୍ରତ୍ୟେକ

ଶାତୋ (Chateau) ନିଜର ନାମରେ ୱାଇନ୍ କରନ୍ତି ଏବଂ ପ୍ରତ୍ୟେକ ଶାତୋର ୱାଇନ୍ କେବଳ ଭିନ୍ନ ନୁହେଁ, ସ୍ୱାଦରେ ମଧ୍ୟ ଅତ୍ୟନ୍ତ ପୃଥକ୍। ଏପରିକି ଏକ ଶାତୋର ଭିନ୍ନ ଭିନ୍ନ ବର୍ଷର ୱାଇନ୍‌ର ସ୍ୱାଦ କୁଆଡେ ଭିନ୍ନ। ଏଣୁ ବୋତଲ ଉପରେ କେବଳ ୱାଇନ୍‌ର ପ୍ରକାର ଲେଖା ହୋଇ ନ ଥାଏ, ତା' ସହିତ ଥାଏ ଶାତୋର ନାମ ଓ ତିଆରିର ବର୍ଷ। ପୁରୁଣା ୱାଇନ୍‌ର ଦାମ୍ ବେଶି। କିନ୍ତୁ ସେଥିରେ ବ୍ୟତିକ୍ରମ ମଧ୍ୟ ଥାଏ। ଧରନ୍ତୁ ୧୯୭୫ରେ ବେଶୀ ବର୍ଷା ହୋଇଗଲା। ଅଙ୍ଗୁର ଭଲ ଖରା ପାଇଲାନି। ଏଣୁ ଠିକ୍ ମିଠା ହେଲାନି। ଅଥଚ ୧୯୮୦ରେ ପାଗ ସମ୍ପୂର୍ଣ୍ଣ ଆଦର୍ଶ ଥିଲା। ଏଣୁ ସେ ବର୍ଷର ଅଙ୍ଗୁର ଗନ୍ଧ, ସ୍ୱାଦରେ ଟଳଟଳ। ଏଣୁ ୧୯୮୦ର ୱାଇନ୍‌ର ବୟସ ପାଞ୍ଚ ବର୍ଷ କମ୍ ହେଲେ ମଧ୍ୟ ତାହା ୧୯୭୫ର ୱାଇନ୍‌ଠାରୁ ଦାମୀ। ଏ ବିଷୟରେ ଶାସ୍ତ୍ରାଧିକାର ନ ଥିବାରୁ ବିଶେଷ ବିବରଣୀ ଦେବାକୁ ମୁଁ ଅସମର୍ଥ। ତେବେ ଭାରତରେ ବର୍ତ୍ତମାନ ବହୁତ ଅଙ୍ଗୁର ଚାଷ ହେଲାଣି ଏବଂ କିଛି ପରିମାଣରେ ୱାଇନ୍ ମଧ୍ୟ ତିଆରି ହେଉଛି। ହୁଏତ ଭବିଷ୍ୟତରେ ଫ୍ରାନ୍‌ସ ବା ଜର୍ମାନୀ ପରି ଭାରତୀୟ ୱାଇନ୍ ମଧ୍ୟ ବିଶ୍ୱବିଖ୍ୟାତ ହେବ। ଏବେ ଯେପରି ଶାମ୍ପେନ୍ ବା ବର୍ଗଣ୍ଡି ଅର୍ଡର୍ ଦିଆଯାଉଛି, ସେହିପରି ରଙ୍ଗାରେଡ଼ି ବା ମୌସୁର ଅର୍ଡର ଦେଇହେବ। କାଲିଫର୍ଣ୍ଣିଆ ବା ଅଷ୍ଟ୍ରେଲିଆ ମଧ୍ୟ ବିଶ୍ୱର ୱାଇନ୍ ବଜାରକୁ ଏହିପରି ଆସିଛନ୍ତି।

ଏତେ ସବୁ ପରେ ଯଦି ପ୍ରଶ୍ନ ଉଠେ ଯେ କେଉଁଠାରେ ଖାଇବା ଭଲ, ତା'ହେଲେ କି ଉତ୍ତର ଦିଆଯିବ ? ପ୍ରକୃତରେ ୟୁରୋପୀୟ, ମଧ୍ୟପ୍ରାଚ୍ୟ, ଭାରତୀୟ ଓ ଚୈନିକ ପ୍ରତ୍ୟେକ ଉତ୍କୃଷ୍ଟ। ମୁଁ ଭାରତୀୟ ବୋଲି ଯଦି ମୋଗଲାଇକୁ ହିଁ ସର୍ବଶ୍ରେଷ୍ଠ କହେ, ତା' ହେଲେ ତାହା ନ୍ୟାୟ ହେବନାହିଁ। ତା' ଛଡ଼ା ସେ ବିଚାରର ଆବଶ୍ୟକତା କ'ଣ ? ଯେତେବେଳେ ଯେଉଁଠି ଯାହା ମିଳିଲା ଉତ୍ତମ। ତାହାର ରସ ଗ୍ରହଣ କରନ୍ତୁ। ଭଗବାନଙ୍କୁ ପ୍ରାର୍ଥନା କରନ୍ତୁ ଯେ, ଆପଣଙ୍କର ହଜମ ଶକ୍ତି ଉତ୍ତମ ହେଉ ଏବଂ ଏହି ଉଦର ସନ୍ତୋଷ ସାଧନାର ପଥ ପ୍ରଶସ୍ତ ଥାଉ। ଖାଣ୍ଟି ଫରାସୀ ଯେପରି ବନ୍ଧୁକୁ ଶୁଭେଚ୍ଛା ଜଣାଏ "Bon Apetite" (ବଁ ଆପେତିତ୍), ସେହି ସନାତନ ପଦ୍ଧତିରେ ସମସ୍ତ ପାଠକ ପାଠିକାଙ୍କୁ 'ବଁ ଆପେତିତ୍' ଜଣାଇ ରହିଲି।

■

ଓଡ଼ିଆ ମାଁଗେ ଖିର୍ ଖେଚେଡି

ଏହି ଧାଡିଟି ଗୋଟିଏ ପ୍ରଚଳିତ ହିନ୍ଦୀ ଜଗନ୍ନାଥ ଭଜନରେ ଅଛି। ଏହାର ଘୋଷା ହେଲା, 'ଠାକୁର୍ ଭଲେ ବିରାଜେ ଜୀ'। ଏଥିରେ ଅଛି 'ଝାଡଖଣ୍ଡ୍‌ମେ ଆୟୋ ବିରାଜୋ ବ୍ରିନ୍ଦାବନ୍ କେ ବାସୀ'। ଅର୍ଥାତ୍ କବିଙ୍କ ମତରେ ଶ୍ରୀକ୍ଷେତ୍ର ଝାଡଖଣ୍ଡର କେନ୍ଦ୍ର। ଏହାକୁ ଝାଡଖଣ୍ଡ ମୁକ୍ତି ମୋର୍ଚ୍ଚା ବାଲା କ'ଣ ଭାବିବେ ସେ କଥା ଏଠି ଥାଉ; କିନ୍ତୁ ସେ ଗୀତରୁ ଜଣାଯାଏ ଯେ, ଓଡ଼ିଆର ଖିରୀ ଖେଚେଡି ଅତ୍ୟନ୍ତ ପ୍ରିୟ। ତେବେ ଓଡ଼ିଆର ଖାନ୍‌ଦାନୀ ଖାଦ୍ୟତାଲିକା କିପରି, ଏ ବିଷୟରେ କିଞ୍ଚିତ ଗବେଷଣା କରିବାର ଦୁରାଗ୍ରହ ମଧ୍ୟ କରିଥିଲି। କିନ୍ତୁ କିଛି ବିଶେଷ ସୁରାକ୍ ପାଇଲି ନାହିଁ। ଆମ କାବ୍ୟରେ ତ ନାନା ରସର ଅତି ରସାଳ ବର୍ଣ୍ଣନା ସବୁ ଭର୍ତ୍ତି। କିନ୍ତୁ ରସରାଜ (ରୁଢାର୍ଥରେ ଓ ଶବ୍ଦାର୍ଥରେ ମଧ୍ୟ) ଭୋଜନ ରସକୁ ଉପେକ୍ଷା କରାଯାଉଛି। କ୍ଷୁଧାତୁରକୁ ସୁଧା ତୁଲ୍ୟ ଭୋଜନର କଥା କେତେବେଳେ କେଉଁ ପ୍ରସଙ୍ଗରେ ଆସିଯାଇଛି ସତ, କିନ୍ତୁ ସେଠି କ'ଣ କ'ଣ (ପଦ ଆଇଟେମ୍) ପରଷା ଯାଉଥିଲା, ତା'ର କିଛି ଖବର ନାହିଁ। ମୁଁ ପିଲା ଥିଲା ବେଳେ ଅର୍ଥାତ୍ ତିରିଶ ଦଶକରେ ଏକ ଗୀତ ପ୍ରଚଳିତ ଥିଲା – 'ଆସ କିଏ ସେ ଯିବରେ ଆଜି ରଜାଘର ଖାନା।' କିନ୍ତୁ ସେ ଖାନାରେ କେବଳ ମିଠା। ଆଉ ଯାହା, ଯଥା ବାରିପଦାର ଗରମ ମୁଢି, ଧାମନଗରର ଚୁଡା ଇତ୍ୟାଦି ତ ଆଉ ପୋଷାକୀ ବା ଫର୍ମାଲ୍ ଖାନାରେ ଯାଇପାରିବ ନାହିଁ। ପୁଣି ସେଥିରେ ଆମିଷ ଅନୁପସ୍ଥିତ। ମାଛ-ମାଂସ ବିହୀନ ଭୋଜନ କ'ଣ ଭୋଜନ! ଅନ୍ୟତ୍ର ମଧ୍ୟ ମିଠାର ହିଁ ଉଲ୍ଲେଖ ମିଳୁଛି। ବ୍ରାହ୍ମଣମାନେ ମିଠାପ୍ରିୟ ବୋଲି ବଦନାମ୍। କିନ୍ତୁ ଓଡ଼ିଶାର ବ୍ରାହ୍ମଣ ତ କମ୍ ମତ୍ସ୍ୟବିଳାସୀ ନୁହନ୍ତି! ତେବେ ଓଡ଼ିଶାର ନିଜ ବ୍ୟଞ୍ଜନ ସବୁ କ'ଣ? ପୁଣି ଓଡ଼ିଶାର ରନ୍ଧନର ମୋଗଲାଇ ବଙ୍ଗାଳୀ ପରି ନିଜର ପଦ୍ଧତି ଅଛି କି? ଅର୍ଥାତ୍ ଓଡିଶୀ ସଙ୍ଗୀତ ପରି ଓଡିଶୀ ରନ୍ଧନ ଅଛି କି?

ଓଡ଼ିଆମାନେ ରନ୍ଧନ ଶିଳ୍ପରେ ବିଶେଷ ପାରଦର୍ଶୀ ବୋଲି ନାମ ଅର୍ଜନ କରିପାରିଥିଲେ। କଲିକତାର ଭଦ୍ରଘର ଓ ହୋଟେଲ୍ ଇତ୍ୟାଦିରେ ସେମାନେ ହିଁ ଠାକୁର (ପୂଜାରୀ) କାମ ପ୍ରାୟ ଏକଚାଟିଆ କରି ନେଇଥିଲେ ଏବଂ ସେମାନେ ତାଙ୍କ ମାଲିକଙ୍କ ରୁଚି ଅନୁଯାୟୀ ରାନ୍ଧୁଥିଲେ। ସେମାନେ କଲିକତିଆ ରନ୍ଧାରେ ଉତ୍କୃଷ୍ଟ ହେଲେ ମଧ୍ୟ ଓଡ଼ିଆ ବା ଓଡିଶୀ ଶୈଳୀରେ ରାନ୍ଧୁ ନ ଥିଲେ। ଏପରିକି ସେମାନେ ଓଡ଼ିଶାରେ ମଧ୍ୟ ସେହି ଶୈଳୀ ଚାଲୁ କରିଦେଲେ। ଏଣୁ ବର୍ତ୍ତମାନ ବାହାଘର ଇତ୍ୟାଦିରେ ଯେଉଁ ଆନୁଷ୍ଠାନିକ ରନ୍ଧା ହୁଏ, ତାହା ପ୍ରାୟ ଏହି ଶୈଳୀର ରାନ୍ଧୁଣିଆଙ୍କ ଦ୍ୱାରା ହୋଇଥାଏ।

ଆଉ ଗୋଟିଏ ଅନବଦ୍ୟ ଓ ଅନନ୍ୟ ରନ୍ଧନ ଶୈଳୀ ଓଡ଼ିଶାରେ ଅଛି। ତାହା ହେଉଛି ବଡ ଦେଉଳର ମହାପ୍ରସାଦ। କିନ୍ତୁ ତାହା ତ ମହାପ୍ରଭୁଙ୍କର। ତା' ଉପରେ କୌଣସି ମନୁଷ୍ୟ ଦାବି କରିପାରିବ ନାହିଁ ଏବଂ ସେ ଶୈଳୀ କେବଳ ମହାପ୍ରଭୁଙ୍କର ରୋଷଘର ଲାଗି। ଏଣୁ ଆମକୁ ଓଡିଶୀ ଶୈଳୀ ଖୋଜିବାକୁ ଅନ୍ୟତ୍ର ଯିବାକୁ ହେବ। ଦକ୍ଷିଣ ଓଡ଼ିଶାରେ ଆନ୍ଧ୍ରର ପ୍ରଭାବ ଅତି ସ୍ପଷ୍ଟ। ସେଠି କୌଣସି ଆନୁଷ୍ଠାନିକ ଭୋଜନରେ ସେପରି କିଛି ନିଜସ୍ୱ ଶୈଳୀ ଦେଖାଯାଏ ନାହିଁ। ହୁଏତ ଏବେ ମଧ୍ୟ ଏହା ଘର ଭିତରେ ଅଛି; କିନ୍ତୁ ଲୋକ ଲୋଚନକୁ ଆସିନାହିଁ।

ମୁଁ ତ ଜିଲ୍ଲା ପୁରୀ, ପରଗଣେ ରାହାଙ୍ଗର ପିଲା। ଏଣୁ ମୁଁ ସେଠାରେ କୃଷି ବା ଚାଲିଚଳନର ଦାଣ୍ଡଆଡେ, ଅଗଣା, ଗମ୍ଭିରୀ ଘର ଇତ୍ୟାଦି ସହିତ ପରିଚିତ। ମୁଁ ସେଠାରେ ଆନୁଷ୍ଠାନିକ ଓ ଦୈନନ୍ଦିନ ଉଭୟ ରନ୍ଧା ସହିତ ପରିଚିତ। ଯଦି ମୁଁ କହେ ଯେ ଏଠି ହିଁ ଆପଣ ଓଡିଶୀ ରନ୍ଧନ ଶୈଳୀ ସହିତ ସାକ୍ଷାତ୍ କରିପାରିବେ, ତା'ହେଲେ କିଂଚିତ ଅତ୍ୟୁକ୍ତି ହୋଇପାରେ କିନ୍ତୁ ମିଥ୍ୟା ହେବନାହିଁ। ଏଠି ଓଡିଶୀ ରନ୍ଧା ପ୍ରଚଳିତ। ଏହାର ମଧ୍ୟ ଦୁଇଟି ଶାଖା ଅଛି। ଗୋଟିଏ ଶାସନିଆ, ଆରଟି ପୁରୀ ସହରିଆ। ଏପରିକି ପୁରୀର ଛୋଟଛୋଟ ଭାଇନାଙ୍କ ହୋଟେଲରେ ମଧ୍ୟ ଏକ ନିଜସ୍ୱ ଶୈଳୀ ପ୍ରଚଳିତ। ସେଠାର ପରଟା, ଡାଲମା, ଖଲିରୁଟି, ଛେନାତାଡିଆ ଇତ୍ୟାଦି ଅନ୍ୟତ୍ର ମିଳେନାହିଁ। କିନ୍ତୁ ଶୈଳୀର ଅର୍ଥ ହେଲା ଯେ, ଆପଣ ଯଦି କେତେଜଣ ବନ୍ଧୁ ଓ ତାଙ୍କ ପରିବାରଙ୍କୁ ରାତ୍ରି ଭୋଜନ ଲାଗି ନିମନ୍ତ୍ରଣ କରିଛନ୍ତି, ତା'ହେଲେ କ'ଣ ଖାଇବାକୁ ଦେବେ? ଆପଣଙ୍କର କନ୍ୟାର ବିବାହରେ ଅତିଥିମାନଙ୍କୁ କି ପ୍ରକାର ଭୋଜନ ଦିଆଯିବ? ଏହି ଶୈଳୀ ବର୍ତ୍ତମାନ ସୁଦ୍ଧା ଜୀବିତ। କିନ୍ତୁ ସ୍ୱୀକାର କରିବାକୁ ହେବ ଯେ ପୃଷ୍ଠପୋଷକତା ଅଭାବରୁ ଏହା ମୁମୂର୍ଷୁ। ଏହି ଶୈଳୀର ପ୍ରଧାନ ଉପକରଣ ହେଲା ମାଛ, ନଡିଆ ଓ ଛେନା – ଯାହାକି ଏବେ ମଧ୍ୟ ଏଠି ପ୍ରଚୁର ମିଳେ।

ରୋହି ଭାକୁଡ ଗ୍ରହଣଯୋଗ୍ୟ। କିନ୍ତୁ ମାଛର ରାଜା ହେଲା ଚିଲିକାର ଖଙ୍ଗା (ଖଇଙ୍ଗା)। ତା'ଛଡା ବଡ ବାଲିଆ, ଯାହାକି ବେସର ଲାଗି ଉପଯୁକ୍ତ। ଆଉ ବଡ ଲୁଣି ଚିଙ୍ଗୁଡି (ହାୟ! ସ୍ୱପ୍ନ ନା ମାୟା ନା ମତିଭ୍ରମ?) ନଡିଆ ରସରେ ରନ୍ଧା ହେବ। ମଧ୍ୟମ ସାଇଜ୍ ମହୁରରେ ପଡିବ। ଯଦିଚ ଘରେ ସବୁଦିନ ଭାତ ହୁଏ, ତେବେ ନିମନ୍ତ୍ରିତଙ୍କ ଲାଗି ବା ବିଶେଷ ଦିନରେ ଖେଚୁଡି ହୁଏ। ଏଥିରେ ପଲଉ ତୁଳନାରେ ଅଳ୍ପ ଘିଅ, ନଡିଆ, ଓ ଅଳ୍ପ ମିଠା। ଏହାକୁ ପେଟେ ଖାଇହେବ, କିନ୍ତୁ ମୁହଁ ବାନ୍ଧିବ ନାହିଁ। ନଚେତ୍ ଘିଅଅନ୍ନ, ନାମ ହିଁ ସ୍ପଷ୍ଟ। ଏଥି ସାଙ୍ଗକୁ ଦିଆଯିବ ଡାଲ୍‌ମା, ସାଙ୍ଗରେ ମାଛ ହଳଦୀପାଣି। ଏଥିଲାଗି ଅତି ତାଜା ମାଛ ଦରକାର ଏବଂ ଏହାର ବିଶେଷତ୍ୱ ଯେ ମସଲା ଦ୍ୱାରା ମାଛ ନିଜ ସ୍ୱାଦକୁ ମାରି ଦିଆଯାଏ ନାହିଁ।

ସେହିପରି ମାଛ ଯଦି ନାହିଁ, ତା'ହେଲେ ମାଛ ବେସର ଉପଯୁକ୍ତ। ବେସରର ପ୍ରଧାନ ମସଲା ହେଲା ସୋରିଷ, ଜିରା ଓ ଡାଲଚିନି ଏବଂ ବେସରର ନିଜସ୍ୱ ସ୍ୱାଦ ସେଥିରେ ଦେଶୀ ଆଳୁ ଓ ବଡି ନ ପଡିଲେ ଆସିବ ନାହିଁ। ବେସରର ଏକ ନିରାମିଷ ସଂସ୍କରଣ ମଧ୍ୟ ଅଛି। ତା'ପରେ ମହୁର। ଏହା ଏକ ପରିବା ତରକାରି। କିନ୍ତୁ ଏହାର ନିଖାର ଆସେ ଯଦି ଏଥିରେ ଚିଙ୍ଗୁଡି ପଡିଥାଏ। ନିରାମିଷରେ ଗୋଟିଏ ଶାଗ ଓ ଗୋଟିଏ ଖଟା ହେବ। ଭଜା ଇତ୍ୟାଦି ମଧ୍ୟ ହୋଇପାରେ; କିନ୍ତୁ ଆବଶ୍ୟକ ନାହିଁ। ଯଦି ସେଦିନ ଆପଣଙ୍କ ଘରେ କିଛି ପୂଜା ଥାଏ, ତେବେ ଭୋଗ ଲାଗି ଖିରୀ ପିଠା ହୋଇଥିବ। ଉତ୍ତମ ଚାଉଳ ଖିରୀ ଓ ପୁର କାକରାର ଯୋଡି ଅନବଦ୍ୟ। ଆଜିକାଲି ଯେଉଁ ଖିରୀ ସାଙ୍ଗେ ରସଗୋଲା ଦିଆଯାଉଛି, ମୋ ମତରେ ତାହା ରସଭଗ୍ନ କରେ। ରସଗୋଲା ରସିକମାନଙ୍କୁ କ୍ଷମା ପ୍ରାର୍ଥନା ସହ ନିବେଦନ କରେ ଯେ ଦୁଇଟା ନରମ ମିଠା ଏକାଠି ଖାଇବା ଅପେକ୍ଷା ଗୋଟିଏ ଅଳ୍ପ ଟାଣ ସଲିଡ୍ ଓ ଅନ୍ୟଟି ପ୍ରାୟ ତରଳ ଥିଲେ ହୁଏ କନ୍‌ଟ୍ରାଷ୍ଟ ଓ ହାର୍‌ମୋନି। ତେବେ ସାଧାରଣତଃ ମିଠା ଘରେ ତିଆରି ନ କରି ଦୋକାନରୁ ଆଣିହୁଏ ଏବଂ ସେଥିରେ ରାବିଡି, ରସାବଳୀ ଇତ୍ୟାଦି ବିଶେଷ ଉପଯୋଗୀ - ବିଶେଷ କରି ଆଗରୁ ଯଦି ପାଚକ ପାଣିର ବ୍ୟବସ୍ଥା ଥାଏ।

ଆମର ପଖାଳ ଖାଇବାଟା ମଧ୍ୟ ଯାହା ତାହା ନୁହେଁ, ତାହା ମଧ୍ୟ ଏକ ଅନୁଷ୍ଠାନ। ଏପରିକି ଝିଅ ବାହା ହୋଇଯିବା ଆଗରୁ ଯେତେବେଳେ ମାଉସୀ-ପିଉସୀ ଘରକୁ ନିମନ୍ତ୍ରିତ ହୋଇ ଯାଏ; ତାହା ପୁରୀ ଅଞ୍ଚଳରେ 'ତୋରାଣି ପିଆ' ବୋଲି ପ୍ରସିଦ୍ଧ। ତାହାର ମଧ୍ୟ ଆଦବକାୟଦା ଅନେକ। ତେବେ ଗରମ ଦିନେ ଅନେକ ସମୟରେ ଖରାବେଳେ ସମସ୍ତ ପରିବାର ପଖାଳ ଖାଆନ୍ତି। ତାହାର ମେନୁ

ଭିନ୍ନ। ଏଥିରେ ଭଜା ଓ ସନ୍ତୁଳାର ବିଶେଷ ସ୍ଥାନ। ବଡ ଖଙ୍ଗା ଶୁଖୁଆ ଭଜା, ବାଳିଆ ମାଛ ଖରଡା, ନାନାପ୍ରକାର ପରିବା ଭଜା ଓ ସନ୍ତୁଳା, ବଡି ଭଜା, ଆଚାର ଇତ୍ୟାଦି ସହିତ ପଖାଳ ଖାଇବା ଏକ ଆନୁଷ୍ଠାନିକ ବ୍ୟାପାର। ଆଗେ ଅନେକ ସ୍ୱଚ୍ଛଳ ପରିବାରରେ ରାତ୍ରି ଭୋଜନ ଲାଗି ସରୁଚକୁଳି, ଡାଲମା ଓ ଦୁଧ ଦିଆଯାଉଥିଲା। ପରେ ଅନେକ ଜାଗାରେ ସରୁଚକୁଳିର ସ୍ଥାନ ପରଟା ନେଲା। ପୁରୀର ଡାଲମା ଏକ ବିଶେଷ ଦ୍ରବ୍ୟ। ତାହା ପରିବା ପଡିଥିବା ଡାଲି ନୁହେଁ। ତା'ର ସ୍ୱାଦ ବିଶେଷ ଓ ବିଶିଷ୍ଟ।

ଏହି କଳା ବର୍ତ୍ତମାନ ମୁମୂର୍ଷୁ ଅବସ୍ଥାକୁ ଆସିଲାଣି। ଏଥିରେ ବିଶାରଦ ଅଧିକାଂଶ ମହିଳା ବୃଦ୍ଧା ହୋଇ ଗଲେଣି। ପୁରୀର ଭାଇନାମାନଙ୍କର ମଧ୍ୟ ବୟସ ହେଲାଣି। ଏପରିକି ପବିତ୍ର ପୁରୁଷୋତ୍ତମ କ୍ଷେତ୍ରରେ ମଧ୍ୟ ସେହି ବର୍ଣ୍ଣଶଙ୍କର ରୋଲ ତା'ର ହୁକୁମ୍ ଚଳାଇଲାଣି। ଏଣୁ ବର୍ତ୍ତମାନ ଆବଶ୍ୟକ, ସେହି ରନ୍ଧନ ଶୈଳୀ ଉପରେ ବହି ଲେଖା ହେବା - ଯାହାକୁ ପଢି ଆଜିକାଲିକା ଯୁବତୀମାନେ ତାକୁ ରାନ୍ଧି ଖାଇ ଓ ଖୁଆଇ ପାରିବେ। ଆଉ ଗୋଟିଏ ପ୍ରତିଷ୍ଠାନର ବି ଆବଶ୍ୟକତା ରହିଛି। ଭୁବନେଶ୍ୱର ଓ ଦିଲ୍ଲୀରେ ଏହି ପଦ୍ଧତିର ରେସ୍ତୁରାଁ ଅନ୍ୟମାନେ କରିଛନ୍ତି। ମାନ୍ଦ୍ରାଜର ଏକ ପଞ୍ଚତାରକା ହୋଟେଲ୍‌ରେ ଏକ ରେସ୍ତୁରାଁ ଅଛି ଯାହାର ନାମ ଦକ୍ଷିଣୀ। ସେଠି ନାଦସ୍ୱରମ୍ ଓ ମୃଦଙ୍ଗର ଧ୍ୱନିରେ ପରିବେଶ ମୁଖରିତ। ବେହେରାମାନଙ୍କ ପୋଷାକ ମଧ୍ୟ ପ୍ରାୟ ପୌରାଣିକ। ଥାଳି ଉପରେ ସାଇଜ୍ କରି କଟା କଦଳୀ ପତ୍ର ଏବଂ ନାନାଦି ଦକ୍ଷିଣ ଭାରତୀୟ ଆମିଷ ବ୍ୟଞ୍ଜନ। ଆମେ ଏଠି ଚେଷ୍ଟା କଲେ କ'ଣ କଳିଙ୍ଗ ଅଶୋକ ଓ ଓବେରାୟରେ ହୋଇ ପାରନ୍ତା ନାହିଁ? ଓଡିଶୀ ନୃତ୍ୟ ଓ ଓଢଣୀ ଚିତ୍ରକଳା ପ୍ରାୟ ଲୁପ୍ତ ହେବାକୁ ଯାଉଥିଲା। କେତେକ ପରିଶ୍ରମୀ ଓ ଗୁଣଗ୍ରାହୀଙ୍କ ଚେଷ୍ଟାରୁ ତ ତାହା ବଞ୍ଚିଗଲା! ଏହି କଳା, ଅର୍ଥାତ୍ ରନ୍ଧନକଳା କ'ଣ ଆମ ସଭ୍ୟତା ଓ ସଂସ୍କୃତିର ବିଶେଷ ଅବଦାନ ନୁହେଁ? ଏବେ ଦିଲ୍ଲୀର ବଡ ବଡ ହୋଟେଲରେ ଅନେକ ସମୟରେ ଖାଦ୍ୟ ଉତ୍ସବ ହୁଏ। ମୁଁ ଥିଲା ବେଳେ କାଶ୍ମିରୀ ବ୍ରାହ୍ମଣ, ଉତ୍ତରପ୍ରଦେଶର କାୟସ୍ଥ ଓ ଗୋଆର ଖ୍ରୀଷ୍ଟିଆନ୍‌ମାନଙ୍କର ଖାଦ୍ୟ ଉତ୍ସବ ହୋଇଗଲା। ତା'ଛଡା ଲକ୍ଷ୍ନୌର ଦମ୍‌ପୋକ୍ତ, ହାଇଦ୍ରାବାଦୀ ଇତ୍ୟାଦି ମୋଗଲାଇର ଉପଶାଖା ପ୍ରସିଦ୍ଧ ହୋଇଗଲାଣି। ବମ୍ବେରେ କୋଙ୍କଣୀମାନଙ୍କର ନିଜସ୍ୱ ଶୈଳୀର ରେସ୍ତୁରାଁ ଅନେକ ଅଛି। ତାହା ସାଧାରଣ ମହାରାଷ୍ଟ୍ରୀୟ ଖାଦ୍ୟଠାରୁ ଭିନ୍ନ, ଆମିଷବହୁଳ ଓ ଅତ୍ୟନ୍ତ ସ୍ୱାଦିଷ୍ଟ। ଏପରିକି ତାଙ୍କର ଗେଣ୍ଡା ତରକାରୀ ହୁଏ। ତେବେ କ'ଣ ଆମ ଓଡିଶୀ ରନ୍ଧନର ନିଜର ସ୍ୱକୀୟତା ନାହିଁ? ଅବଶ୍ୟ ଅଛି ତାକୁ ଲୋକଚକ୍ଷୁକୁ ଆଣିବା

ଦାରକାର।

ଚୁଡାଘଷା ପୁରୀ ଅଞ୍ଚଳର ଏକ ବିଶେଷ ଆକର୍ଷଣ ଅର୍ଥାତ୍ ମଉଜ ସହିତ ଜଡିତ। ଏହା ବିଶେଷ କରି ପୁରୀ ସହରର ଜାଗାଘର ଓ ପୁରୀ ପାଖର ବ୍ରାହ୍ମଣ ଶାସନ ସହିତ ସମ୍ପୃକ୍ତ। ତା' ଛଡା ସତ୍ୟନାରାୟଣ ପୂଜା ସହିତ ମଧ୍ୟ। ଜାଗାଘର ପୁରୀର ଏକ ବିଶେଷ ପ୍ରତିଷ୍ଠାନ। ଏହା ସାହିର ଯୁବକ ଓ ନିଜକୁ ଯୁବକ ମନେ କରୁଥିବା ପୁରୁଷମାନଙ୍କର କ୍ଲବ। ଏଠି ଖେଳ-କସରତ ଓ କିଛି ପରିମାଣରେ ସଙ୍ଗୀତ ଓ ବହୁତ ପରିମାଣରେ ଭାଙ୍ଗର ଚର୍ଚ୍ଚା ହୁଏ। ଏହି ଜାଗାଘର ଓ ତାହାର ସଂସ୍କୃତି ଲାଗି ଏକ ସ୍ୱତନ୍ତ୍ର ପ୍ରବନ୍ଧ ଆବଶ୍ୟକ। ଆଜିକାଲି ଜାଗାଘରର ଏକ ସଂସ୍କୃତ ନାମ ଚାଲୁ ହୋଇଗଲାଣି। ତାହା ହେଲା ମଲ୍ଲ ବିଦ୍ୟାଳୟ। ଏହି ନାମଟା କେତେକ ପରିମାଣରେ ଠିକ୍। କାରଣ ଜାଗାଘରେ କୁସ୍ତି, ଆଖଡା ଓ ଏକପ୍ରକାର ଜିମ୍‌ନାସିଅମ୍ ଥାଏ। କିନ୍ତୁ ଜାଗାଘର ସଂସ୍କୃତିର ଏକ ବିଶେଷ ଅଙ୍ଗ ହେଲା - ସଂଗାତ, ସଂଗୀତ ଓ ପଙ୍ଗତ। ଏହି ପଙ୍ଗତ ସମ୍ପୂର୍ଣ୍ଣ ଭାବେ ଚୂଡାଘଷା ଉପରେ ନିର୍ଭରଶୀଳ। ତା'ଛଡା ଗାଁମାନଙ୍କରେ, ବିଶେଷକରି ଷୋହଳ ଶାସନ ନାମକ ପୁରୀର ଉପକଣ୍ଠବର୍ତ୍ତୀ ଗ୍ରାମ ସମୂହରେ ଖରାଦିନେ ଖୁବ୍ ଧୁମ୍‌ଧାମ୍‌ରେ ଚନ୍ଦନଯାତ୍ରା ଓ ଶୀତଳଷଷ୍ଠୀ ଉତ୍ସବ ଅନୁଷ୍ଠିତ ହୁଏ। ଏହି ସମୟରେ ବନ୍ଧୁଗଣ ଅର୍ଥାତ୍ ସଙ୍ଗାତମାନେ ଏକ ପଙ୍ଗତରେ ମିଳିତ ହୁଅନ୍ତି ଏବଂ ପଙ୍ଗତ ପୂର୍ବରୁ ସଙ୍ଗୀତ ଚର୍ଚ୍ଚା ହୋଇଥାଏ। ଅବଶ୍ୟ ସବୁ ଗାଁରେ ଏହି ଗୋଷ୍ଠୀ ଲାଗି ସୁଗାୟକ- ଓସ୍ତାଦ ମିଳିବେ, ଏହା ତ ଅସମ୍ଭବ! କିନ୍ତୁ ଏମାନେ ସାଧାରଣତଃ ବିଦ୍ୟାର ଅଭାବକୁ ଉତ୍ସାହରେ ପୂର୍ତ୍ତି କରନ୍ତି। ଅର୍ଥାତ୍ ଉଚ୍ଚ ସ୍ୱରରେ ସମୂହଗାନ "ଆଜି ଏକି ଗୁମାନରେ ଚନ୍ଦ୍ରାନନା, ଦେଖି ନାହିଁ ସ୍ୱପ୍ନରେ"ଏବଂ ତା' ସହିତ ପଖଜ ମାଡ। ଅବଶ୍ୟ ଏ କଥା ସତ ଯେ ଅନେକ ଗୋଷ୍ଠୀରେ ସୁଗାୟକ ବା ଗ୍ରହଣଯୋଗ୍ୟ ଗାୟକ ଥିଲେ ଏବଂ ଏହାଦ୍ୱାରା ଓଡିଶୀ ସଙ୍ଗୀତ ମଧ୍ୟ (କବିସୂର୍ଯ୍ୟଙ୍କର 'ବାଧିଲା ଜାଣି କ୍ଷମା' ବା ଉପେନ୍ଦ୍ରଙ୍କର 'ଦେଖି ନବ କାଳିକା') ମୁଖସ୍ଥ ଥିଲା।

ଠିକ୍ ସମୟଟା ନିରୂପଣ କରିବା କଷ୍ଟ। କିନ୍ତୁ ବଙ୍ଗଳାରୁ ଆସି ସତ୍ୟପୀରଙ୍କର ଷୋଳପାଲା ନାମକ ପୂଜା ଉପକୂଳବର୍ତ୍ତୀ ଅଞ୍ଚଳରେ ମାଡି ଯାଇଥିଲା। ଏଥିରେ ଶିରିଣି ଅର୍ଥାତ୍ କଦଳୀ ଚକଟା ନୈବେଦ୍ୟ। ଏଣୁ ଏହା ସାଥୀରେ ଚୁଡାଘଷା ଅବଶ୍ୟ ଆବଶ୍ୟକ। ଅତଏବ ଏଇଟା ସତ୍ୟନାରାୟଣ ପୂଜା ଓ ପାଲାର ଅଭିନ୍ନ ଅଙ୍ଗ ହୋଇଗଲା। କିନ୍ତୁ ଖାଦ୍ୟ ଓ ତା'ର ପରିବେଷଣ ପ୍ରଣାଳୀ ଖାଣ୍ଟି ଓଡିଶୀ। ସୁତରାଂ ଏହି ଖାଦ୍ୟ ତତ୍ତ୍ୱ ଉପରେ କିଞ୍ଚିତ୍ ଗବେଷଣା କରାଯାଉ; ଅର୍ଥାତ୍ ଚୁଡାଘଷାର ପ୍ରସ୍ତୁତି ବିଧି ଓ ତାହାର ଆନୁସଙ୍ଗିକ ପଦ। ଏଇଠି କହିବା ଉଚିତ୍ ହେବ ଯେ ଏହା

ସାଧାରଣତଃ ପୁରୁଷଙ୍କ ବ୍ୟାପାର। କାରଣ ଜାଗାଘର ବା ଚନ୍ଦନପୋଖରୀ ପାଖରେ ମହିଳା ରହିବା ତ ଅସମ୍ଭବ !

ଚୁଡାଘଷାର ଚାରୋଟି ଉପାଦାନ। ଉତ୍ତମ ଚୁଡାର ଗୁଣ୍ଡ, ଅଧାଡୁଆ ନଡିଆ, ଚିନି ଓ ଘିଅ। ଆଗେ ଚିନି ଏତେ ପ୍ରଚଳିତ ନ ଥିଲା। ଏଣୁ ନବାତ ବା ଖୁବ୍ ଭଲ ଗୁଡ ବ୍ୟବହୃତ ହେଉଥିଲା। ଅଧାଡୁଆ ନଡିଆ ମାନେ ସମ୍ପୂର୍ଣ୍ଣ ପାକଳ ହୋଇ ନ ଥିବ। ଏଥିରେ ନଡିଆ ଯେ କେବଳ ନରମ ଥାଏ ତାହା ନୁହେଁ, ତାହାର ଏକ ବିଶେଷ ସ୍ୱାଦ ଥାଏ। ନବାବ ଘର ବିରିୟାନୀ ପରି ଶ୍ରୀରାମଚନ୍ଦ୍ରପୁର ଚୁଡାଘଷା ସମ୍ବନ୍ଧରେ ମଧ୍ୟ ଅନେକ ରୂପ କଥା ଅଛି - ଚୁଡାଘଷା ବିଶେଷଜ୍ଞ ଅମୁକ ଭାଇନା ଗାମୁଛା କାନିରେ ବାନ୍ଧି କିଛି ଚୁଡାଗୁଣ୍ଡ ଆଣିଥିଲେ। ତାକୁ ଚୁଡାଘଷା କରି କୋଡିଏ ଲୋକଙ୍କୁ ତୃପ୍ତ କରିଦେଲେ ଇତ୍ୟାଦି। ତେବେ ବର୍ତ୍ତମାନ ଏକ ଗ୍ରହଣଯୋଗ୍ୟ ଚୁଡାଘଷା ତିଆରିର ପଦ୍ଧତି ବା ତରକିପି ଆଲୋଚନା କରାଯାଉ। ଏକ କିଲୋ ଉତ୍ତମ ଚୁଡା ଗୁଣ୍ଡ କରାଯିବ। ଗୁଣ୍ଡଟା ଅତି ଉତ୍ତମ ହେବା ଦରକାର। ତାହା ମଧ୍ୟ ବାରମ୍ବାର ଚଲାଯିବା ଦରକାର। ଏହି ଗୁଣ୍ଡ ଛାଣିବା ବା ଚଲେଇବା ଲାଗି ପତଳା ଜାଲିକନା ଉତ୍ତମ। ଏହି ପ୍ରକ୍ରିୟାର ଖାନ୍‌ଦାନୀ ନାମ ହେଲା କପଡାଛଣା। ଏହି ଏକ କିଲୋ ଚୁଡା ଲାଗି ଦରକାର ଦଶଟା ଅଧାଡୁଆ ନଡିଆ, ଦେଢ କିଲୋ ଚିନି ଏବଂ ଅତି କମ୍‌ରେ ପାଏ (୨୫୦ ଗ୍ରାମ) ଗୁଆଘିଅ। ଏଥିରେ ପଡିବ ଶହେ ଗ୍ରାମ ଅଳେଇଚ ଓ ପଚିଶ ଗ୍ରାମ ଗୋଲ ମରିଚ ଗୁଣ୍ଡ। ଘଷିବାରେ ଯଥେଷ୍ଟ ଧୈର୍ଯ୍ୟ ଦରକାର। ଶେଷକୁ ଏକ ଟୋପା କର୍ପୁର, ସାମାନ୍ୟ ବେଶୀ ହୋଇ ଗଲେ ପିତା ହୋଇଯିବ।

ଏହି ଚୁଡାଘଷାରେ ଯୋଡିଦାର ହେଲା କଦଳୀ ଚକଟା। ଏଥିଲାଗି ଉତ୍ତମ ପାଟକପୁରା କଦଳୀ ଆବଶ୍ୟକ। ଅନ୍ୟ କଦଳୀରେ ସ୍ୱାଦ ଆସିବ ନାହିଁ। ଏଥିରେ ଅନ୍ୟ ଉପାଦାନ ହେଲା ଉତ୍ତମ ଦୁଗ୍ଧ, ଯାହାକୁ ଏହି ଅଞ୍ଚଳରେ ନିତ୍ୟାନି କହନ୍ତି ଏବଂ ରୁଚି ଅନୁଯାୟୀ ଚିନି। ତେବେ ମିଠାଟା କଦଳୀ ଓ ନିତ୍ୟାନିରୁ ପ୍ରଧାନତଃ ବାହାରିବା ଦରକାର। ଏଣୁ ଦୁଧ ବେଶ୍ ଆଉଟା ହୋଇ ବହଳ କରି ଥଣ୍ଡା କରାଯାଇଥିବ। ଆନୁଷ୍ଠାନିକ ଭାବେ ଏହା ସହିତ ଅମାଲୁ ମଧ୍ୟ ଦିଆଯାଇଥାଏ। ଅମାଲୁ ଏକ ଛଣା ପିଠା। ଅଟା, ଗୁଡ, ମସଲା ଇତ୍ୟାଦିର ଏକ ଘୋଳ ପରି କରି ଯାହାକୁ ଗରମ ଘିଅରେ ଛଣାଯାଏ। ସମସ୍ତେ ଅମାଲୁ କରି ପାରନ୍ତି ନାହିଁ। ଏହାର ଅଲଗା ବିଶେଷଜ୍ଞ ଅଛନ୍ତି (ବା ଥିଲେ)। ଏତେ ମିଠାକୁ ଖାଇବାକୁ କଷ୍ଟ। ଏଣୁ ଏଥିରେ ଭାରସାମ୍ୟ ରକ୍ଷା କରିବାକୁ ଡାଲମା ଓ ଖଟା ଦିଆଯାଏ। ଏହି ଡାଲମାରେ ପ୍ରଧାନ ପରିବା ଆଳୁ, ଦେଶୀଆଳୁ, କଞ୍ଚାକଦଳୀ, ବାଇଗଣ ଇତ୍ୟାଦି ଏବଂ ଏଥିରେ

ସାମାନ୍ୟ ଗରମ ମସଲା ଦିଆ ହୋଇଥିବ। ତା' ସାଥୀରେ ଏକ ଖଟା। ସାଧାରଣତଃ ଏହା ତେନ୍ତୁଳି ଖଟା। କେତେକ ସମୟରେ ସୁଜିଖିରୀ ମଧ୍ୟ ଦିଆହୁଏ। କିନ୍ତୁ ଏହା ଅଧିକା ପଦ। କଦଳୀ ଚକଟା ବାଦ୍ ଦିଆଯାଇ ପାରିବ ନାହିଁ। ଚୁଡାଘଷାର ପରଖ ହେଲା ଯେ ଯଦି ଏଥିରୁ ମୁଠିଏ କାନ୍ଥକୁ ଛାଟି ଦିଆଯାଏ, ତା'ହେଲେ ତାହା କାନ୍ଥରେ ଲାଖି ରହିଯିବ, ତଳକୁ ଝଡି ପଡିବ ନାହିଁ। ହାଏ, କ୍ୱାରମ୍, କ୍ୱଛୋଉର କୋଶଳ !

ଓଡ଼ିଶା ପିଠାପଣାର ଯେଉଁ ଅସମ୍ଭବ ବିସ୍ତାର ଅଛି, ତାହା ଆଜିକାଲି କଳ୍ପନା କରିବା କଷ୍ଟ। ଆମର ଏକ ବିଶେଷ ଉତ୍ସବ ହେଉଛି, ଶାମ୍ବ ଦଶମୀ ଯାହାକି ଲୋକମୁଖରେ ହୋଇଯାଇଛି ସମ୍ବର ଦଶେଇଁ। ଏହା ସୂର୍ଯ୍ୟପୂଜା ଏବଂ ପୌଷମାସ ଶୁକ୍ଳପକ୍ଷ ଦଶମୀରେ ହୋଇଥାଏ। ଏହିଦିନ ସୂର୍ଯ୍ୟଙ୍କ କୃପାରୁ ଶାମ୍ବ ରୋଗମୁକ୍ତ ହୋଇଥିଲେ। ଏଣୁ ବାପା ମା' ଏହିଦିନ ପିଲାଙ୍କ ସ୍ୱାସ୍ଥ୍ୟ କାମନାରେ ସୂର୍ଯ୍ୟଙ୍କ ପୂଜା କରନ୍ତି। ଏଥିରେ ପ୍ରତି ପିଲା ଲାଗି ଗୋଟିଏ ପିଠା ଯଚା ହୋଇଥାଏ। ଏଣୁ ବଡ ପରିବାର, ଯେଉଁଠି ନାତି ନାତୁଣୀ ମଧ୍ୟ ଅଛନ୍ତି, ସେଠି ସାଧାରଣତଃ ପନ୍ଦର କୋଡିଏ ପ୍ରକାର ପିଠା ଦରକାର ହୁଏ। ଅନେକ ସମୟରେ ଦୁଇଟା ପିଠାକୁ ମିଶାଇ ନୂଆ ଆଇଟମ୍ ତିଆରି କରାଯାଏ। ଯେପରି "ଖିରୀ ସମୁଦ୍ର, କାକାରା ବନ୍ଧ"। ମୋର ନିଜର ପିଠା ଖୀରି ଲୁଚି। ଅର୍ଥାତ୍ ମଇଦାକୁ ଲୁଚି ପରି ବେଲି ସେଥିରେ ସର ଓ ଚିନିର ପୁର ଦେଇ ତାକୁ ଅର୍ଦ୍ଧ ଚନ୍ଦ୍ର ପରି ମୋଡି ଦେବାକୁ ହେବ। ତାହା ଘିଅରେ ଛଣା ହୋଇ ଚିନି ଶିରାରେ ପାଗ ହେବ। ଏହି ପିଠା ପରିବାରର କେତୋଟି ନାମ ମନେପଡେ। ଯଥା ଆରିସା, କାକରା, ପୁରମଣ୍ଡା, ଫେଣି, କାନ୍ତି, ପୁଳି ସରପୁଳି, ଅମାଲୁ, ମାଲପୁଆ, ଝିଲି ଇତ୍ୟାଦି ଇତ୍ୟାଦି। ଏହା ସବୁ ଗୁଡିଆ ବା ହଲୱାଇ ତିଆରି ମିଠା ନୁହେଁ, ଘରଣୀମାନଙ୍କ କରାମତି। ମା' ମାଉସୀମାନଙ୍କୁ କ୍ଷମା ପ୍ରାର୍ଥନା କରୁଛି ତାଙ୍କର କଳାର ବହୁ ଅନନ୍ୟ ଅବଦାନର ନାମ ଭୁଲିଗଲିଣି। କାରଣ ଆଉ ପ୍ରତି ବର୍ଷ ପରିଚୟ ହେଉନାହିଁ! ଆଉ ଏକ ଅନବଦ୍ୟ ମିଠାର କଥା ମନେପଡେ। ଆମ ଘରେ ତା'ର ନାମ ରାମଚକଡା। ପ୍ରଥମେ ବିରି ପିଠୋଉରେ ବରା ପରି କରି ତା' ମଧ୍ୟରେ ଛେନା ଓ ଚିନିର ପୁର ଦେଇ ଘିଅରେ ଛଣାଯାଏ। ତା'ପରେ ତାହାକୁ ପ୍ରାୟ ରାବିଡି ପରି ଘନ ମିଠା ଦୁଧରେ ବୁଡାଇ ରଖାଯାଏ। ସେଥିରେ ଅଳେଇଚ ଲବଙ୍ଗ ଓ ହାଲୁକା କର୍ପୁରର ମସଲା ଦିଆଯାଏ। କିଛି ସମୟ ରହିଲା ପରେ ଯେଉଁ ସ୍ୱାଦ ଉତ୍ପନ୍ନ ହୁଏ, ତା' ଅତୁଳନୀୟ। କିନ୍ତୁ ହାଏ! ଏହା ସବୁ ଲୁପ୍ତ ହେବାକୁ ଯାଉଛି।

ତେବେ କ'ଣ ଏହା ହିଁ ନିୟତି ? ଆପଣଙ୍କୁ ଗୋଟିଏ ଉଦାହରଣ ଦେଉଛି। ଲକ୍ଷ୍ନୌ, ଫୈଜାବାଦ ଅଞ୍ଚଳରେ ମୋଗଲାଇର ଏକ ଉପଶାଖା ଅଛି, ଦମ୍‌ପୋକ୍ତ। ଏହାର ଇତିହାସ ଅଦ୍ଭୁତ। ଏହାର ଜନ୍ମ ଦୁର୍ଭିକ୍ଷ ପ୍ରପୀଡିତଙ୍କୁ ଖାଇବାକୁ ଦେବା ଲାଗି ଏକ ବିଶେଷ ପ୍ରକାର ରନ୍ଧନ ଶୈଳୀରୁ। ଏହା ପ୍ରାୟ ହଜି ଯାଇଥିଲା। ତାହାକୁ ଏକ ହୋଟେଲ ସଂସ୍ଥା ପୁନର୍ଜୀବିତ କରି ସେହି ପଦ୍ଧତିର ବବୁର୍ଚିମାନଙ୍କୁ ଖୋଜି ବାହାର କରି ଏକ ରେସ୍ତୁରାଁ ଖୋଲିଦେଲା। ବର୍ତ୍ତମାନ ସେହି ରେସ୍ତୋରାଁ ନାମଜାଦା ଓ ଖୁବ୍ ପଇସା ମଧ୍ୟ କରୁଛି। ସରକାର ଓ ଜନମତର ଚାପ ପଡିଲେ ଓବେରାୟ ଇତ୍ୟାଦି କାହିଁକି ନ କରି ପାରିବେ ?

■

ଅଖଣ୍ଡ ମଣ୍ଡଳାକାରଂ

ଏଠି ମଣ୍ଡଳାକାରମାନେ ଶାସ୍ତ୍ରୋକ୍ତ ମଣ୍ଡଳାକାର ନୁହେଁ, ଆମର ଏହି ହାଲ୍‌ର ମଣ୍ଡଳ ରିପୋର୍ଟକୁ ନେଇ। ଏହି ମଣ୍ଡଳାକାର ତ ସତରେ ଅଖଣ୍ଡ ହେଲାଣି, ଶେଷ ହେଉନାହିଁ। ଥିଲା ଥିଲା ଏଥିରୁ ପୁଣି ସର ଲବଣୀ ବାହାରିଲାଣି। ଅର୍ଥାତ୍ ସରକାରୀ ଭାଷାରେ Creamy Layer। ଉତ୍ତର ଭାରତର ଭାଷାରେ 'ମଣ୍ଡଲ୍ କା ମଲାଇ'। ବର୍ତ୍ତମାନ ଦେଖାଯାଉଛି ଯେ ବୋଧହୁଏ ଅଧମର ଆୟୁଷ ମଧ୍ୟରେ ଏହି ମଣ୍ଡଳର ଶେଷ ନାହିଁ। ଅବଶ୍ୟ ମଣ୍ଡଳର ଶେଷ ନ ହେବା କଥା। ବୃତ୍ତର କ'ଣ ଆରମ୍ଭ ବା ଶେଷ ଅଛି ?

ଏବେ Sunday ପତ୍ରିକା ଏକ ବିଶେଷ ଗରମାଗରମ ମାଲ୍ ଛାଡ଼ିଛି, ଯାହାକୁ ଧରି ମଣ୍ଡଳପୁରୀମାନେ ଉଦ୍‌ବାହୁ ହୋଇ ନୃତ୍ୟ କରିବାର ସମ୍ଭାବନା ଅଛି। ଏହି ପତ୍ରିକା କହେ ଯେ, ଭାରତର ପ୍ରାୟ ସମସ୍ତ ଅତ୍ୟୁଚ୍ଚ ପଦ ସବୁ ବ୍ରାହ୍ମଣମାନଙ୍କ ହାତରେ। ରାଷ୍ଟ୍ରପତି, ପ୍ରଧାନମନ୍ତ୍ରୀ, ଉଚ୍ଚତମ ନ୍ୟାୟାଳୟର ମୁଖ୍ୟ ନ୍ୟାୟାଧୀଶ, ସ୍ଥଳସେନା ଓ ବାୟୁସେନାର ସର୍ବୋଚ୍ଚ ସେନାପତିଦ୍ୱୟ ଇତ୍ୟାଦି ଅଧିକାଂଶ ଗୁରୁତ୍ୱପୂର୍ଣ୍ଣ ପଦରେ ବ୍ରାହ୍ମଣମାନେ ଜମି ବସିଛନ୍ତି। ଏ କଥାକୁ ଠିକ୍ ସତ୍ୟ ନ କହି ଅର୍ଦ୍ଧସତ୍ୟ କହିଲେ ଭଲ ହେବ। କାରଣ ଏପରି ଏକ ଯୋଗସୂତ୍ର ହେଉ ହେଉ ହୋଇଯାଇଛି। ଉପରାଷ୍ଟ୍ରପତି ହରିଜନ, ନୌବାହିନୀର ପ୍ରଧାନ ସେନାପତି ରାଜପୁତ୍, ମନ୍ତ୍ରୀମଣ୍ଡଳ ସଚିବ ମୁସଲମାନ୍ - ଏହିପରି ଅବ୍ରାହ୍ମଣଙ୍କ ତାଲିକା ମଧ୍ୟ କରାଯାଇପାରେ। କିନ୍ତୁ ଏ କଥା ସତ ଯେ, ଗୋଟିଏ ଜାତି ହେଲେ ବ୍ରାହ୍ମଣଙ୍କ ଉପସ୍ଥିତି ଉଲ୍ଲେଖଯୋଗ୍ୟ। ତାହାର ଗୋଟିଏ କାରଣ, ବ୍ରାହ୍ମଣ ବୋଲି ଗୋଟିଏ ଜାତି ଭାରତର ସବୁ ପ୍ରଦେଶରେ ପ୍ରାୟତଃ ସବୁ ଅଞ୍ଚଳରେ ଅଛନ୍ତି। କିନ୍ତୁ ଅନ୍ୟ ଜାତିମାନଙ୍କର ଅବସ୍ଥା ତାହା ନୁହେଁ। ଧରନ୍ତୁ ଓଡ଼ିଶାର କରଣ। ଏମାନେ ଓଡ଼ିଶା ବାହାରେ ପ୍ରାୟ ନାହାଁନ୍ତି। ଯଦିଚ ଉତ୍ତର

ଭାରତର କାୟାସ୍ଥ ବା ମହାରାଷ୍ଟ୍ରର ସି.କେ.ପି. ଚନ୍ଦ୍ରସେନୀୟ କାୟସ୍ଥ ପ୍ରଭୁ ଇତ୍ୟାଦି ମୋଟାମୋଟି ସେହି ଜାତି, କିନ୍ତୁ କରଣ ନିଜକୁ କାୟସ୍ଥ ବା କାୟସ୍ଥ ନିଜକୁ କରଣ କହିବ ନାହିଁ। ଏହାଛଡା କାଶ୍ମୀରର ବ୍ରାହ୍ମଣ ବ୍ରାହ୍ମଣ ଯଦିଚ, ସେ ଅତିରିକ୍ତ ମାଂସଭକ୍ଷୀ। ସେହିଭଳି କନ୍ୟାକୁମାରୀର ବ୍ରାହ୍ମଣ ମଧ୍ୟ ବ୍ରାହ୍ମଣ ଯଦିଚ, ସେ ଘୋରତର ନିରାମିଂସାସୀ। ଆଚାର, ସାମାଜିକ ବ୍ୟବସ୍ଥା ଆଦିରେ ବିରାଟ ପାର୍ଥକ୍ୟ ସତ୍ତ୍ୱେ ସେମାନେ ବ୍ରାହ୍ମଣ ବୋଲି ପରିଚିତ। ଏହା ଅନ୍ୟ ଜାତିମାନଙ୍କ ମଧ୍ୟରେ ନାହିଁ। କିଛିଟା କ୍ଷତ୍ରୀୟମାନଙ୍କର ଥିଲା। କିନ୍ତୁ ତାହା ବଡ ଶିଥିଳ ହୋଇଗଲାଣି। ଏୟାର ଚିଫ୍ ମାର୍ଶାଲ କୌଲ କାଶ୍ମୀରୀ ଆମିଷଭକ୍ଷୀ ବ୍ରାହ୍ମଣ ଏବଂ ଏହା ତାଙ୍କ ଜାତିର ସାମାଜିକ ବ୍ୟବସ୍ଥା। ଆଦି ତାମିଲନାଡୁର ଆୟାଙ୍ଗାର୍ ବ୍ରାହ୍ମଣଠାରୁ ସଂପୂର୍ଣ୍ଣ ଅଲଗା। ତଥାପି ଏଆର୍ ଚିଫ୍ ମାର୍ଶାଲ କୌଲ ଏବଂ ପ୍ରଧାନ ବିଚାରପତି ଭେଙ୍କଟ ଚେଲିୟା ଉଭୟ ବ୍ରାହ୍ମଣ ବୋଲି ଗଣା ହେବେ। କିନ୍ତୁ ସତରେ କ'ଣ ତାହା ଠିକ୍? କାଶ୍ମିରୀ ପଣ୍ଡିତ ଓ ଆୟାଙ୍ଗାର ବା ନାମ୍ବୁଦ୍ରୀ ବ୍ରାହ୍ମଣଙ୍କ ଭିତରେ କେତେଟା ବୈବାହିକ ସମ୍ପର୍କ ହେଉଛି? ଏଣୁ ମୁଁ ସଣ୍ଡେ ଲେଖିଥିବା କଥାଟାକୁ ସତ୍ୟ ନ କହି ଅର୍ଦ୍ଧସତ୍ୟ କହୁଛି।

ତେବେ ଏକଥା ମଧ୍ୟ ସତ୍ୟ ଯେ କି ଅଧ୍ୟୟନ, କି ଶାସନ, କି ସେନା, କି ବ୍ୟବସାୟ, ପ୍ରାୟ ସବୁ କ୍ଷେତ୍ରରେ ଉଚ୍ଚତର ସ୍ତରରେ ବ୍ରାହ୍ମଣମାନଙ୍କ ଉପସ୍ଥିତି ରହିଛି। ତାହାର କାରଣ ସେମାନଙ୍କ ମଧ୍ୟରେ ଶିକ୍ଷା ଓ ଅଧ୍ୟୟନର ଏକ ପରମ୍ପରା ବହୁକାଳରୁ ଅଛି। ଯଦିଚ ସେମାନେ ସାଧାରଣତଃ ଅତି ରକ୍ଷଣଶୀଳ, ତଥାପି ରକ୍ଷଣଶୀଳତା ବିରୁଦ୍ଧରେ ବିଦ୍ରୋହର ପୁରୋଧା ମଧ୍ୟ ସେହିମାନେ ହିଁ ହୋଇଥାଆନ୍ତି। ବେଶୀ ଦୂର ଯିବା ଦରକାର ନାହିଁ। ଓଡ଼ିଶାର ପଞ୍ଚସଖା ଗୋପବନ୍ଧୁ ଆଦି ବ୍ରାହ୍ମଣ। ତଥାପି ଭାରତରେ ଏପରିକା ସ୍ଥାନ ମଧ୍ୟ ଅଛି, ଯେଉଁଠି କି ବ୍ରାହ୍ମଣର ସେ ସାମାଜିକ ଓ ବୌଦ୍ଧିକ ପ୍ରତିଷ୍ଠା ନାହିଁ। ଧରନ୍ତୁ ପଞ୍ଜାବ। ଏଠି ପ୍ରକୃତରେ ଉଚ୍ଚଜାତି ହେଲେ ଜାଟ୍ ଶିଖ୍। ତାହାପରେ ଖତ୍ରୀ। ଉତ୍ତର ଭାରତରେ ମଧ୍ୟ ଅନେକ ସ୍ଥାନରେ କାୟସ୍ଥ ଓ ବୈଶ୍ୟମାନେ ବ୍ରାହ୍ମଣଙ୍କଠାରୁ ବେଶୀ ପ୍ରତିଷ୍ଠା ଲାଭ କରିଥିଲେ। କାୟସ୍ଥମାନେ ମୁସଲମାନ୍ କାଳରେ ପାର୍ଶୀରେ ପାଣ୍ଡିତ୍ୟ ଲାଭ କରିଥିଲେ। କାୟାସ୍ଥମାନେ ମୁସଲମାନ୍ କାଳରେ ପାର୍ସୀରେ ପାଣ୍ଡିତ୍ୟ ଅର୍ଜନ କରି ଅନେକ ସମୟରେ ଉଚ୍ଚପଦ ପାଉଥିଲେ। ବୈଶ୍ୟମାନେ ମଧ୍ୟ ଇଂରାଜୀ ଶିକ୍ଷାକୁ ଖୁବ୍ ଗ୍ରହଣ କରିଥିଲେ ଏବଂ ଆଶ୍ଚର୍ଯ୍ୟର ବିଷୟ ଏହି ଯେ ଉତ୍ତରପ୍ରଦେଶର ଅଧିକାଂଶ ଇଞ୍ଜିନିୟର ଏବଂ ଚାର୍ଟାର୍ଡଆକାଉଣ୍ଟାଣ୍ଟ୍ ବୈଶ୍ୟ। ଏପରିକି ରୁରୁକି ବିଶ୍ୱବିଦ୍ୟାଳୟକୁ ଥଟ୍ଟାରେ 'ବନିଆ ୟୁନିଭର୍ସିଟି' ମଧ୍ୟ କୁହାଯାଉଥିଲା। ତାହାର କାରଣ ଏହା ଇଞ୍ଜିନିୟରିଂ ୟୁନିଭର୍ସିଟି। ଉତ୍ତରପ୍ରଦେଶରେ

ଇଞ୍ଜିନିୟର ସାଧାରଣତଃ ଗୁପ୍ତ, ଅଗ୍ରୱାଲ, ବଂଶାଲ୍ ଇତ୍ୟାଦି ବୈଶ୍ୟ ଉପାଧିଧାରୀ।

ଏପରିକି ମୁସଲମାନ୍‌ମାନଙ୍କ ମଧ୍ୟରେ ମଧ୍ୟ ଏହି ପ୍ରକାରର ଏକ ବୌଦ୍ଧିକ ଅଭିଜାତବର୍ଗ ଅଛନ୍ତି। ହିନ୍ଦୁ ସମାଜରେ ବ୍ରାହ୍ମଣର ସ୍ଥାନ ଯେପରି, ମୁସଲମାନ୍ ସମାଜରେ ଏମାନଙ୍କ ସ୍ଥାନ ସେହିପରି। ଏମାନେ ହେଲେ ସୈୟଦ। ପିଲାଦିନେ ଓଡ଼ିଶାରେ ମୁଁ ଶୁଣିଥିଲି ଯେ ମୁସଲମାନ୍ କୁଆଡେ ଚାରି ଜାତିରେ ବିଭକ୍ତ। ଶେଖ୍, ସୈୟଦ୍, ମୋଗଲ, ପଠାଣ। ବୋଧହୁଏ ଏହି କହିବା ଲୋକ ଚାରିଜାତି ସାଥୀରେ ଏତେ ଅଭ୍ୟସ୍ତ ଯେ ପ୍ରତ୍ୟେକ ସମାଜକୁ ଚତୁଃବର୍ଣ୍ଣ ବ୍ୟବସ୍ଥାରେ ପକାଇଲେ। କିନ୍ତୁ ମୁଁ ପରେ ମୁସଲମାନ୍ ସମାଜର ସଂସ୍ପର୍ଶରେ ଆସିବାରୁ ଜାଣିଲି ଯେ ଏହା ବୁଝିବା ଭୁଲ।

ଶେଖ୍ ପ୍ରଧାନତଃ ଏକ ଉପଜାତିର ମୁଖ୍ୟଙ୍କ ଉପାଧି। ଧର୍ମଯାଜକ ଅର୍ଥରେ ମଧ୍ୟ ଏହା ବ୍ୟବହୃତ ହୁଏ। ମୋଗଲ ଓ ପଠାଣ ଭାରତକୁ ଆସିଥିବା ଏକ ଏକ ଉପଜାତି ବା Tribe ର ନାମ। ଏଣୁ ଓଡ଼ିଆରେ ମୁସଲମାନ୍ ଓ ପଠାଣ ଶବ୍ଦଦ୍ୱୟକୁ ଯେପରି ସମଅର୍ଥବାଚକ ଧରାଯାଏ, ତାହା ଭୁଲ୍। ଏହାର ଅବଶ୍ୟ ଐତିହାସିକ କାରଣ ଅଛି। ଓଡ଼ିଶାର ଲୋକ ମୁସଲମାନ୍‌ଙ୍କ ପ୍ରଥମ ସମ୍ପର୍କରେ ଆସନ୍ତି ବଙ୍ଗ ଦେଶର ସୁଲତାନମାନଙ୍କ ଦ୍ୱାରା। ଓଡ଼ିଶାରେ କିଛିକାଳ ସେମାନେ ଶାସନ ମଧ୍ୟ କଲେ। ସେମାନେ ପଠାଣ ବା ଆଫଗାନ୍ ଥିଲେ। ଏଣୁ ପଠାଣ ଓ ମୁସଲମାନ୍ ସମଅର୍ଥ ବ୍ୟଞ୍ଜକ ହୋଇଗଲା। ମୋଗଲଙ୍କୁ ଆମେ ମୁସଲମାନ୍ ସହିତ ସଂପୃକ୍ତ କଲୁ ନାହିଁ। କାରଣ ମୋଗଲ ଶାସନ ସ୍ଥାପନ କରିବା ଲୋକ ହେଲେ ମାନସିଂହ। ପରେ ମୋଗଲ ସୁବେଦାର ଅବଶ୍ୟ ମୁସଲମାନ୍ ଆସିଛନ୍ତି। କିନ୍ତୁ ମୂଳରୁ ମାନସିଂହ ଆସିବାରୁ ଏହି ମୁସଲମାନ୍ ସୁବେଦାରଙ୍କୁ ମାନସିଂହଙ୍କର ସାମନ୍ତ ବୋଲି ଧରାଯାଉଥିଲା।

ସୈୟଦମାନେ ନିଜକୁ ହଜରତ୍ ମହମ୍ମଦଙ୍କର ବଂଶଧର ବୋଲି କହନ୍ତି। କିନ୍ତୁ ଏକଥା ସତ ଯେ ଶାସ୍ତ୍ର ଚର୍ଚ୍ଚା, ବିଦ୍ୟା ଚର୍ଚ୍ଚା ଇତ୍ୟାଦିରେ ସୈୟଦମାନେ ହିଁ ସର୍ବପ୍ରଧାନ। ପୁଣି ମୁସଲମାନ୍‌ଙ୍କ ନବଜାଗରଣର ନେତୃତ୍ୱ ସୈୟଦମାନେ ହିଁ ଦେଇଛନ୍ତି। ସାର ସୈୟଦ୍ ଅହମ୍ମଦ୍, ସୈୟଦ୍ ଅମୀର ଅଲ୍ଲୀ ମୁସଲମାନ୍‌ଙ୍କ ମଧ୍ୟରେ ଇଂରେଜୀ ଶିକ୍ଷା ପ୍ରସାରର ନେତୃତ୍ୱ ନେଇଥିଲେ ଏବଂ ମୌଲବୀମାନଙ୍କର ପ୍ରବଳ ବିରୋଧ ସତ୍ତ୍ୱେ ସୈୟଦ୍‌ମାନଙ୍କ ମଧ୍ୟରେ ଏବେ ମଧ୍ୟ ସେହି ଐତିହ୍ୟ ବିଦ୍ୟମାନ। ବର୍ତ୍ତମାନ ମଧ୍ୟ ମୁସଲମାନ୍ ବୁଦ୍ଧିଜୀବୀଗଣଙ୍କ ମଧ୍ୟରେ ବହୁତ ସୈୟଦ୍ ଦେଖିବେ।

ଏଣୁ ପ୍ରକୃତରେ ବିଦ୍ୟାଚର୍ଚ୍ଚାର ଐତିହ୍ୟ ରଖିଲେ ହିଁ ବ୍ରାହ୍ମଣ ହେବ। ଅର୍ଥାତ୍ ବ୍ରାହ୍ମଣ ପରି କ୍ଷମତା ଉପରେ ଅଧିକାର ଆସିଯିବ। କାରଣ ଇଂରାଜୀରେ କଥା ଅଛି,

'Knowledge is power'। ଏଣୁ ଏହି ଆରକ୍ଷଣବାଦୀଙ୍କୁ ଟିକିଏ ଭାବିବା ଉଚିତ୍। ଏତେଦିନ ହେଲା ଅନୁସୂଚିତ ଜାତି ଓ ଜନଜାତିଗଣ ଆରକ୍ଷଣ ପାଇଛନ୍ତି। କିନ୍ତୁ ତାହାଦ୍ୱାରା ସେ ସମାଜର କି ଉନ୍ନତି ହୋଇଛି ? ଜଣେ ଅଧେ ଚାକିରି ପାଇଗଲେ ସତ; କିନ୍ତୁ ଆଦିବାସୀ ଅଞ୍ଚଳରେ ଇସ୍କୁଲରେ ମାଷ୍ଟର ନାହାନ୍ତି, ଡାକ୍ତରଖାନାରେ ଡାକ୍ତର ନାହାନ୍ତି। ଦୁଧରୁ ସର ବାହାରିଗଲା। ଫଳତଃ ଦୁଧ ଆହୁରି ପାଣିଚିଆ ହୋଇଗଲା।

ସଂରକ୍ଷଣ ସମ୍ବନ୍ଧୀୟ ଆଲୋଚନା ବଡ ଗମ୍ଭୀର ହୋଇଯାଉଛି ଏବଂ ସେଇଟା ମୋ ଧାତୁରେ ଯାଏ ନାହିଁ। ଏଣୁ ଆପଣଙ୍କୁ ଏକ ଗଳ୍ପ ବା ଘଟଣା କହିବାର ଅନୁମତି ମାଗୁଛି। ଆପଣ ତ ନିଶ୍ଚୟ ଶୁଣିଥିବେ ଯେ ଲକ୍ଷ୍ନୌ ସହରରେ ମହରମ୍ ଖୁବ୍ ଧୁମ୍‌ଧାମ୍‌ରେ ହୁଏ। ମହରମ୍ ଶୋକର ପର୍ବ। ଦାମ୍‌ସ୍କସ୍‌ର ରାଜା ୟାଜିଦ୍‌ଙ୍କ ହୁକୁମରେ ତାହାର ସେନା ହଜରତ୍ ମହମ୍ମଦଙ୍କ ନାତି ହୁସେନ୍ ଓ ତାଙ୍କର ପରିବାରକୁ କରବଲା ପ୍ରାନ୍ତରେ ହତ୍ୟା କରିଥିଲେ। ତାହାର ସ୍ମୃତିରେ ମହରମ୍ ଏବଂ ଏଥିରେ ଖୁବ୍ ବିଳାପ କରାଯାଏ। ହୁସେନ୍ ତୃଷିତ ଅବସ୍ଥାରେ ପ୍ରାଣତ୍ୟାଗ କରିଥିବାରୁ ସରବତ ବଣ୍ଟାଯାଏ। ଅତି ସୁନ୍ଦର ତାଜିଆ ସବୁ ତିଆରି ହୁଏ। ମହରମ୍ କଟକରେ ମଧ୍ୟ ହୁଏ; କିନ୍ତୁ ସେ ବିଳାପ ଇତ୍ୟାଦି ନ ଥାଏ।

ମଫସଲରୁ ଦୁଇଜଣ ଜମିଦାର ଲକ୍ଷ୍ନୌକୁ ମହରମ୍ ଦେଖିବାକୁ ଆସିଛନ୍ତି। ଶ୍ରୀଅକ୍ଷର ବରୁଣେଇ ପର୍ବତ ହିନ୍ଦୀରେ କହିଲେ "କାଲା ଅକ୍ଷର ଭୈଁସ୍ ବରାବର।" ଶିକାର, ମାରପିଟ ଇତ୍ୟାଦି ନେଇ ସେମାନେ ଥାଆନ୍ତି। ବଡା ଇମାମ୍ ବାଡା ଭିତରକୁ ତାଜିଆର ରୋଶନୀ ଦେଖିବାକୁ ଗେଟ୍ ଭିତର ଦେଇ ଗଲା ବେଳକୁ ଦରବାନ୍ ଅଟକାଇ କହିଲା, "ଆଗ ଏହି ଯେ ମୂର୍ତ୍ତି ଥୁଆ ହୋଇଛି, ତାକୁ ଦୁଇ ଦୁଇ ଜୋତା ମାର"। ଆଶ୍ଚର୍ଯ୍ୟ! ଏ କି ସୃଷ୍ଟିଛଡା ନିୟମ ? ଦରବାନ୍ ବୁଝାଇ ଦେଲା ଯେ ଏହା ୟାଜିଦ୍‌ର ପ୍ରତିମୂର୍ତ୍ତି ଏବଂ ହଜରତ୍ ମହମ୍ମଦଙ୍କର ବଂଶଧରମାନଙ୍କ ଉପରେ ୟାଜିଦର ଅତ୍ୟାଚାର ବିଷୟରେ ସେ ବିସ୍ତୃତ ବିବରଣ ଦେଲା। ଏହାର ଫଳ କିନ୍ତୁ ହେଲା ଅପ୍ରତ୍ୟାଶିତ। ଉଭୟ ଠାକୁର ସାହେବ ସେହି ମୁର୍ତ୍ତି ଆଗରେ ସାକ୍ଷାତ ଦଣ୍ଡବତ ହୋଇ ପଡିଗଲେ। ତାହା ପରେ ସେ ଯାହା ତାଙ୍କ ନିଜସ୍ୱ ଅବୋଧ ହିନ୍ଦୀରେ କହିଲେ, ତା'ର ଓଡ଼ିଆ ରୂପାନ୍ତର ତଳେ ଦେଉଛି।

"ଧନ୍ୟ, ଧନ୍ୟ ବାବା ୟାଜିଦ୍। ଇମିତି ପିଟିଛୁ ଯେ ଶଳେ ଆଜି ପର୍ଯ୍ୟନ୍ତ କାନ୍ଦୁଛନ୍ତି।"

ପାଠକ ଏଥିରୁ କୌଣସି ନୀତି ବା Moral ର ଛାୟା ଦେଖୁଛନ୍ତି କି ? ସ୍ପଷ୍ଟ

କଥା ହେଲା ଯେ ଉପଯୁକ୍ତ ଶିକ୍ଷାର ଅଭାବ ହେଲେ ଯାହାକୁ ଜୋତା ମାରିବା କଥା, ତା' ଗୋଡ଼ତଳେ ପଡ଼ିବେ। ଶିକ୍ଷା ଉପରେ, ବିଶେଷ କରି ହାଇସ୍କୁଲ ପର୍ଯ୍ୟନ୍ତ ଶିକ୍ଷା ଉପରେ ଗୁରୁତ୍ୱ ନଦେଲେ କୌଣସି ଶ୍ରେଣୀ ବିଶେଷର ସରକାରୀ ଆରକ୍ଷଣ ଦ୍ୱାରା ବିଶେଷ ଉପକାର ହେବାର ଆଶା ନାହିଁ। ଅବ୍ରାହ୍ମଣ ଜାତି ଯେ କି ଅତ୍ୟନ୍ତ ଖରାପ ଅବସ୍ଥାରୁ ବର୍ତ୍ତମାନ ସବୁ କ୍ଷେତ୍ରରେ ଉନ୍ନତିର ତୁଙ୍ଗ ଦେଶରେ ପହଞ୍ଚି ପାରିଛନ୍ତି, ସେମାନେ ହେଲେ ପଞ୍ଜାବର ଜାଟ୍, ଶିଖ୍ ଏବଂ ସୋନଙ୍କର ଉନ୍ନତିର ରହସ୍ୟ ହେଉଛି ଶିକ୍ଷା।

■

ଓଡ଼ିଶାର ଭେନିସ୍ - ବାଲେଶ୍ୱର

ଓଡ଼ିଆ ଜାତିର ବିଶେଷ ଗର୍ବ ଯେ ସେମାନେ ଜାହାଜ ନେଇ ସାତ ସମୁଦ୍ର ତେର ନଈ ଆର ପାରିରେ ବେପାର କରୁଥିଲେ। କେତେକ କାହାଣୀ ଓ ଲୋକକଥା ଛଡା ଓଡ଼ିଶାରେ ଏହି ଗୌରବମୟ ସାମୁଦ୍ରିକ ପରମ୍ପରାର କିଛି ପ୍ରମାଣ ମିଳେ ନାହିଁ। କେବଳ ବାଲେଶ୍ୱର ଛଡା ଅନ୍ୟତ୍ର ଏହି ସାଧବ ପରମ୍ପରା ଲୋପ ପାଇ ଯାଇଥିଲେ। କିନ୍ତୁ ବାଲେଶ୍ୱରରେ ଏହା ୧୮୫୦-୬୦ ପର୍ଯ୍ୟନ୍ତ ଜୀବିତ ଥିଲା। ସେ ପର୍ଯ୍ୟନ୍ତ ବାଲେଶ୍ୱର ଏକ ସମୃଦ୍ଧିଶାଳୀ ବନ୍ଦର ଥିଲା। ପ୍ରକୃତରେ ଏହା ଓଡ଼ିଶାର ଏକମାତ୍ର ବନ୍ଦର। ଫକୀର ମୋହନଙ୍କର ଆତ୍ମଜୀବନୀରୁ ଜଣାଯାଏ ଯେ ଅତି କମ୍‌ରେ ପାଞ୍ଚଶହ ଜାହାଜ ବାଲେଶ୍ୱର ବନ୍ଦରରେ ଘାଟି କରିଥିଲେ। ସେତେବେଳେ ପୂର୍ବ ଉପକୂଳରେ ବାଲେଶ୍ୱର ଓ ପଶ୍ଚିମ ଉପକୂଳରେ ସୁରତ ଉତ୍ତର ଭାରତ ଲାଗି ପ୍ରଧାନ ବନ୍ଦର ଥିଲା। ଏଣୁ ଇଂରେଜ, ଫରାସୀ, ଡଚ୍ ବା ଓଲନ୍ଦାଜ୍ ଇତ୍ୟାଦି ବିଦେଶୀ ବଣିକମାନେ ତାଙ୍କର କୋଠି ବା ଫାକ୍ଟରୀ ଏହି ଦୁଇ ବନ୍ଦରରେ ହିଁ ସ୍ଥାପନ କରିଥିଲେ। ପରେ କିନ୍ତୁ କଲିକତା ଓ ବମ୍ବେ ଉଠିଲା। ତା'ର ପ୍ରଧାନ କାରଣ କାଳକ୍ରମେ ନଦୀ ପୋତି ହୋଇଯିବା। ତାହା ସବୁ ନଦୀ-ବନ୍ଦରରେ ଊଣା ଅଧିକେ ହୋଇଥାଏ। ପଶ୍ଚିମ ଉପକୂଳରେ ସୁରତ୍, ଖମ୍ବାତ୍ ପରି ପ୍ରସିଦ୍ଧ ବନ୍ଦର ଲୋପ ପାଇଗଲା। ବର୍ତ୍ତମାନ କଲିକତାକୁ ବଞ୍ଚାଇ ରଖିବାକୁ କି ପରିଶ୍ରମ ଓ ଅର୍ଥବ୍ୟୟ ନ ହେଉଛି ତା ତୁଳନାରେ ସମୁଦ୍ର ଉପରେ ସ୍ଥିତ ବନ୍ଦର ଦୀର୍ଘସ୍ଥାୟୀ।

ବାଲେଶ୍ୱରର ସଂସ୍କୃତି ଓ ଇତିହାସ ଉପରେ ସମୁଦ୍ର ଓ ବାଣିଜ୍ୟର ପ୍ରଭାବ ସ୍ପଷ୍ଟ। ଏଣୁ ଏହାକୁ ଇଟାଲୀର ଭେନିସ୍ ସହିତ ତୁଳନା କରାଯାଇପାରେ। ଭେନିସ୍ ବର୍ତ୍ତମାନ ଇଟାଲୀର ପ୍ରଧାନ ବନ୍ଦର ନୁହେଁ। ତଥାପି ଏହା ସାଂସ୍କୃତିକ ତୀର୍ଥସ୍ଥାନ ଏବଂ ଏକ ପ୍ରଧାନ ନଗର। କିନ୍ତୁ ଓଡ଼ିଶା ବାଲେଶ୍ୱର ପ୍ରତି ଅନ୍ୟାୟ କରିଛି। ଆମେ

ତାକୁ ସାଂସ୍କୃତିକ କେନ୍ଦ୍ର ପରି ଗଢି ପାରିଲୁ ନାହିଁ ବା ଚେଷ୍ଟା ମଧ୍ୟ କଲୁନାହିଁ। ବାଲେଶ୍ୱରର ଭେନିସ୍ ସହିତ ସାଦୃଶ୍ୟ ତା'ର ଅସଂଖ୍ୟ ପୋଖରୀରେ। କିଛି କିଛି ପ୍ରମାଣ ମିଳେ ଯେ ବାଲେଶ୍ୱର ସହର ମଧ୍ୟରେ ଦୁଇ ତିନିଟା ନଦୀର ଶାଖା ଥିଲା। ପୁରୁଣା ଲୋକ କହନ୍ତି ଯେ ଦିନାମାର ଡିଙ୍ଗା ଅଞ୍ଚଳରୁ ବୁଢାବଳଙ୍ଗ ନଦୀକୁ ନାଳ ରାସ୍ତା ଥିଲା। ଜାହାଜ ବଡ ନଦୀରେ ରହୁଥିଲା ଏବଂ ଡଙ୍ଗା ଦ୍ୱାରା ମାଲ ଗୋଦାମକୁ ଓ ଗୋଦାମରୁ ନିଆ ଅଣା କରାଯାଉଥିଲା। ଦିନମାର୍ ବା ଡେନ୍‌ମାର୍କ ଅଧିବାସୀଙ୍କ ଛଡା ହଲାଣ୍ଡରୁ ଓଲନ୍ଦାଜ୍, ଫ୍ରାନ୍‌ସରୁ ଫରାସୀ ଓ ଇଂରେଜ ସମସ୍ତେ ବାଲେଶ୍ୱରରେ ଥିଲେ, ବାଲେଶ୍ୱର ପାଖେ ନଦୀକୂଳେ। ଯଥା ଇଂରେଜ ଥିଲେ ନଦୀମୁହାଣ ପାଖେ ବଳରାମଗଡିରେ। ହେଲେ ତା' ବାଲେଶ୍ୱରରେ ସାମିଲ। ଓଡ଼ିଶାରେ ଊନବିଂଶ ଶତାବ୍ଦୀ ପର୍ଯ୍ୟନ୍ତ ଏହା ଏକମାତ୍ର ବନ୍ଦର। ଏହାର ଜୀବନଶୈଳୀ ବିଷୟରେ ଫକୀରମୋହନଙ୍କ ଲେଖାରୁ ବହୁ ତଥ୍ୟ ମିଳେ। ସେଥିରୁ ଜଣାପଡେ ଯେ, ପ୍ରାୟ ପାଞ୍ଚ ଛଅଶହ ଜାହାଜର ଘାଟି ବାଲେଶ୍ୱରରେ ଥିଲା। ସେଥିରୁ ପ୍ରାୟ ତିନି ଚାରିଶହ ଜାହାଜ ବାଲେଶ୍ୱର ଓ ବଙ୍ଗଳା ମଧ୍ୟରେ ଚାଲିଥିଲା। ସେ ସବୁର କାମ ଥିଲା ବାଲେଶ୍ୱରୀ ପଙ୍ଗା ଲୁଣ କଲିକତାରୁ ରପ୍ତାନି କରିବା। ଦେଢଶହ-ଦୁଇଶହ ହୁଏତ ବିଦେଶଗାମୀ ଜାହାଜ। ସେ ସବୁର ନାମ ଥିଲା ଗୋରାପ। ଏହା ଓଡ଼ିଆ ନାମ ନୁହେଁ। କାରଣ ମହାରାଷ୍ଟ୍ରର କୋଙ୍କଣ ଉପକୂଳରେ ମଧ୍ୟ ଗୋରାପ ନାମକ ସମୁଦ୍ରଗାମୀ ଜାହାଜର ପ୍ରମାଣ ମିଳେ। ଏଣୁ ଏହା ବୋଧହୁଏ ସବୁ ଭାଷାରେ ବଡ ଜାହାଜର ନାମ। ଏହାର ଆକାର ବିଷୟରେ ଅନୁମାନ କରାଯାଇପାରେ। ଏଥିରେ ଦୁଇଟା ମାସ୍ତୁଲ। ଗୋଟାଏ ଜାହାଜରେ ଆଠ ଦଶହଜାର ମହଣ ମାଲ ଲଦାଯାଇ ପାରୁଥିଲା। କେବଳ ମାଲର ହିସାବ କଲେ ପ୍ରାୟ ତିନିଶହ ସାଢେ ତିନିଶହ ଟନ୍ ମାଲ। ଅର୍ଥାତ୍ ପ୍ରାୟ ତିରିଶଟା ବୋଝେଇ ଟ୍ରକର ମାଲ। ଗୋଟିଏ ଜାହାଜରେ କୋଡିଏ ଜଣ ନାବିକ। ହିସାବ କରିଲେ ତିନିଶହ ଜାହାଜକୁ ଛଅହଜାର ନାବିକ। ପୁଣି ଏକ ମୋଟା ହିସାବ କଲେ, ଜଳରେ ଜଣେ କର୍ମଚାରୀ ଲାଗି ସ୍ଥଳରେ ତିନିଜଣ ବା ଅଧିକ ଦରକାର। ଏଣୁ ଏଥିରେ ପଚିଶ ତିରିଶ ହଜାର ପରିବାର ପୋଷି ହେଉଥିଲେ। ବାଲେଶ୍ୱର ପତନର ପ୍ରଧାନ କାରଣ ମୋ ମତରେ ଷ୍ଟିମା ଆସିଯିବା ନୁହେଁ। ତାହା ହେଲେ ଭାରତର ସର୍ବତ୍ର ଓ ଅନ୍ୟାନ୍ୟ ଦେଶରେ ମଧ୍ୟ ପାଲ ଜାହାଜ ଲୋପ ପାଇ ଯାଇଥାଆନ୍ତା। କିନ୍ତୁ ପାଲଟଣା ଜାହାଜ ଏ ପର୍ଯ୍ୟନ୍ତ ଆରବ ସାଗରରେ ବହାଲ୍ ତବିୟତରେ ରହିଛି। ଆଜିକାଲି ପାଲ ସାଙ୍ଗକୁ ଡିଜେଲ ଇଞ୍ଜିନ୍ ମଧ୍ୟ ଲାଗି ଗଲାଣି। ଯଦି ଗୁଜୁରାଟୀମାନେ ତାଙ୍କ ବ୍ୟବସାୟ ଚାଲୁ ରଖିପାରିଲେ, ତେବେ ଓଡ଼ିଶା ବଙ୍ଗାଳୀ

କାହିଁକି ପାରିଲେ ନାହିଁ ? ମୋ ମତରେ ବୁଢାବଳଙ୍ଗ ମୁହାଣ ପୋତି ହେବା ସଙ୍ଗେ ଯଦି ମହାଜନମାନେ ତାଙ୍କ ବ୍ୟାପାର ଅନ୍ୟ ବନ୍ଦରକୁ ଉଠାଇ ଆଣି ଥାଆନ୍ତେ, ତା'ହେଲେ ଏହା ବଞ୍ଚିଯାଇପାରି ଥାଆନ୍ତା। ଭାରତରେ ପଶ୍ଚିମ ଉପକୂଳରେ ଅସଂଖ୍ୟ ଛୋଟ ବନ୍ଦର। ଏଣୁ ସେଠି ଏହି ବେଶୀ ଜାହାଜ ବେପାର ବଞ୍ଚି ରହିଲା ଓ ଅଛି। ଧରନ୍ତୁ ଯଦି ବାଲେଶ୍ୱର ମହାଜନମାନେ କୁଜଙ୍ଗ ଆସି ଯାଇଥାଆନ୍ତେ, ତା'ହେଲେ ସମ୍ବଲପୁର, ସୋନପୁର ପର୍ଯ୍ୟନ୍ତ ମାଲ ରପ୍ତାନୀ କରି ପାରିଥାଆନ୍ତେ ଓ ପାରୁ ପର୍ଯ୍ୟନ୍ତ ଆମଦାନୀ ମାଲ ପଠାଇ ପାରିଥାଆନ୍ତେ। କେବଳ ପ୍ରାକୃତିକ କାରଣରୁ ଦୋଷ ଦେବା ଅନ୍ୟାୟ। ପଶ୍ଚିମ ଉପକୂଳରେ ତ ଅନେକ ବଡ ବଡ ବନ୍ଦର ମରି ଯାଇଥିବାର ଇଲ୍ଲେଖ ଆଗରୁ କରିଛି। କିନ୍ତୁ ସେଠି ଜାହାଜ କାରବାର ତ ମରିନାହିଁ। ଫକରୀମୋହନ ଜଳଦସ୍ୟୁଙ୍କ କଥା ମଧ୍ୟ ଲେଖିଛନ୍ତି। କିନ୍ତୁ ତାହା ଯଥେଷ୍ଟ କାରଣ ହୋଇ ନ ପାରେ। କାରଣ ଜଳଦସ୍ୟୁ ସମସ୍ୟା ଆରବ ସାଗରରେ ମଧ୍ୟ ଖୁବ୍ ଥିଲା।

ବାଲେଶ୍ୱର ଓଡ଼ିଶା ସାହିତ୍ୟକୁ ଦୁଇଜଣ ମହାରଥୀ ଦେଇଛି। ଫକୀରମୋହନ ଓ ରାଧାନାଥ। ଏମାନଙ୍କର ବିଷୟରେ ତ କିଛି କହିବାର ଆବଶ୍ୟକତା ନାହିଁ। କିନ୍ତୁ ସେମାନଙ୍କ ସମସାମୟିକ ଅନେକ ନାମଜାଦା ଲୋକ ଥିଲେ। ଏକଥା ଭୁଲିଲେ ଚଳିବ ନାହିଁ ଯେ ବାଲେଶ୍ୱରରେ ଓଡ଼ିଶା ଭାଷାର ଅସ୍ତିତ୍ୱ ସମ୍ପର୍କରେ ନିର୍ଣ୍ଣାୟକ ଯୁଦ୍ଧ ହୋଇଥିଲା। ଯଦି ଆମେ ସେ ଯୁଦ୍ଧରେ ହାରିଯାଇ ଥାଆନ୍ତୁ, ତା'ହେଲେ ଓଡ଼ିଆକୁ ମୁଣ୍ଡ ଟେକିବାକୁ ହୁଏତ ଆହୁରି ପଚାଶ ବର୍ଷ ଲାଗିଯାଇ ଥାଆନ୍ତି। ସେହି ସମୟରେ ଓଡ଼ିଆକୁ ଶିକ୍ଷାର ମାଧ୍ୟମ ରୂପେ ଉଠାଇ ଦେବାକୁ ପ୍ରଚଣ୍ଡ ଚେଷ୍ଟା ଚାଲିଥାଏ। ପ୍ରାୟ ସମସ୍ତ ମହକୁମାର ପ୍ରଧାନ କର୍ମଚାରୀ ବଙ୍ଗାଳୀ। ଓଡ଼ିଶାର ସ୍କୁଲ ଇନସ୍‌ପେକ୍ଟରଙ୍କର ଅଫିସ୍ ମେଦିନୀପୁରରେ। ଫଳତଃ କାନ୍ତିଚନ୍ଦ୍ର ଭଟ୍ଟାଚାର୍ଯ୍ୟ ଓ ଅନ୍ୟାନ୍ୟ ବଙ୍ଗାଳୀଙ୍କର ଚକ୍ରାନ୍ତ ଫଳରେ ବାଲେଶ୍ୱର ଗଭର୍ଣ୍ଣମେଣ୍ଟ ସ୍କୁଲରୁ ଓଡ଼ିଆ ଉଠାଇ ଦିଆଗଲା। ଗୌରୀଶଙ୍କର ରାୟ ଏବଂ ଫକୀର ମୋହନ ଇତ୍ୟାଦି ଏହା ବିରୁଦ୍ଧରେ ପ୍ରବଳ ସଂଗ୍ରାମ ଚଳାଇଲେ। ଭାଗ୍ୟକୁ ସେ ସମୟରେ ବାଲେଶ୍ୱରର କଲେକ୍ଟର ଥିଲେ ବିମସ୍ ସାହେବ। ଯେ ଜଣେ ପ୍ରସିଦ୍ଧ ଭାଷାବିତ୍। ତାଙ୍କର ମତ ଓଡ଼ିଆ ସପକ୍ଷରେ ଥିଲା। ଓଡ଼ିଶାର କମିଶନର ରେଭେନ୍‌ସା ମଧ୍ୟ ଏହାକୁ ସମର୍ଥନ କଲେ। ଏଣୁ ଏହି ଚକ୍ରାନ୍ତ ବିଫଳ ହେଲା। ତେବେ ଏ ବିଷୟରେ ଶିକ୍ଷିତ ଲୋକ ମଧ୍ୟ କେତେ ଜାଣନ୍ତି ? ଏହି ଆନ୍ଦୋଳନର ମୁଖ୍ୟ ପୁରୋଧା ଥିଲେ ଫକରୀମୋହନ। ତାଙ୍କ ସହିତ ମଧ୍ୟ ଅନେକ ବ୍ୟକ୍ତି ଥିଲେ। ସେ ବିଷୟରେ ଗବେଷଣା କରିବାର ଆବଶ୍ୟକ ଅଛି। କାରଣ ସେଇଟା ଥିଲା ଓଡ଼ିଆ ଜାତି ପକ୍ଷରେ ଏକ ଘଡିସନ୍ଧିର ସମୟ।

ତା'ଛଡା ସମସ୍ୟାଟା କେବଳ ବାଲେଶ୍ୱରର ନ ଥିଲା। ଦକ୍ଷିଣ ମେଦିନାପୁର ଅର୍ଥାତ୍ କାନ୍ଥି ସବ୍‌ଡିଜନରେ ବହୁ ଓଡ଼ିଆ ବସତି। ଦାନ୍ତୁନ, ନାରାୟଣଗଡ ଇତ୍ୟାଦି ଓଡ଼ିଆ ଅଧ୍ୟୁଷିତ ଅଞ୍ଚଳ। କିନ୍ତୁ ସେଠି ଆଜି ଓଡ଼ିଆ ପରାସ୍ତ। ଠିକ୍ ଏହି ଜିନିଷ ବାଲେଶ୍ୱରରେ ହେବାକୁ ଯାଉଥିଲା। ଏଣୁ ଏ ବିଷୟରେ ଗବେଷଣା କଲେ ଅନେକ ତଥ୍ୟ ମିଳିପାରିବ ଓ ଇତିହାସକୁ ବହୁତ ଉପାଦାନ ଯୋଗାଇବ।

ବର୍ତ୍ତମାନ ବାଲେଶ୍ୱରର ସୁଦିନ ଫେରି ଆସିଲା ପରି ମନେହେଉଛି। ବାଲେଶ୍ୱର ବର୍ତ୍ତମାନ ଉଦ୍ୟୋଗିକ ବିକାଶ ପଥରେ ଚାଲିଛି। ରେଳଲାଇନ୍ ଆରପାରିର ଅଞ୍ଚଳ ଦେଖିଲେ ଏହା ସ୍ପଷ୍ଟ ହୋଇଯାଏ। କିନ୍ତୁ ଏଥିରେ ଗୋଟିଏ ଲକ୍ଷ୍ୟ କରିବାର କଥା ଅଛି। ବାଲେଶ୍ୱର ମନେହେଉଛି ଯେପରି କଲିକତାର ଏକ ଉପନଗରୀ। ଏହାର ଅନେକ କାରଣ ଅଛି। ପ୍ରଥମତଃ ଏହା କଲିକତାରୁ ଅଳ୍ପ ବାଟ। ରେଳ ଏବଂ ସଡକ ପରିବହନ ଦିଗରୁ କଲିକତା ସହିତ ଯୋଗସୂତ୍ର ଅତି ସହଜ। ରେଳରେ ସାଢେ ତିନି ଘଣ୍ଟାର ବାଟ। ଏଣୁ କଲିକତାର ଶିଳ୍ପପତି ପକ୍ଷରେ ଏଠାରେ ଶିଳ୍ପ ଖୋଲିବା ସୁବିଧାଜନକ। ବିଶେଷ କରି ପଶ୍ଚିମ ବଙ୍ଗର ବାହାରେ ହୋଇଥିବାରୁ ବଡ, ମଧ୍ୟମ ଓ କ୍ଷୁଦ୍ର ସବୁ ରକମର ଶିଳ୍ପ ଗଢି ଉଠିଛି। କିନ୍ତୁ ବାଲେଶ୍ୱର ଆସନସୋଲ ବା ଧାନ୍‌ବାଦ ହେବା ଉଚିତ୍ ନୁହେଁ। ସେ ସବୁ ସହରର ବ୍ୟକ୍ତିତ୍ୱ ନାହିଁ। ସହରର ପରିବେଶ ଏପରି ହେବା ଉଚିତ୍ ନୁହେଁ ଯେ ଆଗନ୍ତୁକ ତା' କାମ ସାରି ପ୍ରାଣ ବିକଳରେ କଲିକତା କି ଭୁବନେଶ୍ୱର ପଳାଇବ। ସହରଟା ଏପରି ହେବା ଉଚିତ୍, ଆଗନ୍ତୁକ ଠିକ୍ କରିବ ଯେ ଆରଥର ତା' ସ୍ତ୍ରୀଙ୍କୁ ଧରି ଆସିବ ଏ ଜାଗାଟା ଦେଖାଇବା ପାଇଁ।

ବର୍ତ୍ତମାନ ବାଲେଶ୍ୱେର ଉପକଣ୍ଠର ଚାନ୍ଦିପୁର ଭାରତର ବୈଜ୍ଞାନିକ ମାନଚିତ୍ରରେ ଏକ ଗୁରୁତ୍ୱପୂର୍ଣ୍ଣ ସ୍ଥାନ। 'ଅଗ୍ନି' ଓ 'ଆକାଶ'ର ସଫଳ ପରୀକ୍ଷା ପରେ ଏହା ତ ବିଶ୍ୱପ୍ରସିଦ୍ଧ ! ତାହାର କିଛି ଫଳ ଅବଶ୍ୟ ବାଲେଶ୍ୱର ଉପରେ ପଡୁଛି। ଯଥା ଘରଭଡା ବଢିଛି। ଚାହିଦା ବଢିବା ଯୋଗୁଁ ବ୍ୟବସାୟ ବଢିଛି। କେତେ ଲୋକ ଚାକିରି ପାଇଛନ୍ତି ଇତ୍ୟାଦି। କିନ୍ତୁ ବାଲେଶ୍ୱରର ସଫଳତା ଆସିବ, ଯଦି ଚାନ୍ଦିପୁରକୁ ବାଲେଶ୍ୱର ସହିତ ସାଂସ୍କୃତିକ ଓ ଶିକ୍ଷା ଦିଗରେ ଏକୀକରଣ କରାଯାଇପାରେ। ତା'ହେଲେ ବାଲେଶ୍ୱରର ସଂସ୍କୃତି ଓ ଶିକ୍ଷାର ମାନ ବଢି ପାରିବ। ଚାନ୍ଦିପୁର ବୈଜ୍ଞାନିକମାନେ ବାଲେଶ୍ୱର ପ୍ରତି ଆକୃଷ୍ଟ ହେବା ଦରକାର। ସେମାନଙ୍କୁ ଆକୃଷ୍ଟ କରିବାର ଚେଷ୍ଟା ବାଲେଶ୍ୱରର ଗଣମାନ୍ୟ ବ୍ୟକ୍ତିଙ୍କ ଦ୍ୱାରା ହିଁ କରାଯାଇ ପାରିବ। ନଚେତ୍ ବର୍ତ୍ତମାନ ଯେଉଁ ଶିଳ୍ପବିକାଶ ହେଉଛି, ତା' ବାଲେଶ୍ୱରକୁ କଲିକତାର ଏକ ଉପନଗରରୁ ଅଧିକ କରିପାରିବ ନାହିଁ। ଏଥିରେ ଏକ ବଡ ବିପଦ ଅଛି। ସମସ୍ତ ଶିଳ୍ପପ୍ରଗତିରେ

ସମସ୍ୟା ଦେଖା ଦେଇପାରେ। ପଶ୍ଚିମ ବଙ୍ଗରେ ଆଜି ଝୋଟଶିଳ୍ପ ରୁଗ୍ଣ। ଏଣୁ ଝୋଟକଳ ଥିବା ସହରଗୁଡ଼ିକର ଅବସ୍ଥା ଅତି ଖରାପ। କିନ୍ତୁ ତା' ସହିତ ଯଦି ଶିକ୍ଷା-ବାଣିଜ୍ୟ ଆଦିର କେନ୍ଦ୍ର ହୋଇଥାଏ, ତା'ହେଲେ ସେପରି ନଗର ବଞ୍ଚିରହି ନୂତନ ସକାଳର ଅପେକ୍ଷା କରିପାରେ। ସବୁଠାରୁ ଦରକାରୀ ଜିନିଷ ହେଲା ଯେ ସହରଟା କେବଳ କାମ କରିବାର ସ୍ଥାନ ହେବା ସଙ୍ଗେ ସଙ୍ଗେ ରହିବା ଉପଯୋଗୀ ହେବା ଦରକାର। କାମ କରିବାକୁ ତ ଲୋକେ ଆସିବେ। କିନ୍ତୁ ତାଙ୍କ ଲାଗି ପରିବାର ନେଇ ରହିବାର ସୁବିଧା ଓ ପରିବେଶ ଗଢ଼ି ଉଠିଲେ ପ୍ରକୃତରେ ନଗର ହେବ। ବାଲେଶ୍ୱର ସେପରି ନଗର ହେଉ। ବାଲେଶ୍ୱର ଆଉ ସ୍ଥିର ରହି ପାରିବ ନାହିଁ। ହୁଏତ ଆଗେଇବ ବା କ୍ରମଶଃ ବେଶୀ ପଛକୁ ପଡ଼ିଯିବ। ନିର୍ଣ୍ଣୟ ବାଲେଶ୍ୱରର ନାଗରିକଙ୍କ ହାତରେ।

■

ଦରବାରୀ କାନାଡା

ମୋର ପୂଜ୍ୟପାଦ ପିତୃଦେବ ଅନେକ ସମୟରେ ଏକ ଢଗ କହୁଥିଲେ। ସେଥିର ଅର୍ଥ ବା Moral ହେଲା, ଭାଗ୍ୟ ପ୍ରଧାନ। ଘଟଣା ଘଟୁଛି, ମନୁଷ୍ୟ ନିମିତ୍ତ ମାତ୍ର ଏବଂ ଘଟଣାର ଫଳ ଅପ୍ରତ୍ୟାଶିତ ହୋଇପାରେ। ତାହା ହେଲା, "ତୁ ଯେବେ ନ ନିଅନ୍ତୁ ସୀତା, ମୋର କି ଲଙ୍କା ଦେଖା ହୋନ୍ତା!" ସେହି ପଦ୍ଧତିରେ ମୋତେ ଯଦି ଶନିସପ୍ତା ପଡି ନ ଥାଆନ୍ତା ଏବଂ ସେହି ସମୟରେ ମୋର ଅତିରିକ୍ତ ଦେହ ଖରାପ ହୋଇ ନ ଥାଆନ୍ତା, ତାହା ହେଲେ ଗିରିଧାରୀ ଲାଲ୍‌ଜୀଙ୍କ ସହିତ ଦେଖା ହୋଇ ନ ଥାଆନ୍ତା। ଗିରିଧାରୀ ଲାଲ୍ କଳ୍ପିତ ନାମ। କାରଣ ତାଙ୍କର ପ୍ରକୃତ ନାମ ଦେଲେ ଲୋକେ ତାଙ୍କ ଦୋକାନରେ ଅଯଥା ଭିଡ କରି ପାରନ୍ତି ଏବଂ ଏପରିକି କୌଣସି ପତ୍ରିକା ଇଣ୍ଟରଭିୟୁ ମଧ୍ୟ ମାଗିପାରେ। ଏପରି ଜିନିଷ ତାଙ୍କ ଧାତୁରେ ଯିବନାହିଁ ଓ ସେ କଷ୍ଟ ପାଇବେ।

ଆଜିକୁ ପନ୍ଦର ବର୍ଷ ତଳେ ମୋର ଭୀଷଣ ଦେହ ଖରାପ ହେଲା ଏବଂ ମାସକରୁ ଊର୍ଦ୍ଧ୍ୱ ହସ୍‌ପିଟାଲ ବାସ ହେଲା। ଏଣୁ ମୋର ଗୁରୁଜନମାନେ ମୋର ଜାତକ ଦେଖାଇଲେ ଏବଂ ଆବିଷ୍କାର କଲେ ଯେ ମୋ ଉପରେ ଭୟଙ୍କର ଶନିଦଶା ପଡିଛି। ଡାକ୍ତରଖାନାରୁ ତ ମୋର କର୍ମବଳ, ଗୁରୁଜନଙ୍କର ଆଶୀର୍ବାଦ ଓ ଡାକ୍ତରମାନଙ୍କ ହେକ୍‌ମାତ୍‌ରୁ ମୁଁ ଠିକ୍‌ଠାକ୍ ବାହାରି ଆସିଲି। ମୁଁ ମୋର କର୍ମକ୍ଷେତ୍ର ଦିଲ୍ଲୀ ଚାଲିଗଲି। କିନ୍ତୁ ମୋର ମାତୃଦେବୀ ପୂଜା ଇତ୍ୟାଦି ଚାଲୁ ରଖିଲେ। କାରଣ ମୋର ଶନିଦଶା ଆହୁରି ଦୁଇବର୍ଷ। ମା' ଏ ବିଷୟରେ ସ୍ପେଶାଲିଷ୍ଟ୍‌ମାନଙ୍କ ସାଥୀରେ ଆଲୋଚନା କରିଥିଲେ। ସ୍ପେଶାଲିଷ୍ଟଙ୍କ ମତ ହେଲା ଯେ, ମୋର ଏକ ନୀଳା ପିନ୍ଧିବା ଦରକାର ଏବଂ ତାହାର ଓଜନ ଅତି କମ୍‌ରେ ନଅ କ୍ୟାରେଟ୍ ହୋଇଥିବ। ମୋ ପାଖରେ ଘନ ଘନ ତାଗିଦା ଆସି ପହଞ୍ଚିଲା। ମୋ ଜାଣିବାରେ ନୀଳା ବହୁ

ମହାର୍ଘ ମଣି, ଦାମ୍‌ରେ ହୀରାଠାରୁ ଅଳ୍ପ କମ୍ ହୋଇପାରେ। ଏଣୁ ହଜାରରେ କଥାବାର୍ତ୍ତା। ଶେଷକୁ ମୋର ସହକର୍ମୀ ଓ ଖାଣ୍ଟି ଦିଲ୍ଲୀ ବାସିନ୍ଦା ଗୋପାଳଚନ୍ଦ୍ର ଟିଙ୍କୁଙ୍କୁ ପଚାରିଲି। ଟିଙ୍କୁ ପରିବାର ଦିଲ୍ଲୀ ଆସିଛନ୍ତି ଶାହାଜାହାନଙ୍କ ସାଥୀରେ। ଏମାନେ ଦିଲ୍ଲୀର ପ୍ରାଚୀନ ବଂଶମାନଙ୍କ ସହିତ ଖୁବ୍ ପରିଚିତ। ସେ ହିନ୍ଦୁ ହୁଅନ୍ତୁ ବା ମୁସଲମାନ୍। ଟିଙ୍କୁ ପରିବାର କାହାକୁ ଦେଢଶହ ବର୍ଷର ସ୍ଥାୟୀ ବାସିନ୍ଦା ନ ହେଲେ ଖାନ୍‌ଦାନୀ କହିବାକୁ ନାରାଜ। ତାଙ୍କଠାରୁ ଗିରିଧାରୀ ଲାଲ୍‌ଜୀଙ୍କର ଠିକଣା ପାଇଲି।

ଯେଉଁ ପାଠକମାନଙ୍କର ଦିଲ୍ଲୀ ବିଷୟରେ ଧାରଣା ଅଛି, ସେମାନେ ଜାଗାଟା ବୁଝି ପାରିବେ। ତାହା ହେଲା ଦରିବା କଲାଁ ବା ସଂକ୍ଷେପରେ ଦରିବା। ଲାଲକିଲ୍ଲା ଛକ ଉପରୁ ଚାନ୍ଦିନୀଚୌକ ଧରି ଯଦି ଗୁରୁଦ୍ୱାରା ଶୀଶ୍‌ଗଂଜ ଆଡକୁ ଯାଆନ୍ତି, ତାହାହେଲେ ଅଳ୍ପ ବାଟ ପରେ ବାଁ ହାତି ଏକ ଗଳି ଯାଇଛି। ଏହା ସେହି ଦରିବା। ମୋଗଲ ସମୟରୁ ଏହା ମଣିମାଣିକ୍ୟର ବଜାର। ପ୍ରାୟ ସମସ୍ତ ବ୍ୟବସାୟୀ ବା ଜୌହରୀ ହେଲେ ଖତ୍ରୀ। ନାଁଟା ଖତ୍ରୀ ହେଲେ ମଧ୍ୟ ଏମାନେ ଭାରତର ଖାନ୍‌ଦାନୀ ବ୍ୟବସାୟୀ। ଏକ ସମୟରେ ଏହିମାନେ ସମସ୍ତ ମଧ୍ୟଏସିଆର ବ୍ୟବସାୟ ନିୟନ୍ତ୍ରଣ କରୁଥିଲେ। ରୁଷିଆର ଆସ୍ତରାଖାନ୍ ସହରରେ ଏମାନଙ୍କର କୋଠି ବା ବ୍ରାଞ୍ଚ ଥିବାର ପ୍ରମାଣ ମିଳେ। ଏମାନଙ୍କ ତୁଳନାରେ ତ ମାରୱାଡୀ ଜାତି କାଲିକା ଟୋକା ! ପ୍ରାୟ ସମସ୍ତେ ଉଜ୍ଜ୍ୱଳ ଗୌରବର୍ଣ୍ଣ ଏବଂ ସୁଶ୍ରୀ। ଶିଖ୍ ଧର୍ମ ସହିତ ସେମାନେ ଗଭୀର ଭାବେ ସଂପୃକ୍ତ। କାରଣ ଖୋଦ୍ ଗୁରୁ ନାନକ ତ ଖତ୍ରୀ। ତେବେ ଦିଲ୍ଲୀର ଖାନ୍‌ଦାନୀ ଖତ୍ରୀମାନେ କେଶଧାରୀ ନୁହଁନ୍ତି। ଚାନ୍ଦିନିଚୌକଟା ମୂଳରୁ ହିଁ ଖତ୍ରୀଙ୍କର ଜମିଦାରୀ କୁହାଯାଇପାରେ।

ମୁଁ ଖୋଜି ଖୋଜି ଗିରିଧାରୀ ଲାଲ୍‌ଙ୍କ ଦୋକାନରେ ପହଞ୍ଚିଲି। ଦୋକାନମାନେ ଦଶ ଫୁଟରେ ଛଅ ଫୁଟର ବାରଣ୍ଡା କହିପାରନ୍ତି। ଲୁହାର ଜାଲି ଲାଗିଛି, ବଣିଆ ଦୋକାନର କୌଣସି ଲକ୍ଷଣ ନାହିଁ। ଶୋ କେଶ୍ ନାହିଁ, ଲୁହା ସିନ୍ଧୁକ ନାହିଁ। ତଳେ ବିଛଣା ଓ ଧଳା ଚାଦର ପଡିଛି। ମୋଟା ତକିଆ। କେତେଗୁଡିଏ ସୁନ୍ଦର କଳାକୃତି ଥିବା ପାନଦାନି, ପିକଦାନି ଓ ଆଶ୍‌ଟ୍ରେ ଥୁଆ ହୋଇଛି। ମୁଁ ଗୋପାଳର କଥା କହି ନିଜର ପରିଚୟ ଦେଲି। ତାହା ପରେ ମୋତେ ଆଗ୍ରହର ସହିତ ବସାଗଲା, ଆତିଥେୟତା ଆରମ୍ଭ ହେଲା। ଗିରିଧାରୀଜୀ ଗୌରବର୍ଣ୍ଣ, ଦୀର୍ଘକାୟ ଓ କିଞ୍ଚିତ ପୃଥୁଳ। କଳାଧଳା ବାଳ, ପଛକୁ ବ୍ୟାକବ୍ରଶ୍ କରା। ପରିଧାନ ଧଳା ଢିଲା ପାଇଜାମା ଓ କୁରୁତା। ଶୀତଦିନ। ଏଣୁ କ୍ରିମ୍ ରଙ୍ଗର ଜ୍ୟାକେଟ୍ ଓ କାନ୍ଧ ଉପରେ ବାଦାମୀ ରଙ୍ଗର ଶାଲ୍। ଗିରିଧାରୀଜୀ କେବଳ 'ଏ' ବୋଲି ଡାକିଲେ। ତାହା ମଧ ବିଶେଷ ବଡ଼

ପାଟିରେ ନୁହେଁ। ହଠାତ୍ ଆଲ୍ଲାଦୀନ ପ୍ରଦୀପର ଜିନ୍ ପରି ଏକ ଛୋକରାର ଆବିର୍ଭାବ। ତାହାକୁ ସମୋସା ଓ କଚୌଡ଼ି ଆଣିବାକୁ ହୁକୁମ ହେଲା। ଚାନ୍ଦିନୀଚୌକର ଖାସ୍ ଦୋକାନର ସମୋସା ସହିତ ସିଙ୍ଗଡ଼ାର ତୁଳନା ଉଚିତ ନୁହେଁ। ଏହା ବିଶୁଦ୍ଧ ଘିଅରେ ତିଆରି ଏବଂ ଅତି ଛୋଟ। ସାଙ୍ଗରେ ଖଡ଼ିକା, ଯାହା ଦ୍ୱାରା କି ଫୋଡ଼ିକରି ଖାଇହେବ, ହାତ ଲାଗିବ ନାହିଁ। ସାଥୀରେ ପୋଦିନା, ଚଟ୍‌ନି, ଯେଉଁଥିରେ କି ସମୋସାଟି ବୁଡାଇ ଗପ୍ କରି ମୁଖସ୍ଥ କରିବେ ଏବଂ ଖଡିକାଟି ଫୋପାଡି ଦେବେ। ସାଥୀରେ ଆସିଲା ଉତ୍କୃଷ୍ଟ ଏବଂ ଗରମ ଗୁଲାବ୍‌ଜାମୁନ୍। ତାହାପରେ ଚା, ଯେଉଁଥିରେ କେବଳ ଦୁଧ ଥିଲା ପରି ଲାଗୁଥିଲା ଏବଂ ଚା ଛଡା ପୃଥିବୀର ଅନ୍ୟସବୁ ଉତ୍କୃଷ୍ଟ ମସଲାର ଖୁସ୍‌ବୁ ଆସୁଥିଲା। ଇତ୍ୟବସରରେ ମୋର କୁଶଳକାମ କେଉଁଠି ରହୁଛି, ପିଲାମାନଙ୍କ ଖବର ଇତ୍ୟାଦି ଆଲୋଚନା ହୋଇଗଲା। ଏହା ଭିତରେ ଆଉ ଦୁଇ ତିନିଜଣ ଆସିଗଲେଣି। ସେଥିମଧ୍ୟରେ ଜଣେ ମଧ୍ୟବୟସ୍କା ମହିଳା ମଧ୍ୟ ଥିଲେ। ମହିଳାଙ୍କର ଗୋଟିଏ ପ୍ରବାଳର ମୁଦି ଓ ବୋହୂର ଏକ ହାରରେ ଗୋଟିଏ ହଳଦିଆ ପୋଖରାଜ ବସାଇବା ଦରକାର। ଅନ୍ୟ ଜଣେ ମଣି ବିକ୍ରି କରିବାକୁ ଆସିଛନ୍ତି। କିନ୍ତୁ କେହି ତରବର ନୁହେଁ। ବର୍ତ୍ତମାନ ଆଡ୍ଡା ଜମିଲାଣି। ମହିଳାଙ୍କ ଝିଅର ଦେହ ଭଲ ରହୁନାହିଁ। ତାହା ଉପରେ କିଛି ଆଲୋଚନା ହେଲା। ମହିଳା ଯିବାକୁ ବାହାରିଲେ। ଗିରିଧାରୀଜୀ କହିଲେ, "ତରବର କାହିଁକି ? ଘରେ ଯାଇ କ'ଣ ଚକି ପେଶିବା ଅଛି ?" ମହିଳା ଏହା ପରେ ଆସନ ଜମାଇ ବସିଗଲେ ଏବଂ କୌଣସି ଲାଜବନ୍ତୀ ଛୋଟ ବୋହୂର ବ୍ୟବହାର ଉପରେ କିଛି କଟୁ ଆଲୋକପାତ କଲେ।

ଏହାପରେ ମୋ କଥା ପଡିଲା। ମୋର ନୀଳା କଥା କହିବା ସଙ୍ଗେ ସଙ୍ଗେ ଗିରିଧାରୀଜୀ କହିଲେ, "ଆପଣ କୁଣ୍ଡଳୀ (ଜାତକ) ଆଣିଛନ୍ତି କି ?। ମୁଁ ଆଶ୍ଚର୍ଯ୍ୟ ହୋଇଗଲି। ଗିରିଧାରୀଜୀ କହିଲେ, "ମୁଁ କାହାକୁ, ବିଶେଷ କରି ଚିହ୍ନା ପରିଚୟ ଲୋକଙ୍କୁ କୁଣ୍ଡଳୀ ନ ଦେଖି ରତ୍ନ ବିକ୍ରି କରିବାକୁ ଚାହେଁନାହିଁ। ବେପାରି ବା ବଣିଆ କଥା ଅଲଗା।"ମୋର ସମସ୍ତ ଇତିହାସ କହିଲି। ଗିରିଧାରୀଜୀ ତାହା ପରେ ବିକ୍ରି କରିବାକୁ ରାଜି ହେଲେ। କାରଣ ମୋର ଯାହା ସବୁ ହୋଇଥିଲା, ତାହା ପ୍ରାୟ ଶନିସପ୍ତା ପଡିଲେ ହିଁ ହୁଏ ଏବଂ ଯେହେତୁ ଆମ ଘର ଜ୍ୟୋତିଷ ଜାତକ ଦେଖି ନୀଳା ପିନ୍ଧିବାକୁ କହିଛନ୍ତି, ଅତଏବ କଥାଟା ଠିକ୍। ତାହାପରେ ସେ ଘର ଭିତରକୁ ଗଲେ ଏବଂ କିଛି ସମୟ ପରେ ଏକ କ୍ଷୁଦ୍ର ଲଫାଫା ନେଇ ଆସିଲେ। ତାହା ଭିତରୁ ଟିସୁ କାଗଜରେ ଗୁଡିଆ ହୋଇଥିବା ଏକ ନୀଳାଭ ପଥର ବାହାର କଲେ। ସେ କହିଲେ ଯେ, "ଆପଣ ଏହାକୁ ନେଇଯାଆନ୍ତୁ। ରାତିରେ ତକିଆ ତଳେ ରଖିବେ,

ସକାଳୁ କ'ଣ ସ୍ୱପ୍ନ ଦେଖିଲେ ଟିପିବେ। ସାତଦିନ ଏପରି ରଖିବେ। ତାହାପରେ ଆପଣଙ୍କର ସ୍ୱପ୍ନର ଟିପା ଏବଂ ଏହି ନୀଳା ନେଇ ଆସିବେ। ତା'ପରେ ଦେଖିବା।" ଏହାପରେ ମୁଁ ନୀଳା ନେଇ ଘରକୁ ଗଲି। ଦୁଃସ୍ୱପ୍ନ ତ ହୋଇ ନ ଥିଲା। ଏଣୁ ନୀଳା କିଣିବା ସ୍ଥିର ହେଲା। ନୀଳାକୁ ରୂପାର ମୁଦିରେ ବସାଇବା ବିଧି। ଗିରିଧାରୀ ଲାଲଜୀ ମୋଠାରୁ ଯାହା ଦାମ୍ ନେଲେ, ତାହା ମୋତେ ଆଶ୍ଚର୍ଯ୍ୟ କରିଦେଲା ଗିରିଧାରଜୀ କହିଲେ, "ରତ୍ନ ତ ଆଉ ଲାଉ କଖାରୁ ନୁହେଁ ଯେ ଦିନକୁ ମହଣେ ବିକ୍ରୀ ହେବ ଓ ଗ୍ରାହକ ତାକୁ ପ୍ରତିଦିନ ଖାଇ ଦେଇ ପୁଣି ଆରଦିନ କିଣିବାକୁ ଆସିବ! ଏଣୁ ରତ୍ନ ବ୍ୟବସାୟରେ ପୁଞ୍ଜି ବହୁତ ଦିନ ବନ୍ଦ ହୋଇ ରହେ। ଏହି କାରଣରୁ ଏଥିରେ ଆମେ ଯଥେଷ୍ଟ ଲାଭ ନେବାକୁ ବାଧ୍ୟ। ଗୋଟିଏ ହୀରା ବା ପୋଖରାଜ ମୋ ପାଖରେ ଅନେକ ସମୟରେ ବର୍ଷକ ଲାଗି ପଡିରହେ। ଏଣୁ ବର୍ଷକ ଲାଗି ଯେଉଁ ପୁଞ୍ଜି ବନ୍ଦ ରହିଲା, ତାହାର ଉପଯୁକ୍ତ ଲାଭ ପାଇବାକୁ ହେବ। ତେବେ ଆପଣ ତ ମୋର ବନ୍ଧୁ ଓକିଲ ସାହେବଙ୍କଠାରୁ ଆସିଛନ୍ତି। ଏଣୁ ଆପଣଙ୍କଠାରୁ ମୁଁ ଖରିଦ୍ ଦାମ୍ ଉପରେ କେବଳ ଶତକଡା ଦଶ ଲାଭ ନେବି। ଆପଣ ଯାହା ଦେଲେ, ଅନ୍ୟ ଗ୍ରାହକ ଲାଗି ଏହାର ଦାମ୍ ତାହାର ଦୁଇଗୁଣ ହୋଇ ଥାଆନ୍ତା। ତାହାପରେ ଏହାକୁ ପିନ୍ଧିବାର ବିଧି ସେ କହିଲେ। ପ୍ରଥମେ ଗଙ୍ଗାଜଳ, ତାହାପରେ ପଞ୍ଚାମୃତ ଓ ଶେଷରେ କହାଦେବୀଙ୍କର ପାଦୁକ ପାଣିରେ ଧୁଆ ହେବ। ତାହାପରେ ଇଷ୍ଟଦେବଙ୍କୁ ସମର୍ପଣ କରି ପୂଜା କରିବେ, ତାହାପରେ ଧାରଣ କରିବେ।

ଏହିପରି କଥାବାର୍ତ୍ତା ମଧ୍ୟରେ ସେ ମୋତେ ଓଡିଶୀ ସଂଗୀତ ଓ ନୃତ୍ୟ ବିଷୟରେ କେତେଟା ଚୋଖା ଚୋଖା ପ୍ରଶ୍ନ ପଚାରିଦେଲେ। ମୋର ଆଉ ଏଥିରେ ଇଲମ୍ କେତେ ? ତାଙ୍କର ପ୍ରଶ୍ନର ଯଥାସାଧ୍ୟ ଉତ୍ତର ଦେଇ ପରେ ପରେ ମୋର ଜ୍ଞାନର ସୀମିତ ପରିଧି ବିଷୟରେ ସ୍ପଷ୍ଟ କହିଦେଲି। କଥାବାର୍ତ୍ତାରୁ ଜଣାପଡିଲା ଯେ ଭଦ୍ରଲୋକ କେବଳ ବିଦ୍‌ଗଧ ନୁହନ୍ତି, ଗୁଣୀ ମଧ୍ୟ। ହିନ୍ଦୁସ୍ତାନୀ ସଂଙ୍ଗୀତ, ବିଶେଷ କରି ଠୁମୁରୀ ଗାୟକୀ ଓ କଥକ ନୃତ୍ୟର କେବଳ ରସଜ୍ଞ ନୁହନ୍ତି, ସଚ୍ଚା ଜୋହରୀ। ତାଙ୍କର ବ୍ୟକ୍ତିତ୍ୱ ମୋତେ ଆକର୍ଷିତ କଲା। ଏହାପରେ ଅନେକ ସମୟରେ ମୁଁ ତାଙ୍କ ଦୋକାନକୁ ଗପସପ କରିବାକୁ ଯାଉଥିଲି। ମନେ ହେଉଥିଲା ଯେ ସେ କେବଳ ରସଜ୍ଞ ନୁହନ୍ତି, ହୁଏତ ସାଧକ ମଧ୍ୟ। ଉର୍ଦ୍ଦୁ ଓ ହିନ୍ଦୀ ଉଭୟ ସାହିତ୍ୟରେ ଗହନ ପ୍ରବେଶ। ଉତ୍ତର ଭାରତର ବିଦ୍‌ଗଧ ସମାଜର ହିନ୍ଦୁ ମୁସଲମାନ ସମନ୍ୱିତ ସଂସ୍କୃତିର ସେ ଜୀବନ୍ତ ଉଦାହରଣ। କବୀର, ସୁରଦାସ, ମୀରା, ରମଖାନ, ରହୀମ୍ ବିହାରୀ ଅନର୍ଗଳ ମୁହଁରୁ ବାହାରୁଛି ଏବଂ ତାହା ସାଥୀରେ ଦିଲ୍ଲୀର ଖାସ୍ କବି ଗୋଷ୍ଠୀ,

ଅର୍ଥାତ୍ ମୀର୍ ଗାଲିବ୍, ଚୌକ୍, ମୋମିନ, ଦାଗ୍ ଯେପରି ତାଙ୍କ ନିଃଶ୍ୱାସ ପ୍ରଶ୍ୱାସରେ ଏବେ ମଧ୍ୟ ଜୀବନ୍ତ। ଥରେ ସେ ଗୋଟିଏ ସଂସ୍କୃତ ଶ୍ଳୋକ ବୋଲିଲେ। ତାହା ପୁଣି ଆକବର ଓ ଜାହାଙ୍ଗୀରଙ୍କର ପ୍ରଧାନ ସେନାପତି ଅବଦୁର ରହିମ୍ ଖାନ୍‌ଖାନ୍‌ଙ୍କ ରଚନା। ତାହାକୁ ମୁଁ ଟିପି ନେଇଥିଲି। ଏଣୁ ପାଠକଙ୍କ ସମକ୍ଷରେ ଉପସ୍ଥାପନ କରୁଛି। କେବଳ ଜଣେ ନିଷ୍ଠାପର ମୁସଲମାନ୍ ଉଚ୍ଚପଦଧାରୀ କୃଷ୍ଣଙ୍କ ଉପରେ ଲେଖିଚନ୍ତି ବୋଲି ନୁହେଁ; ଏଥିରେ ସଂସ୍କୃତ ଭାଷାର ମଧୁର ଓ ବଳିଷ୍ଠ ପ୍ରୟୋଗ ଏବଂ କବି କଳ୍ପନା ଦେଖିବାର କଥା। ଖାନଖାନା ତାଙ୍କର ଯଶ ତାଙ୍କର ତରବାରୀ ଦ୍ୱାରା ହିଁ ଜୀବନ କାଳରେ ପାଇଥିଲେ। ଅବଶ୍ୟ ଲେଖନୀର ଯଶ ପରେ ମିଳିଲା।

"ରତ୍ନାକରୋସ୍ତି ସଦନଂ, ଗୃହିଣୀ ଚ ପଦ୍ମା
କିଂ ଦେୟମସ୍ତିଭବତେ ଜଗଦୀଶ୍ୱରାୟ
ରାଧା ଗୃହିତ ମନସେ ମନସେଚତୁଭ୍ୟଂ
ଦତ୍ତେ ମୟା ନିଜମନ ସ୍ତଦିଦଂ ଗୃହାଣ।"

"ହେ ପ୍ରଭୋ, ତୁମର ଘରେ ନିଜେ ରତ୍ନାକର ଅଛନ୍ତି। ପୁଣି ସମସ୍ତ ସମ୍ପଦର ଅଧିକାରୀଣୀ ଲକ୍ଷ୍ମୀ (ପଦ୍ମା) ତୁମ ଗୃହିଣୀ। ଏଣୁ ମୁଁ ତୁମକୁ କ'ଣ ସମର୍ପଣ କରିବି ? କିନ୍ତୁ ଭାବି ଦେଖିଲି ଯେ ତୁମଠାରେ ଗୋଟିଏ ଦ୍ରବ୍ୟର ଅଭାବ ଅଛି। ତୁମ ପାଖରେ ମନ ନାହିଁ। କାରଣ ତାହା ରାଧା ନେଇଯାଇଛନ୍ତି। ଏଣୁ ମୁଁ ମୋର ମନ ତୁମକୁ ସମର୍ପଣ କରୁଛି, ଦୟାକରି ଗ୍ରହଣ କର।"

ଗିରିଧାରୀଲାଲ୍‌ଙ୍କ ଠାରୁ ଜାଣିଲି ଯେ ଭାରତର ରତ୍ନ ବ୍ୟବସାୟ କେଡ଼େ ବିରାଟ। ଭାରତରେ ରତ୍ନର ବିରାଟ ଖଣି ନାହିଁ। ଯାହା ବା ଥିଲା ତାହା ପ୍ରାୟ ସରିଗଲାଣି। କିନ୍ତୁ ପୃଥିବୀର ରତ୍ନ ବଜାରରେ ଭାରତର ସ୍ଥାନ ଅପ୍ରତିହତ। ତାହାର କାରଣ, ଭାରତର ବଂଶ ପରମ୍ପରା ଅନୁଯାୟୀ ପ୍ରଶିକ୍ଷିତ କାରିଗର ହେଉଛନ୍ତି ସେହିପରି ବଂଶ ପରମ୍ପରାର ବ୍ୟବସାୟୀ। ଏଣୁ ବିଦେଶରୁ ରତ୍ନ ଆଣି ତାକୁ ଏଠି କାଟି ଓ ପାଲିସ୍ କରି ପୁଣି ବିଦେଶକୁ ରପ୍ତାନୀ କରାଯାଏ। ଏଥିରେ ଗିରିଧାରୀଲାଲ୍ କାମ କରନ୍ତି। ସେଇଟା ହିଁ ପ୍ରଧାନ ବ୍ୟବସାୟ। ଦୋକାନଟା ପୁରୁଷାନୁକ୍ରମିକ ରହିଛି ବୋଲି ରହିଛି। ତାହା ଛଡ଼ା ଏହି ଦରିବା ତ ଉତ୍ତର ଭାରତର ପ୍ରଧାନ ରତ୍ନ ବଜାର। ଏଣୁ ଏ ଦୋକାନଟା ପ୍ରଧାନତଃ ଅଫିସ୍ କାମ କରେ। ପୁରୁଣା ଗରାଖଙ୍କ ଗହଣା ଅନ୍ୟ ବଣିଆ ଦ୍ୱାରା ସୁବିଧାରେ କରାଇଦିଅନ୍ତି। କିନ୍ତୁ ତାହା ଆଉ ତାଙ୍କର ବ୍ୟବସାୟ ନୁହେଁ। ବ୍ୟବସାୟ କେବଳ ରତ୍ନର କାରବାର। ସେସବୁ ତ ହେଲା, କିନ୍ତୁ ମୋତେ ଆଶ୍ଚର୍ଯ୍ୟ କରୁଥିଲା ଯେ ସଂଗୀତ ଓ ସାହିତ୍ୟରେ ବିଶେଷ କରି ସଙ୍ଗୀତରେ ଏତେ

ଗଭୀର ପ୍ରବେଶ ଥିବା ଲୋକ କଳାକାର ନହୋଇ ବ୍ୟବସାୟୀ କିପରି ହେଲା ?

ପୁରୁଣା ଦିଲ୍ଲୀର ଏକ ପଡ଼ାର ନାମ ବଜାର ସୀତାରାମ। ଏଠି ବହୁ ପୁରୁଣା ଖାନଦାନୀ ହବେଲୀ। ପଡ଼ାଟା ପ୍ରଧାନତଃ କାଶ୍ମିରୀ ପଣ୍ଡିତ ଅର୍ଥାତ୍ ବ୍ରାହ୍ମଣମାନଙ୍କର। ଅବଶ୍ୟ ଖତ୍ରୀ, କାୟସ୍ଥ ଆଦି ମଧ୍ୟ ଅଛନ୍ତି। ସେଠି ଜଣକ ଘରେ ନିମନ୍ତ୍ରଣ ଥିଲା। ଆକର୍ଷଣ ଥିଲା ଯେ ଜଣେ ପ୍ରସିଦ୍ଧ ସରୋଦ ବାଦକ ସେଠି କିଛି ଘରୋଇ ଭାବରେ ଶୁଣାଇବେ। ନିମନ୍ତ୍ରିତ ମାତ୍ର ଦଶବାର ଜଣ। ତାହା ଭିତରେ ମୁଁ କିପରି ଆସିଗଲି, ତାହା ମୁଁ ଏବେ ମଧ୍ୟ ବୁଝି ନାହିଁ। ଯାହାହେଉ, ଏଠି ଗିରିଧାରୀଲାଲ୍ ମଧ୍ୟ ଥିଲେ। ସରୋଦ ଯନ୍ତ୍ରଟାର ଏକ ଯାଦୁ ଅଛି। ଆପଣ ସଙ୍ଗୀତର ଗହନ ତତ୍ତ୍ୱ ବୁଝନ୍ତୁ ବା ନ ବୁଝନ୍ତୁ ତାହାର ଉଦାତ୍ତ ଏବଂ ଗମ୍ଭୀର ସ୍ୱରର ବନ୍ୟାରେ ଆପଣ ବୁଡ଼ି ଯିବାକୁ ବାଧ୍ୟ। ସେଦିନର କଳାକାର ଅତି ପ୍ରସିଦ୍ଧ। କ'ଣ ଶୁଣେଇଲେ ଏଠି ତାହାର ଆଲୋଚନା ହେଉନାହିଁ ବା ତାହା କରିବାର ବିଦ୍ୟା ମୋଠାରେ ନାହିଁ। କିନ୍ତୁ ଗୋଟିଏ ଜିନିଷ ଲକ୍ଷ୍ୟ କଲି। ଏକ ସମୟରେ କଳାକାର ଦରବାରୀ କାନାଡ଼ା ବଜାଉଥିଲେ ଏବଂ ଦେଖିଲି ଯେ ଗିରିଧାରୀ ଲାଲଜୀ ଆଖି ପୋଛିଲେ। ତାଙ୍କ ଆଖିରୁ ଲୁହ ଗଡ଼ି ପଡୁଥିଲା।

ଆସର ଭାଙ୍ଗିଲା। ପ୍ରାୟ ରାତି ଦୁଇଟା। ମୁଁ ଓ ଗିରିଧାରୀଲାଲ୍ ଏକାଠି ବାହାରିଲୁ। ଗିରିଧାରୀଲାଲ୍‌ଙ୍କ ଘର ବେଶୀ ଦୂର ନୁହେଁ। ଏଣୁ ଚାଲିକରି ଯାଉଥିଲୁ। ମୁଁ ମଧ୍ୟ ଗିରିଧାରୀଲାଲ୍‌ଙ୍କ ଘର ପାଖରୁ ଘରକୁ ଯିବା ଲାଗି ଅଟୋ ରିକ୍ସା ପାଇଯିବି। ଏହି ଅବସରରେ ଆସରର ଆଲୋଚନା କରୁ କରୁ ଗିରିଧାରୀଲାଲ୍‌ଙ୍କୁ ତାଙ୍କର କାନ୍ଦୁଥିବା କଥା ପଚାରିଦେଲି। ହୁଏତ ନ ପଚାରିଥିଲେ ଭଲ ହୋଇଥାନ୍ତା। ସେ ମୋତେ ପଣ୍ଡିତ୍‌ଜୀ ଡାକନ୍ତି। କାରଣ ମୁଁ ଜାତିରେ ବ୍ରାହ୍ମଣ।

ଗରିଧାରୀଲାଲ୍ କହିଲେ - ପଣ୍ଡିତ୍‌ଜୀ, ମୁଁ ଆତ୍ମହତ୍ୟା କରିଛି। ପ୍ରକୃତ ଗିରିଧାରୀଲାଲ୍‌କୁ ମୁଁ ହତ୍ୟା କରିଛି। ତାହାର ଶୋକରେ ସେତେବେଳେ ଆଖିରୁ ଲୁହ ବାହରି ଯାଇଥିଲା। ସେ ଗିରିଧାରୀର ବଡ଼ ପ୍ରିୟ ଥିଲା ଦରବାରୀ କାନାଡ଼ା। ଆଜି ବହୁତ ଡେରି ହେଲାଣି। ଘରକୁ ଯାଆନ୍ତୁ। ପରେ କେଉଁଦିନ ଶୁଣିବେ।

ଏହା ପରେ କଥାଟା ଆସ୍ତେଆସ୍ତେ ତାଙ୍କଠାରୁ ବାହାରିଥିଲା। ସବୁଟା ତାଙ୍କଠାରୁ ନୁହେଁ। କିଛିଟା ମୋର ବନ୍ଧୁ ଗୋପାଳ ଟିଙ୍କୁର ବଡଭାଇଙ୍କ ଠାରୁ - ବିଶେଷକରି କେତେକ ଶୂନ୍ୟସ୍ଥାନ ପୂରଣ ଲାଗି। ଗିରିଧାରୀଲାଲ୍‌ଙ୍କ ଘରେ ସବୁବେଳେ ସଂଗୀତ ଚର୍ଚ୍ଚା ଥିଲା। ତାଙ୍କର ପିଲାଦିନୁ ଏଥିରେ ସଉକ ଏବଂ ଆଗ୍ରହ। ସେ ଲାଗିପଡ଼ି ଶିଖିଲେ। କଣ୍ଠ ସଙ୍ଗୀତ ହିଁ ତାଙ୍କର ବେଶୀ ପ୍ରିୟ ଥିଲା। ଭଲ ଭଲ ଉସ୍ତାଦଙ୍କ ପାଖେ ଶିଖି ବେଶ୍ କୃତିତ୍ୱ ହାସଲ କରିପାରିଥିଲେ। ଅନେକ ମଧ୍ୟମ ଧରଣର ସଙ୍ଗୀତ

ସଭାରେ ସ୍ୱୀକୃତି ପାଇ ସାରିଥିଲେ। ବର୍ତ୍ତମାନ ସେ ଏକ ଅତି ନାମଜାଦା ଉସ୍ତାଦଙ୍କ ଶାଗିର୍ଦା। ସମସ୍ତେ ଆଶା କରୁଥିଲେ ଯେ ଅଳ୍ପଦିନ ଭିତରେ ସେ ସର୍ବଭାରତୀୟ ସ୍ୱୀକୃତି ପାଇଯିବେ। କିନ୍ତୁ ବାପା ବୃଦ୍ଧ ଓ ସେ ଏକମାତ୍ର ପୁଅ। ଏଣୁ ବ୍ୟବସାୟ ମଧ୍ୟ ଦେଖିବାକୁ ହେଉଛି। ବ୍ୟବସାୟ ଲାଗି ଅନେକ ସମୟରେ ବାହାରେ ରହିବାକୁ ପଡୁଥିଲା। ଖାସ୍ କରି ଜୟପୁର, ବମ୍ବେ ଓ ସୁରଟ ତ ବାରମ୍ବାର ଦଉଡ଼ିବାକୁ ପଡୁଥିଲା। ବ୍ୟବସାୟ ଉପରେ ମଧ୍ୟ ବେଶ୍ ଦଖଲ ଆସିଗଲାଣି। ଦିନେ ଉସ୍ତାଦ୍‌ଜୀ ପାଖରେ ବସାଇ ତାଙ୍କୁ କହିଲେ - ଦେଖ ବେଟା, ଲକ୍ଷ୍ମୀ ଓ ସରସ୍ୱତୀ ପ୍ରକୃତରେ ସଉତୁଣୀ। ଏମାନେ ଗୋଟିଏ ସ୍ତର ପର୍ଯ୍ୟନ୍ତ ଏକାଠି ରହିପାରନ୍ତି, ଯେପରି ତୋର ବର୍ତ୍ତମାନ ଅବସ୍ଥା। କିନ୍ତୁ ଗୋଟିଏ ସମୟ ଆସେ ଯେଉଁଥିରେ ତାଙ୍କ ମଧ୍ୟରୁ ଜଣକୁ ବାଛିବାକୁ ହେବ। ଦୁହେଁ ପରସ୍ପର ପ୍ରତି ବଡ଼ ଅସହିଷ୍ଣୁ। ଆଉ ତୁ ଦୁହିଁଙ୍କର ସେବା ଏକାଠି କରି ପାରିବୁ ନାହିଁ। ମୁଁ ତୋର ଖବର ରଖିଛି। ଲକ୍ଷ୍ମୀଜୀ ତୋର ସମସ୍ତ ସମୟ ମାଗୁଛନ୍ତି। ବର୍ତ୍ତମାନ ତୁ ଯାହା ଶିଖିଲୁଣି ଏଥିରେ ଆଗକୁ ସଙ୍ଗୀତ ସାଧନା କରିବାକୁ ହେଲେ ସରସ୍ୱତୀଙ୍କୁ ସମସ୍ତ ସମୟ ସମସ୍ତ ଜୀବନ ଦେବାକୁ ହେବ। ଏଣୁ ତୁ ବାଛ, କାହାର ସାଧନା କରିବୁ।

ପ୍ରାୟ ପନ୍ଦର ଦିନ ବଡ଼ କଷ୍ଟରେ କଟିଲା। କେଉଁ ଆଡ଼କୁ ଯିବେ ? ମନ ଡାକୁଛି ସରସ୍ୱତୀଙ୍କ ସାଧନା କରିବାକୁ। କିନ୍ତୁ ବୃଦ୍ଧ ପିତା ସେ ଏକମାତ୍ର ପୁତ୍ର। କେତେ ପୁରୁଷର ବ୍ୟବସାୟ। ପୁଣି ତାଙ୍କ ଉପରେ କେତେ ନିର୍ଭର କରୁଛନ୍ତି। ଏହା ଭିତରେ ବ୍ୟବସାୟରେ କେତେକ ଘଟଣା ଘଟିଗଲା। ସେ ଖବର ପାଇଲେ ସେ ତାଙ୍କର କେତେକ ପ୍ରତିଦ୍ୱନ୍ଦ୍ୱୀ ବ୍ୟବସାୟୀ ଗୋଷ୍ଠୀ ତାଙ୍କ ବ୍ୟବସାୟ ମାଡ଼ି ବସିବାକୁ ଚକ୍ରାନ୍ତ କରୁଛନ୍ତି। ଏକ ଯୁଦ୍ଧ ପରିସ୍ଥିତି ହୋଇଗଲା। ଶେଷକୁ ଗିରିଧାରୀଜୀ ଜିତିଲେ ଏବଂ ଫଳତଃ ପ୍ରତିଦ୍ୱନ୍ଦ୍ୱୀଙ୍କର କେତେକ କାରବାର ଉପରେ ନିଜେ ଅଧିକାର କରିଗଲେ। କିନ୍ତୁ ସେତେବେଳକୁ ଗିରିଧାରୀଙ୍କୁ ଲକ୍ଷ୍ମୀ ସମ୍ପୂର୍ଣ୍ଣ ଅଧିକାର କରି ସାରିଲେଣି। ଯେଉଁ ଗରିଧାରୀଟି ସରସ୍ୱତୀଙ୍କର ବରପୁତ୍ର ଥିଲେ, ସରସ୍ୱତୀଙ୍କ ସାଧକ ଥିଲେ, ତାଙ୍କର ମୃତ୍ୟୁ ହୋଇଗଲା।

ଏବେ ଏବେ ମଧ୍ୟ ଲକ୍ଷ୍ମୀଙ୍କ ବରପୁତ୍ର ସେହି ସରସ୍ୱତୀଙ୍କ ବରପୁତ୍ର ଲାଗି ବେଳେବେଳେ କାନ୍ଦୁଛନ୍ତି - ବିଶେଷକରି ଦରବାରୀ କାନାଡ଼ା ଶୁଣିଲେ।

■

BLACK EAGLE BOOKS

www.blackeaglebooks.org
info@blackeaglebooks.org

Black Eagle Books, an independent publisher, was founded as a nonprofit organization in April, 2019. It is our mission to connect and engage the Indian diaspora and the world at large with the best of works of world literature published on a collaborative platform, with special emphasis on foregrounding Contemporary Classics and New Writing.